Finanzierung der Altersversorgung
des öffentlichen Dienstes

Sozialökonomische Schriften

Herausgegeben von Bert Rürup

Band 20

PETER LANG
Frankfurt am Main · Berlin · Bern · Bruxelles · New York · Oxford · Wien

Klaus Heubeck/Bert Rürup

Finanzierung der Altersversorgung des öffentlichen Dienstes

Probleme und Optionen

Gutachten im Auftrag der
Arbeitsgemeinschaft kommunale und kirchliche
Altersversorgung (AKA) e.V.

PETER LANG
Europäischer Verlag der Wissenschaften

Die Deutsche Bibliothek - CIP-Einheitsaufnahme

Heubeck, Klaus:

Finanzierung der Altersversorgung des öffentlichen Dienstes : Probleme und Optionen / Klaus Heubeck/Bert Rürup. - Frankfurt am Main ; Berlin ; Bern ; Bruxelles ; New York ; Oxford ; Wien : Lang, 2000
(Sozialökonomische Schriften ; Bd. 20)
ISBN 3-631-36668-X

Gedruckt auf alterungsbeständigem,
säurefreiem Papier.

ISSN 0172-1747
ISBN 3-631-36668-X

Printed in Germany 1 2 4 5 6 7

Vorwort

Selten war die Thematik der Finanzierung der Altersversorgung so aktuell wie heute. Die zunehmende Lebenserwartung bei gleichzeitig stagnierenden oder sinkenden Geburtenzahlen schlägt sich in einer Verschlechterung der Versorgungslastquote nieder. Dieser Trend wird verstärkt durch Anforderungen nach höherer beruflicher Qualifizierung und damit verbundenen längeren Ausbildungszeiten, die eine Verkürzung der Berufstätigkeitsphase zur Folge haben. Veränderungen auf dem Arbeitsmarkt wirken sich in einer größeren Mobilität der Arbeitnehmer aus und führen zu unsteten Verläufen in ihrer Erwerbsbiographie, die zunehmend durch einen Wechsel von Arbeitslosigkeit, Teilzeitbeschäftigung und Vollerwerbstätigkeit geprägt wird. Dies sind Faktoren, die die gesetzliche Rentenversicherung vor Belastungsproben stellen, sich aber letztlich auch auf die Altersversorgungssysteme des öffentlichen Dienstes auswirken, da diese ebenfalls größtenteils vom Steuerzahler finanziert werden müssen. So betrug der Aufwand für die 47 Mitglieder der Arbeitsgemeinschaft kommunale und kirchliche Altersversorgung (AKA) e. V. im Jahre 1998 3,8 Mrd. DM in der Beamten- und 4,8 Mrd. DM in der Zusatzversorgung für die Arbeiter und Angestellten. Veränderungen in der gesetzlichen Rentenversicherung bedingen – auch wegen bestehender Abhängigkeiten im Leistungsrecht – Änderungen in diesen Versorgungssystemen.

Da die Altersversorgung des öffentlichen Dienstes größtenteils im Wege des Umlageverfahrens finanziert wird und hierbei der Bestand der aktiven Bediensteten die Finanzierungsbasis bildet, wird die Situation durch die Privatisierung und Verschlankung des öffentlichen Dienstes noch zusätzlich verschärft.

Die Diskussion um die Finanzierbarkeit der Altersversorgung und die richtige Form ihrer Finanzierung wird darüber hinaus bereits seit geraumer Zeit auch in der Europäischen Union geführt. Sie hat ihren ersten Niederschlag in dem Grünbuch der EU-Kommission über die zusätzliche Altersversorgung in Europa gefunden. Dabei wird zunehmend von interessierter Seite für kapitalfinanzierte Systeme der Altersversorgung geworben, wobei eine objektive Bestandsaufnahme von Vor- und Nachteilen der unterschiedlichen Finanzierungssysteme und eine Bewertung an der Interessenlage der Mitglieder und Versicherten in diesen Systemen zumeist unterbleibt. Wir haben dabei manchmal den Eindruck, daß Sondersysteme, wie die Altersversorgung des öffentlichen Dienstes, die zum Teil seit über 100 Jahren unter schwierigsten Bedingungen ihre Anpassungsfähigkeit bewiesen haben, unter die Räder zu geraten drohen, und zwar einfach deshalb, weil die Funktionsweise den politisch Verantwortlichen leider zum großen Teil unbekannt ist. Auf der anderen Seite verkennen wir aber auch nicht, daß wir uns veränderten gesellschaftlichen und wirtschaftlichen Rahmenbedingungen stellen und anpassen müssen. Als Dienstleister der Kommunen und Kirchen sind wir mit unserem Know-How in der Lage, jede gewünschte und jede für richtig erkannte Form der Altersversorgung zu verwirklichen. Die Strukturen dazu stehen bereit.

Angesichts dieser Situation hat die AKA ganz bewußt die Frage auf den Prüfstand gestellt, ob die derzeitigen Methoden der Finanzierung und ihre Handhabung im Bereich der Altersversorgung des öffentlichen Dienstes diesen veränderten Rahmenbedingungen noch gerecht werden und welche Veränderungen gegebenenfalls in Betracht zu ziehen sind, um die Versorgungsleistungen langfristig zu sichern und ihre Finanzierung in Einklang mit den Zwängen der öffentlichen Haushalte zu halten. Da wir an einem objektiven Beitrag zur richtigen Meinungsbildung interessiert sind, haben wir zwei auf dem Gebiet der Altersversorgung ausgewiesene unabhängige Experten von internationalem Ruf mit der Erstellung eines Gutachtens zu dieser Fragestellung beauftragt. Durch die Herren Professoren Dr. Heubeck und Dr. Dr. h.c. Rürup wird diese Thematik erstmals zugleich unter ökonomischen und versicherungsmathematischen Aspekten behandelt.

Die Ergebnisse des nachstehend abgedruckten Gutachtens bestärken uns in der Überzeugung, daß wir mit der derzeit – wenn auch zum Teil nur ansatzweise – praktizierten Mischform aus Umlage- und Kapitalfinanzierung auf dem richtigen Wege sind. Das Gutachten enthält eine Fülle von Anregungen, mit denen wir uns innerhalb der AKA, aber auch in unseren Mitgliedseinrichtungen werden auseinandersetzen müssen; unsere Finanzierungs- und Leistungssysteme bieten genügend "Stellschrauben", um flexibel agieren zu können.

Bei allen Bemühungen um die richtige Finanzierung bleibt die Frage offen, wie weit die Belastbarkeit der öffentlichen Haushalte geht. Die zu finanzierenden Versorgungslasten hängen selbstverständlich auch von dem gesetzlich oder tarifvertraglich festgelegten Leistungsniveau ab. Hierzu können sich weder die AKA noch ihre Mitgliedseinrichtungen von ihrer Aufgabenstellung her äußern. Dieser Punkt wird sicherlich in der weiteren politischen Diskussion eine wesentliche Rolle spielen. Aus unserer Sicht muß aber beachtet werden, daß Versorgungszusagen langfristiger Natur sind und eine verläßliche Grundlage der Lebensplanung für die Versicherten sein müssen. Nachträgliche Einschränkungen sollten daher die Ausnahme bleiben und stets die Grundsätze des Vertrauensschutzes beachten. Will man derartige Entwicklungen in der Zukunft vermeiden, so müssen Versorgungszusagen und die hieraus resultierenden Lasten mit den Finanzierungsverfahren und ihren haushaltsmäßigen Folgen abgestimmt sein. Dies bedeutet, daß die Verantwortlichen sich der Lasten von morgen bewußt sein müssen, um heute die richtigen Entscheidungen treffen zu können. Die AKA und ihre Mitgliedseinrichtungen sind bereit, hierzu ihren Beitrag zu leisten.

Die Aktualität des Themas wurde eindrucksvoll durch die Veranstaltung vom 29. September 1999 unterstrichen, bei der das Gutachten von seinen Verfassern vorgestellt worden ist. Wir konnten bei dieser Gelegenheit Vertreter aus Politik, von Bundes- und Landesministerien, kommunalen Spitzenverbänden auf Bundes- und Landesebene ebenso begrüßen wie Repräsentanten der Tarifvertragsparteien, der Rechnungshöfe, Kirchen und kirchlichen Einrichtungen, Kommunen, öffentlichen Dienstleistungsunternehmen, Banken und Versicherungen und – last but not least – zahlreiche Vertreter von Versorgungseinrichtungen und deren Gremiumsmitglieder.

Abgerundet wurde die Veranstaltung durch eine hochrangig besetzte Podiumsdiskussion, deren Verlauf wir nachstehend ebenfalls abgedruckt haben und auf die wir den geneigten Leser besonders aufmerksam machen. Das Fazit der Diskussion läßt sich in zwei Sätzen zusammenfassen:

- Es wird höchste Zeit zu handeln, damit die – insbesondere aufgrund zunehmender Fallzahlen – wachsenden Versorgungslasten finanztechnisch bewältigt werden können, d. h. auch mittel- und längerfristig finanzierbar bleiben.
- Die Leistungsfähigkeit umlagefinanzierter Systeme wird wesentlich von der Belastbarkeit der arbeitenden Generationen bestimmt; ver-

stärkte Kapitalbildung ist geboten, um das Verteilungsproblem nachhaltig zu entschärfen.

Möge diese Schrift dazu beitragen, die Diskussion um die Altersversorgung des öffentlichen Dienstes zu versachlichen und diese auch in der Zukunft als verläßlichen Baustein in der Lebensplanung der Versicherten, Rentner, Beamten und Versorgungsempfänger zu erhalten.

G. von Puskás
Vorsitzender
der AKA

A. Schmitt
Stellvertretender Vorsitzender
der AKA

Gliederung

Abkürzungen

aba .... Arbeitsgemeinschaft für betriebliche Altersversorgung e. V.
AGZVK .... Arbeitsgemeinschaft der kommunalen und kirchlichen Zusatzversorgungskassen
AKA .... Arbeitsgemeinschaft kommunale und kirchliche Altersversorgung e. V.
ATG .... Gesetz zur Förderung eines gleitenden Übergangs in den Ruhestand (Altersteilzeitgesetz)
BAT .... Bundesangestelltentarifvertrag
BAT-O .... Bundesangestelltentarifvertrag – Ost
bAV .... betriebliche Altersversorgung
BBG .... Bundesbeamtengesetz
BBesG .... Bundesbesoldungsgesetz
BeamtVG ...... Gesetz über die Versorgung der Beamten und Richter in Bund und Ländern (Beamtenversorgungsgesetz)
BetrAVG .... Gesetz zur Verbesserung der betrieblichen Altersversorgung (Betriebsrentengesetz)
BMT-G II .... Bundesmanteltarifvertrag für die Arbeiter gemeindlicher Verwaltungen und Betriebe
BMT-G-O ...... Bundesmanteltarifvertrag für die Arbeiter gemeindlicher Verwaltungen und Betriebe – Ost
BRRG .... Beamtenrechtsrahmengesetz
EStG .... Einkommensteuergesetz
GKV .... Gesetz über den Kommunalen Versorgungsverband Baden-Württemberg
GRV .... Gesetzliche Rentenversicherung
gvf .... gesamtversorgungsfähig
LSt .... Lohnsteuer
MS .... Mustersatzung der Arbeitsgemeinschaft der kommunalen und kirchlichen Zusatzversorgungskassen
MTArb .... Manteltarifvertrag für Arbeiterinnen und Arbeiter des Bundes und der Länder
MTArb-O ...... Manteltarifvertrag für Arbeiterinnen und Arbeiter des Bundes und der Länder – Ost
VBL .... Versorgungsanstalt des Bundes und der Länder

VersTV......... Tarifvertrag über die Versorgung der Arbeitnehmer des Bundes und der Länder sowie von Arbeitnehmern kommunaler Verwaltungen und Betriebe
VersTV-G..... Tarifvertrag über die Versorgung der Arbeitnehmer kommunaler Verwaltungen und Betriebe
VK................ Versorgungskasse
VKA.............. Vereinigung der kommunalen Arbeitgeberverbände
ZVK.............. Zusatzversorgungskasse

1 Einleitung

1.1 Ausgangslage und Fragestellung – Motivation des Gutachtens

Die Altersversorgung des öffentlichen Dienstes in der Bundesrepublik Deutschland läßt sich in die Versorgung der Beamten und die Versorgung der Angestellten und Arbeiter unterteilen. Quer zu dieser Differenzierung nach dem sozialen Status bestehen Unterschiede zwischen den kommunalen Versorgungswerken und den Alterssicherungssystemen von Bund und Ländern. Die folgende Tabelle 1-1 liefert einen Überblick über die vier Segmente der Alterssicherung des öffentlichen Dienstes.

Tabelle 1-1: Segmente der Altersversorgung im öffentlichen Dienst

	Beamte	**Angestellte und Arbeiter**
Bund und Länder	Vollversorgung direkt aus den jeweiligen Haushalten	gesetzliche Rentenversicherung (GRV) **plus** Zusatzversorgung über die Versorgungsanstalt des Bundes und der Länder (VBL)
Kommunen, Kirchen[1]	Vollversorgung entweder (a) indirekt über kommunale und kirchliche Versorgungskassen oder (b) direkt aus den jeweiligen Haushalten	gesetzliche Rentenversicherung (GRV) **plus** Zusatzversorgung über kommunale und kirchliche Zusatzversorgungskassen oder die VBL

Gegenstand des vorliegenden Gutachtens ist die Finanzierung der Altersversorgung der im kommunalen und kirchlichen Bereich bediensteten Beamten sowie die Finanzierung der bei den dort beschäftigten Arbeitern und Angestellten über die gesetzliche Rentenversicherung hinausgehende Altersversorgung. Zu den Dienstherrn und Arbeitgebern im kommunalen Bereich zählen vor allem Städte, Gemeinden, Gemeindeverbände (z. B. Landkreise und Bezirke), Sparkassen und Krankenkassen.

[1] Zu den Besonderheiten der kirchlichen Versorgungs- und Zusatzversorgungskassen siehe Kapitel 2.1.1.4 '*Besonderheiten der Kirchenkassen*' und Kapitel 2.1.2.5 '*Besonderheiten der kirchlichen Zusatzversorgungskassen*'.

Darüber hinaus bestehen bundesweit acht kirchliche Versorgungs- und Zusatzversorgungskassen, die ebenfalls Gegenstand des Gutachtens sind. Die Alterssicherungssysteme des öffentlichen Dienstes von Bund und Ländern – einschließlich der gesetzlichen Rentenversicherung – werden in der vorliegenden Analyse nur in dem Maße erwähnt, in dem sie sich auf die Leistungen der kommunalen und kirchlichen Versorgungs- und Zusatzversorgungskassen und deren Finanzierung auswirken bzw. um Unterschiede hinsichtlich des Finanzierungssystems zu verdeutlichen.

Kommunalbeamte haben – ebenso wie die Beamten von Bund und Ländern – einen Anspruch auf lebenslange Alimentation. Sowohl die Besoldung in ihrer aktiven Zeit als auch die Versorgung im Ruhestand bestimmt sich nach dem aus Art. 33 Abs. 5 GG ableitbaren Alimentationsprinzip, dessen Ziel in einer lebenslangen standes- bzw. amtsgemäßen wirtschaftlichen Sicherstellung des Beamten und seiner Familie liegt (vgl. Kap. 2.2.1.1 '*Verfassungsrechtliche Grundlagen*'). Infolgedessen stellt die Beamtenversorgung ein Vollversorgungssystem dar, welches Basis- und Zusatzsicherung bzw. erste und zweite Schicht der Alterssicherung umfaßt.

Die im kommunalen und kirchlichen Bereich in einem privat- sprich tarifvertraglich geregelten Arbeitsverhältnis stehenden Beschäftigten erhalten eine vom Niveau mit der Beamtenversorgung vergleichbare Altersversorgung. Diese besteht im Unterschied zur Beamtenversorgung aus zwei getrennten Schichten:

1. einer Basissicherung – in der Regel die gesetzliche Rentenversicherung[2] – zuzüglich
2. einer Zusatzversorgung.

Die Zusatzversorgung hat für die Angestellten und Arbeiter des öffentlichen Dienstes die Aufgabe, den Unterschied zwischen Basissicherung und Beamtenversorgung auszugleichen. Aus rechtlicher Sicht stellt sie

[2] In einigen Bereichen des öffentlichen Dienstes (z. B. innerhalb des Gesundheitswesens) treten als Basissicherung an die Stelle der gesetzlichen Rentenversicherung berufsständische Versorgungswerke (vgl. Boßmann 1998, 11). Darüber hinaus übernimmt in seltenen Fällen eine befreiende Lebensversicherung die Aufgabe der Basissicherung. Diese Versorgungssysteme sind nicht Gegenstand des Gutachtens.

eine privatrechtliche betriebliche Altersversorgung dar (vgl. Deutscher Bundestag 1997, 22).

Die Unterschiede der Altersversorgung zwischen Bund und Ländern einerseits und Kommunen andererseits werden erst bei der Betrachtung der für die Altersversorgung zuständigen Versorgungswerke deutlich. Während der Bund und die Länder die Besoldung und Versorgung ihrer aktiven und im Ruhestand befindlichen Beamten direkt aus den jeweiligen Haushalten bestreiten, hat man für die kommunalen Dienstherren **Versorgungskassen** auf landesrechtlicher Grundlage eingerichtet, die die Versorgung in einem größeren Verbund regeln.

Die Zusatzversorgung der bei Bund und Ländern auf der Basis von Arbeitsverträgen angestellten Personen regelt die Versorgungsanstalt des Bundes und der Länder (VBL). Im kommunalen und kirchlichen Bereich leisten dies kommunale **Zusatzversorgungskassen**. Gegenwärtig[3] arbeiten bundesweit 20 Versorgungskassen für Beamte – darunter drei kirchliche – sowie 27 Zusatzversorgungskassen für Angestellte und Arbeiter – darunter fünf kirchliche. Diese sind seit Sommer 1998 in der Arbeitsgemeinschaft kommunale und kirchliche Altersversorgung (AKA) e. V. mit Sitz in München organisiert. Die AKA untergliedert sich in eine Fachvereinigung Beamtenversorgung und eine Fachvereinigung Zusatzversorgung.

Sowohl die Versorgungskassen als auch die kommunalen und kirchlichen Zusatzversorgungskassen unterscheiden **Angemeldete** bzw. **Versicherte** einerseits und **Mitglieder**[4] andererseits. Angemeldete/Versicherte sind die jeweiligen Beschäftigten, die in einem Dienst- bzw. Arbeitsverhältnis bei den Mitgliedern der Versorgungseinrichtungen stehen. Städte, Gemeinden, Kirchen, Sparkassen und sonstige öffentliche Arbeitgeber und Dienstleistungsunternehmen der öffentlichen Hand stellen die Mitglieder einer Kasse. Die Versorgungskassen kennen in der Regel Pflichtmitgliedschaften für Kommunen bis zu einer bestimmten Einwohnerzahl; in einzelnen Ländern sind Pflichtmitgliedschaften umfassend vorgeschrieben, während andere Länder nur freiwillige Mitgliedschaften

---

[3] Stand Juli 1999

[4] Im Sprachgebrauch der kirchlichen Zusatzversorgungskassen erwerben die Arbeitgeber keine Mitgliedschaft bei der Zusatzversorgungskasse sondern beteiligen sich an ihr. Das Verhältnis zwischen beteiligtem Arbeitgeber und kirchlicher Zusatzversorgungskasse ist jedoch mit dem Mitgliedschaftsverhältnis eines Arbeitgebers bei einer kommunalen Zusatzversorgungskasse gleichzusetzen.

vorsehen. In der Zusatzversorgung gibt es durch die Tarifbindung eine faktische Pflicht zur Versicherung bei den regional zuständigen Kassen, die einzelne Länder durch Landesgesetz ausdrücklich zu einer rechtlichen Pflichtmitgliedschaft ausgestaltet haben. Auf die Folgen, die aus Pflicht- und freiwilliger Mitgliedschaft für die jeweiligen Kassen und deren Mitglieder entstehen, gehen die Kapitel 2.1.1.3 '*Mitgliedschaft bei einer Versorgungskasse*' und 2.1.2.3 '*Mitgliedschaft bei einer Zusatzversorgungskasse*' ein.

Die 20 kommunalen und kirchlichen Versorgungskassen betreuten 1998 rund 11.000 Mitglieder, knapp 130.000 Aktive sowie etwa 82.000 Versorgungsempfänger, welche mehr als 3,8 Milliarden DM an Versorgungsleistungen empfingen. Im Vergleich hierzu waren bei den kommunalen Zusatzversorgungskassen Ende 1998 rund 38.000 Mitglieder organisiert, die knapp 2,8 Millionen pflichtversicherte Arbeiter und Angestellte beschäftigten (zur Pflichtversicherung siehe Kap. 2.1.2.4 '*Versicherungsverhältnisse in der Zusatzversorgung*', zum Unterschied zwischen Pflichtversichertenzahl und Aktivenbestand siehe Fußnote 10). Den 2,8 Millionen Pflichtversicherten standen rund 700.000 Versorgungsrentner gegenüber, welche Leistungen von mehr als 4,9 Milliarden DM erhielten (vgl. Tabelle 1-2).

Die Versorgungskassen für Kommunalbeamte erheben von ihren Mitgliedern eine Umlage, welche die Versorgungsaufwendungen für die Versorgungsempfänger und die Verwaltungskosten der Versorgungskasse abdeckt sowie darüber hinaus zur Rücklagenbildung herangezogen werden kann. Der Umfang dieser Rücklage ist jedoch in der Regel gering. Bei einer Größenordnung von zwei bis drei Monatsausgaben an Versorgungsleistungen hat die Rücklage eher die Funktion einer Liquiditäts- und Schwankungsreserve als die eines Kapitalstocks zur Vorfinanzierung künftiger Pensionen. Aus diesem Grund ist die Finanzierungsform der kommunalen Versorgungskassen für Beamte als Umlageverfahren zu qualifizieren, wobei grundsätzlich alle Mitglieder einer Versorgungskasse eine Ausgleichsgemeinschaft bilden[5]. Ausnahmen von dieser Regel sind Gegenstand von Kapitel 2.1.1.2 '*Finanzierungstechnik der Beamtenversorgung*'.

---

[5] Die drei kirchlichen Versorgungskassen verfügen dagegen über eine nennenswerte Kapitaldeckung (vgl. Kap. 2.1.1.4 '*Besonderheiten der Kirchenkassen*').

Tabelle 1-2: Vergleich zwischen Beamten- und Zusatzversorgung auf Bundes- und Länderebene sowie kommunaler und kirchlicher Ebene zum 31.12.1998

	Beamtenversorgung	**Zusatzversorgung**
Bund und Länder		**VBL**
Mitglieder	-	5.940
Aktivenbestand	1.389.383[6]	k. A.[10] (2.022.800 Pflichtversicherte)
Versorgungs-empfänger	652.522[7]	857.666 davon 786.362 Versorgungsrentner
Versorgungs-leistungen	32,1 Mrd. DM[8]	5,91 Mrd. DM davon 5,71 Mrd. DM Versorgungsrenten
Kommunen, Kirchen	**kommunale u. kirchl. Versorgungskassen**	**kommunale und kirchliche Zusatzversorgungskassen**
Anzahl der Kassen	20	28[9]
Mitglieder	11.272	38.297
Aktivenbestand	127.462	k. A.[10] (2.783.559 Pflichtversicherte)
Versorgungs-empfänger	82.043	781.869 davon 703.505 Versorgungsrentner
Versorgungs-leistungen	3,88 Mrd. DM	5,07 Mrd. DM davon 4,92 Mrd. DM Versorgungsrenten

Quelle: AKA 1999; Breidenstein 1999, 982; Statistisches Bundesamt 1998a, 18; 1998b, 51

Von diesem Finanzierungsverfahren der Versorgungskassen für Kommunalbeamte, der reinen Umlagefinanzierung, ist das Finanzierungsverfahren der kommunalen Zusatzversorgungskassen für Angestellte

6 Stand: 30.06.1998 (vgl. Statistisches Bundesamt 1998a, 18)
7 Stand: 01.01.1999 (vgl. Breidenstein 1999, 982)
8 Stand: 1997 (vgl. Statistisches Bundesamt 1998b, 51)
9 seit 01.01.1999: 27
10 Genaue Angaben über den Aktivenbestand der Mitglieder der Zusatzversorgungskassen fehlen. Weil jedoch die Arbeitnehmer im öffentlichen Dienst in der Regel die Voraussetzungen einer Pflichtversicherung bei einer Zusatzversorgungskasse erfüllen, liefert die Anzahl der Pflichtversicherten eine Annäherung für den Aktivenbestand der Mitglieder.

und Arbeiter zu unterscheiden. Diese Zusatzversorgungskassen arbeiten mit einem Finanzierungsverfahren, das sowohl eine Kapitalansammlung als auch Umlageelemente enthält. In einem „Abschnittsdeckungsverfahren" genannten Mischsystem werden hier die Umlage-Beitragssätze in der einzelnen Kasse für einen bestimmten Zeitraum, den sogenannten Deckungsabschnitt, derart ermittelt und festgesetzt, daß sie – zusammen mit den künftigen Zinserträgen – am Ende des Deckungsabschnitts mindestens ein bestimmtes Deckungskapital gewährleisten.

Das Abschnittsdeckungsverfahren wird von den Zusatzversorgungskassen in unterschiedlichen Ausprägungen praktiziert. Es gibt Deckungsabschnitte zwischen fünf und 25 Jahren, hintereinandergeschachtelte und sich überlappende Deckungsabschnitte und schließlich Verfahren, in denen die Überprüfungen nur in bestimmten Jahresrhythmen oder gleitend vorgenommen werden. Teilweise führt diese Handhabung in den Kassen zu weiterem Kapitalaufbau, teilweise zu relativer Stagnation.

Die Umlagesätze in den kommunalen und kirchlichen Zusatzversorgungskassen betragen im Jahre 1999 für Versicherte aus den alten Bundesländern 3,95 bis 7 %, in den neuen Bundesländern 1 bis 1,3 %.

Durch die demographische Entwicklung stehen alle deutschen Alterssicherungssysteme – allerdings in unterschiedlichem Maße und auch nicht aus den gleichen Gründen – spätestens ab dem Jahr 2010 vor wachsenden Finanzierungsschwierigkeiten. Die spezifischen Probleme der Altersversorgung des öffentlichen Dienstes ergeben sich dabei weniger aufgrund genuiner Veränderungen in der Bevölkerungsstruktur, sondern vielmehr als Folge einer starken Bestandsexpansion in den 60er und 70er Jahren, verbunden mit einer rückläufigen Bestandsentwicklung aufgrund von Einstellungsstopps und der Privatisierung von Aufgaben in der jüngeren Vergangenheit. Zudem führen gegenwärtig die Wachstumsschwäche der Wirtschaft und das anhaltend hohe Arbeitslosenniveau auch in bezug auf die Altersversorgung des öffentlichen Dienstes zu zusätzlichen Finanzierungsschwierigkeiten. Denn aufgrund des nicht voll ausgeschöpften Produktionspotentials sind das Bruttoinlandsprodukt und damit das Steueraufkommen, aus dem letztlich die Versorgungsbezüge finanziert werden, geringer als bei Vollbeschäftigung (vgl. Deutscher Bundestag 1996, 5). Darüber hinaus wird das beschäftigungs- und wachstumspolitische Bemühen, die Steuerquote zu senken, die Finanzierungsschwierigkeiten der öffentlich-rechtlichen Arbeitgeber zusätzlich verschärfen.

Die Versorgungsaufwendungen der kommunalen Dienstherrn und Arbeitgeber werden von knapp zehn Milliarden DM im Jahr 2000 auf 40 Milliarden DM im Jahr 2040 ansteigen (vgl. BMI 1996, 14, 23). Darüber hinaus wird der aktuelle und anhaltende Konsolidierungsbedarf der Staatsfinanzen auch auf kommunaler Ebene für eine nachhaltig angespannte Haushaltslage sorgen. Spürbare Entlastungen – beispielsweise durch höhere Steuereinnahmen – sind nicht zu erwarten. Die steigenden Versorgungsausgaben und die geringeren Einnahmen werden daher die haushaltswirtschaftliche Situation der kommunalen Arbeitgeber in den kommenden Jahren verschlechtern.

Angesichts der wachsenden Versorgungsaufwendungen stehen vor allem die Versorgungskassen für Kommunalbeamte aufgrund ihrer geringen Kapitaldeckung vor der Frage, wie bei unverändertem Leistungssystem die von ihnen im Interesse der Mitglieder zu erbringenden Versorgungslasten besser finanziert werden können.

Für die Zusatzversorgung des öffentlichen Dienstes kann sich aufgrund der Abhängigkeit von bzw. ihrer Ergänzungsfunktion zwischen den beiden eigenständigen Versorgungssystemen der gesetzlichen Rentenversicherung einerseits und der Beamtenversorgung andererseits ein weiteres Problem ergeben. Sofern die Leistungsrücknahmen bei den gesetzlichen Renten ausgeprägter sind als bei der Beamtenversorgung, steigt nach Maßgabe dieser Differenz der Versorgungsaufwand der Zusatzversorgung, da sie die Aufgabe hat, die Differenz zwischen dem Basissicherungssystem und der Beamtenversorgung auszugleichen. Aus einer zunehmenden Leistungsspreizung zwischen gesetzlicher Rentenversicherung und Beamtenversorgung wächst aber auch der Bedarf, über Änderungen im Leistungsbereich der Zusatzversorgung nachzudenken. Dies ist allerdings nicht Gegenstand der vorliegenden Untersuchung.

1.2 Abgrenzung

Öffentlicher Dienst wird definiert als die Tätigkeit bzw. Beschäftigung im Dienst einer juristischen Person des öffentlichen Rechts (vgl. Minz/ Conze 1998, 25 und Battis 1996, XII). Zu den juristischen Personen des öffentlichen Rechts zählen Körperschaften des öffentlichen Rechts – z. B. Bund, Länder und Gemeinden –, Anstalten des öffentlichen Rechts – z. B. die öffentlich-rechtlichen Rundfunkanstalten – und Stiftungen des öffentlichen Rechts. Die Beschäftigten derartiger Einrichtungen sind Angehörige des öffentlichen Dienstes. Somit bezieht sich die Definition des öffentlichen Dienstes auf die Rechtsstellung des Dienst- bzw. Arbeitgebers als juristische Person des öffentlichen Rechts und nicht auf die Tätigkeit oder die Ausgestaltung des Dienst- bzw. Arbeitsverhältnisses.

Das Gutachten folgt einer weiterreichenden Definition des öffentlichen Dienstes, nach der auch juristische Personen des Privatrechts zum öffentlichen Dienst zählen, sofern sie gemeinnützig sind, überwiegend öffentlichen Zwecken dienen oder maßgeblich von juristischen Personen des öffentlichen Rechts beeinflußt werden.

Wenn im folgenden von 'Kassen' gesprochen wird, so sind damit alle 47 kommunalen und kirchlichen Versorgungs- und Zusatzversorgungskassen gemeint. Während der Begriff 'Versorgungskasse' die 20 Beamtenversorgungskassen bezeichnet, werden die 27 Zusatzversorgungskassen der Angestellten und Arbeiter als 'Zusatzversorgungskassen' benannt. Eingeschlossen sind bei der Beamtenversorgung die drei kirchlichen Versorgungskassen und bei der Zusatzversorgung die fünf kirchlichen sowie die zwei Sparkasseneinrichtungen. Die Versorgungsanstalt des Bundes und der Länder wird im folgenden durchgängig mit der gebräuchlichen Abkürzung VBL bezeichnet, ist aber nicht ausdrücklich in die Untersuchung einbezogen. Dies gilt auch für die sonstigen Zusatzversorgungseinrichtungen, die nicht in der AKA organisiert sind (vgl. Kap. 2.1.2.7 '*Weitere Zusatzversorgungseinrichtungen*').

1.3 Ziel des Gutachtens

In dem vorliegenden Gutachten soll die Finanzierungstechnik der Zusatzversorgungskassen und Versorgungskassen – vergleichend mit der gesetzlichen Rentenversicherung und der privaten Rentenversicherung – behandelt werden. Die erkennbaren Probleme dieser kommunalen und kirchlichen Einrichtungen sind zu identifizieren und es sind Maßnahmen aufzuzeigen, wie diese Probleme effizient gelöst werden können.

Als Gestaltungsoptionen, um die Leistungsfähigkeit und Zukunftssicherheit im Interesse der Mitglieder und Versicherten zu gewährleisten, werden sowohl die Beibehaltung der existierenden Finanzierungssysteme als auch ihre Modifikation und Ergänzung einschließlich einer Systemsubstitution durch externe Versicherungslösungen behandelt und auf ihre Tauglichkeit hin untersucht. Dabei sollen die finanziellen, aber auch die haushaltswirtschaftlichen und die gesamtwirtschaftlichen Konsequenzen der zur Diskussion gestellten Optionen aufgezeigt werden.

Das Gutachten beschreibt die bestehenden Finanzierungssysteme, ihre Funktionsweisen und sachgerechte Gestaltungs- und Handlungsalternativen. Damit soll es eine Entscheidungsgrundlage schaffen für diejenigen Personen und Institutionen, die für die Altersversorgung des öffentlichen Dienstes und ihre Finanzierung Verantwortung tragen. Änderungen im Leistungsrecht werden im Gutachten bewußt nicht angesprochen, ebensowenig die Verbindungen zwischen der Leistungs- und der Finanzierungsseite und ihre Wechselwirkungen. Auf diese Weise soll das Gutachten einen konzentrierten Überblick verschaffen über die Zwänge und Freiräume, die die bestehenden Finanzierungssysteme als solche bieten, aber auch über die Notwendigkeit, gegebenenfalls deutlich und zeitnah Veränderungen vorzunehmen.

2 Bestandsaufnahme

2.1 Organisation der Altersversorgung im öffentlichen Dienst

Die Altersversorgung des öffentlichen Dienstes läßt sich organisatorisch in die Teilbereiche der Beamtenversorgung und der Zusatzversorgung aufteilen (vgl. Tabelle 1-1, S. 1). Angelehnt an diese Aufteilung wird zunächst im folgenden Kapitel 2.1.1 die Organisation der Beamtenversorgung dargelegt. Daran schließt sich das Kapitel 2.1.2 mit der Organisation der Zusatzversorgung von Angestellten und Arbeitern des öffentlichen Dienstes an.

2.1.1 Beamtenversorgung

2.1.1.1 Inhalt und Durchführung der Beamtenversorgung

Die Beamtenversorgung zielt – da sie sowohl Grund- als auch Zusatzsicherung umfaßt – auf eine Vollversorgung der Beamten ab. Dieses System ist mit einer Kombination aus Basissicherung zuzüglich einer betrieblichen Alterssicherung vergleichbar. Für jeden Beamten gewährleistet die Beamtenversorgung eine feste Relation zwischen den Bezügen während seiner Aktivenzeit und seinen späteren Versorgungsleistungen (vgl. Deutscher Bundestag 1997, 22). Versorgung und Besoldung sind Bestandteile des für alle Beamten einheitlich geltenden Alimentationsprinzips (vgl. Kap. 2.2.1.1 '*Verfassungsrechtliche Grundlagen*'). Das Alimentationsprinzip garantiert dem Beamten und seiner Familie einen lebenslangen amtsangemessenen Lebensunterhalt – in seiner Aktivenzeit durch eine amtsangemessene Besoldung, im Ruhestand mittels amtsangemessener Versorgungsbezüge. Besoldung und Versorgung sind somit fest miteinander verkoppelt. Ihr Ziel ist, den Beamten und seine Familie lebenslang wirtschaftlich sicherzustellen (vgl. Deutscher Bundestag 1997, 47 und Battis 1996, XXIII).

Die Versorgungsarten und deren Berechnung sind im Beamtenversorgungsgesetz (BeamtVG) festgelegt. Der Geltungsbereich des Gesetzes umfaßt alle Beamten auf Bundes-, Länder- und kommunaler Ebene, einschließlich der Beamten von Körperschaften, Anstalten und Stiftungen des öffentlichen Rechts, die unter der Aufsicht eines Landes stehen (§ 1 BeamtVG). Vom Anwendungsbereich ausgeschlossen sind die öffentlich-rechtlichen Religionsgemeinschaften und deren Verbände. Jedoch lehnen die Kirchen die Versorgungsleistungen für Bedienstete, die in beamtenrechtsähnlichen Beschäftigungsverhältnissen stehen, an das Beamtenrecht an (vgl. Kap. 2.1.1.4 '*Besonderheiten der Kirchenkassen*').

Die unter den Geltungsbereich des Beamtenversorgungsgesetzes fallenden Personen haben einen Anspruch auf Ruhegehalt oder Unterhaltsbeitrag, Hinterbliebenenversorgung, Bezüge bei Verschollenheit, Unfallfürsorge, Übergangsgeld sowie diverse Erhöhungs-, Unterschieds- und Ausgleichsbeträge (§ 2 BeamtVG). Die Höhe des Ruhegehaltes eines im Ruhestand stehenden Beamten richtet sich nach der Dauer seiner ruhegehaltfähigen Dienstzeiten und der Höhe seiner ruhegehaltfähigen Dienstbezüge (§ 4 Abs. 3 BeamtVG). Die Höhe der Leistungen der Hinterbliebenenversorgung ergeben sich aus festen Prozentsätzen des Ruhegehaltes des Verstorbenen.

Weder im staatlichen noch im kommunalen und kirchlichen Bereich sind von den Beamten explizit Beiträge zu entrichten, um die Versorgungsleistungen zu finanzieren. Inwieweit in der Vergangenheit durch verzögerte oder geringere Anpassungen der Bezüge implizit ein Beitrag zur Finanzierung der Altersversorgung geleistet wurde, läßt sich im nachhinein nicht mehr feststellen. Allerdings werden ab dem 1. Januar 1999 bis zum 31. Dezember 2013 jährlich durchschnittlich 0,2 Prozentpunkte der Besoldungs- und Versorgungsanpassungen einem Sondervermögen zugeführt, welches ausschließlich die zukünftigen Versorgungsaufwendungen sichern soll (§ 14 a Bundesbesoldungsgesetz – BBesG). Der Aufbau des Sondervermögens führt nicht zu einem Sinken des absoluten Besoldungs- und Versorgungsniveaus; es steigt vielmehr in einem geringeren Maße – in den fünfzehn Jahren bis 2013 um insgesamt 3 Prozentpunkte (15 x 0,2 = 3) – als es ohne den Aufbau steigen würde.

Die jeweiligen Dienstherrn finanzieren die Versorgungslasten ihrer im Ruhestand stehenden Beamten ebenso wie die Besoldungsbezüge der Aktiven unmittelbar aus den laufenden Haushalten (vgl. von Puskás 1997, 23; Deutscher Bundestag 1997, 8 und Battis 1998, 123). Auf Bundes- und Länderebene stellt der jeweilige Dienstherr gleichzeitig die auszahlende Stelle dar. Dagegen erhält im kommunalen Bereich die Mehrheit der Versorgungsempfänger ihre Pensionen bzw. ihre Versorgungsleistungen nur indirekt von ihren Dienstherrn. Auszahlende Stelle ist in diesen Fällen eine von siebzehn kommunalen Versorgungskassen, bei der

der ehemalige Dienstherr Mitglied ist. Der Anspruch des (Ruhestands-)Beamten auf eine amtsangemessene Versorgung richtet sich jedoch nicht gegen die Versorgungskasse, sondern nach wie vor gegen seinen ehemaligen Dienstherrn (§ 48 Beamtenrechtsrahmengesetz – BRRG). Die Kasse übt für den Dienstherrn hierbei die Funktion einer Art Rückversicherung zur Sicherung der Versorgungslasten aus (vgl. Stein 1989, 75f.). Zwischen den Versorgungsempfängern und den Versorgungskassen besteht in der Regel[11] kein Rechtsverhältnis (vgl. Abbildung 2-1).

Abbildung 2-1: Dreiecksbeziehung in der kommunalen und kirchlichen Beamtenversorgung

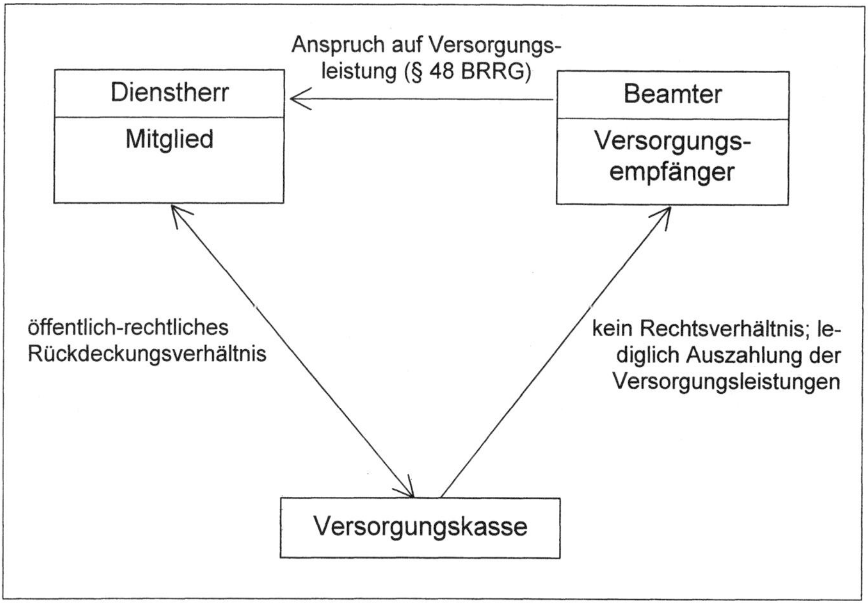

Wechselt ein Beamter nach Vollendung des 45. Lebensjahres den Dienstherrn, werden seine späteren Versorgungsbezüge zwischen den ehemaligen Dienstherrn anteilig aufgeteilt. Jeder Dienstherr übernimmt den Teil der Versorgungslasten, der dem Anteil der bei ihm abgeleisteten ruhege-

[11] Drei Versorgungskassen bilden hierzu eine Ausnahme, indem sie bestimmte Aufgaben ihrer Mitglieder übernehmen (vgl. Stein 1989, 94ff.).

haltfähigen[12] Dienstzeit an der gesamten ruhegehaltfähigen Dienstzeit des betreffenden Beamten entspricht (§ 107 b BeamtVG). Vollzieht der Beamte den Wechsel vor Vollendung des 45. Lebensjahres, so hat der neue Dienstherr die Versorgungslasten alleine zu tragen.

2.1.1.2 Finanzierungstechnik der Beamtenversorgung

Um die Versorgungsleistungen zu erbringen, erheben die **kommunalen Versorgungskassen** von ihren Mitgliedern – den jeweiligen Dienstherrn – eine Umlage. Diese deckt neben den Versorgungs- und sonstigen Kassenleistungen die Verwaltungskosten ab und speist darüber hinaus die in den jeweiligen Landesgesetzen bzw. Kassensatzungen[13] vorgeschriebene Sicherheitsrücklage. Die Sicherheitsrücklage umfaßt je nach Regelung die Summe der Versorgungsleistungen von zwei bis drei Monaten und soll die ungestörte Leistungserfüllung ohne eine zwischenzeitliche Aufnahme von Kassenkrediten gewährleisten (vgl. Stein 1989, 107).

Die Höhe der von den Mitgliedern an ihre Versorgungskasse abzuführenden Umlage errechnet sich als Produkt aus dem Umlagesatz multipliziert mit dem Umlagemeßbetrag. Die Berechnungs- bzw. Bemessungsgrundlagen dieser beiden Rechengrößen unterscheiden sich von Kasse zu Kasse (vgl. Stein 1989, 108ff.). In der Regel umfaßt der Umlagemeßbetrag die Summe der ruhegehaltfähigen Dienstbezüge[14] der Aktiven bzw. der im Stellenplan ausgewiesenen Stellen des jeweiligen Mitglieds. Teilweise werden darüber hinaus auch die Versorgungsbezüge in den

---

[12] Zu den ruhegehaltfähigen Dienstzeiten zählen im Beamtenverhältnis absolvierte Zeiten im Dienst eines öffentlich-rechtlichen Dienstherrn (§ 6 Abs. 1 BeamtVG), Zeiten des berufs- oder nichtberufsmäßigen Wehrdienstes (§§ 8, 9 BeamtVG), Zeiten in einem privatrechtlichen Arbeitsverhältnis im öffentlichen Dienst (§ 10 BeamtVG) sowie geforderte Fach- oder Hochschulausbildungszeiten bis zu einer Dauer von maximal drei Jahren (§ 12 BeamtVG). Dienstzeiten, die während einer Teilzeitbeschäftigung absolviert wurden, zählen in dem Verhältnis, in dem sie zur Regelarbeitszeit standen, zu den ruhegehaltfähigen Dienstzeiten. Zeiten einer Altersteilzeit sind zu neun Zehnteln der regelmäßigen Arbeitszeit ruhegehaltsfähig (§ 6 Abs. 1 Satz 3 BeamtVG).

[13] Zu den rechtlichen Grundlagen der Versorgungskassen siehe Kap. 2.2.1.2 '*Rechtliche Grundlagen der Versorgungskassen*'.

[14] Zu den ruhegehaltfähigen Dienstbezügen zählen das zuletzt für die Dauer von mindestens drei Jahre bezogene Grundgehalt, der Familienzuschlag der Stufe 1 sowie sonstige ruhegehaltfähige Dienstbezüge.

Umlagemeßbetrag einbezogen. Der Umlagesatz ist der Quotient aus dem Umlagebedarf der jeweiligen Kasse und dem Umlagemeßbetrag aller Mitglieder dieser Versorgungskasse. Zum Umlagebedarf zählen neben den Versorgungsaufwendungen noch die Verwaltungskosten und der zur Bildung von Rücklagen benötigte Betrag. Der Umlagesatz wird für jedes Rechnungsjahr neu berechnet.

$$\frac{\text{Umlagebedarf der Kasse}}{\sum_{i} \text{Umlagemeßbetrag}\,[i]} = \textbf{Umlagesatz}$$

$$\text{Umlagemeßbetrag}\,[i] \times \frac{\text{Umlagesatz}}{100} = \text{Umlage}\,[i]$$

i = Mitglied

Die Umlagesätze differieren von Kasse zu Kasse je nach Verhältnis von Aktiven zu Pensionären. Innerhalb einer Versorgungskasse bilden die Mitglieder in der Regel eine Ausgleichsgemeinschaft, so daß für alle Mitglieder derselbe Umlagesatz erhoben wird. Die sich daraus ergebenden Versorgungsumlagen, deren absolute Höhe vom Aktivenbestand des jeweiligen Mitglieds bzw. vom oben genannten Umlagemeßbetrag abhängen, decken die Versorgungsleistungen aller Mitglieder. Daraus folgt, daß Mitglieder, die ein günstiges Verhältnis von Aktiven zu Pensionären aufweisen, einen Teil der Versorgungslasten von Mitgliedern mit einem ungünstigeren Verhältnis finanzieren. Es besteht somit zwischen den Mitgliedern einer Ausgleichsgemeinschaft ein – in den Kassensatzungen verankerter – solidarischer Ausgleich (von Puskás 1998b, 2).

Über diese allgemeine Regelung hinausgehend, räumen einzelne Versorgungskassen ihren Mitgliedern die Möglichkeit ein, freiwillige Umlagevorauszahlungen zu leisten, um ihre zukünftigen Versorgungsleistungen entsprechend zu reduzieren.

Weiterhin ermöglichen einige wenige Satzungen die Bildung von Ausgleichs- oder Umlagegruppen mit eigenen Umlagesätzen innerhalb einer Versorgungskasse. Hintergrund dieser Differenzierung ist der Wunsch einzelner Mitgliedsgruppen gewesen, ihre Versorgungslasten nicht in einem größeren Verbund, sondern nur innerhalb einer bestimmten Gruppe auszugleichen.

Das Finanzierungsverfahren der kommunalen Versorgungskassen unterscheidet sich deutlich von dem der drei bundesweit tätigen **kirchlichen Versorgungskassen**[15]. Im Gegensatz zu den siebzehn kommunalen Versorgungskassen verfügen die drei Kirchenkassen über eine größere Kapitaldeckung (vgl. Kap. 2.1.1.4 '*Besonderheiten der Kirchenkassen*').

2.1.1.3 Mitgliedschaft bei einer Versorgungskasse

Die Versorgungskassen unterscheiden freiwillige Mitglieder von Pflichtmitgliedern. Kriterien – wie beispielsweise Größe oder Rechtsform des Dienstherrn – definieren die Grenzen der beiden Mitgliedschaftsarten. Zu den Pflichtmitgliedern zählen – je nach Versorgungskasse in unterschiedlichem Umfang – Gemeinden und Städte, Landkreise, Zweck-, Verwaltungs-, Nachbarschafts-, Landeswohlfahrts-, Schul-, Raumordnungs-, Regional- und Gemeindeverbände, Verwaltungsgemeinschaften, Sparkassen, Krankenkassen sowie kommunale Datenzentralen (vgl. AKA 1999). Sofern die oben genannten Institutionen nicht Pflichtmitglied der für sie regional zuständigen Kasse sind, können sie einen Antrag auf freiwillige Mitgliedschaft stellen. Die Aufnahmebedingungen differieren von Kasse zu Kasse. In der Regel zählen zu den freiwilligen Mitgliedern juristische Personen des öffentlichen Rechts, die nicht Pflichtmitglieder sind. Darüber hinaus können Kirchen, Handwerkskammern und die Träger der Sozialversicherung die Mitgliedschaft erwerben. Schließlich gewähren einige Versorgungskassen auch juristischen Personen des Privatrechts den Zutritt zu ihrer Kasse, sofern diese gemeinnützig sind, überwiegend öffentlichen Zwecken dienen oder maßgeblich von Pflichtmitgliedern der Kasse beeinflußt werden (vgl. Stein 1989, 80). Die Aufnahme eines freiwilligen Mitglieds kann an zusätzliche Bedingungen geknüpft sein.

Ein freiwilliges Mitglied kann – im Gegensatz zu einem Pflichtmitglied – seine Mitgliedschaft kündigen. Umgekehrt darf auch ihm gekündigt werden, sofern es seinen Verpflichtungen gegenüber der Versorgungskasse

[15] Insgesamt arbeiten bundesweit acht kirchliche Versorgungs- und Zusatzversorgungskassen. Drei von ihnen finanzieren die Versorgung der beamtenrechtsähnlich bediensteten Kirchenmitarbeitern, die anderen fünf die Zusatzversorgung der bei den Kirchen beschäftigten Arbeiter und Angestellten.

nicht nachkommt. In Streitfällen mit einem Pflichtmitglied steht den Versorgungskassen der in ihren Satzungen definierte Rechtsweg offen. Nur zwei Kassensatzungen sehen ein schiedsgerichtliches Verfahren unter Ausschluß des Rechtsweges vor (vgl. Stein 1989, 87ff.).

Nahezu alle Versorgungskassen unterscheiden zwischen Pflicht- und freiwilligen Mitgliedern. Lediglich zwei Kassen kennen keine Pflichtmitgliedschaft und nehmen somit ausschließlich freiwillige Mitglieder auf. Die Gründe hierfür liegen in der Historie der beiden Kassen.

Die Unterscheidung von Pflichtmitgliedschaft und freiwilliger Mitgliedschaft regelt lediglich die Aufnahme als Versorgungskassenmitglied. Mit Ausnahme der Kündigungsregelungen ist im weiteren Geschäftsbetrieb diese Differenzierung nicht von Belang.

Der Risikoausgleich der Versorgungslasten unter den Mitgliedern sowie die Sach- und Fachkenntnisse der Versorgungskassen sind Gründe, – insbesondere für kleinere Dienstherrn – einer solchen freiwillig beizutreten (vgl. Stein 1989, 53f.).

2.1.1.4 Besonderheiten der Kirchenkassen

Zu den bei den Kirchen in einem beamtenähnlichen Dienstverhältnis stehenden Beschäftigten zählt der Kirchenklerus (Pfarrer[16], Bischöfe, Vikare, Diakone). Dieser Personenkreis hat – ebenso wie die bei den Gebietskörperschaften bediensteten Beamten – ein Recht auf ausreichende, amtsangemessene und lebenslängliche Alimentation bzw. Sustentation[17] (vgl. Hübner 1992, 47ff.; Link 1996, 441ff. und Deutsche und Berliner Bischofskonferenz 1994, 121).

Die Finanzierung der kirchlichen Versorgungslasten ist nicht einheitlich organisiert. Während die evangelischen Landeskirchen in den Jahren 1971, 1972 und 1974 die drei Kirchenkassen innerhalb der Fachvereinigung Beamtenversorgung gründeten[18], gibt es keine derartige Einrichtung auf katholischer Seite. Der Unterhalt des Klerus der katholi-

[16] In Ausnahmefällen werden Pfarrer in einem Angestelltenverhältnis beschäftigt (vgl. Hübner 1992, Fußnote 9, 3).

[17] sustentare [lat.] = unterstützen, ernähren

[18] Nicht alle evangelischen Landeskirchen sind Mitglieder einer der drei Versorgungskassen. Diese Landeskirchen haben einen Teil ihrer Versorgungslasten über einen Versorgungsfonds bzw. eine Privatversicherung abgesichert (vgl. Hübner 1992, 79f.).

schen Kirche in den Diözesen wird gemäß Canon 1274 § 1 des Codex des kanonischen Rechts in jeder Diözese über einen zentralen Fonds finanziert (vgl. Deutsche und Berliner Bischofskonferenz 1994, 555). Von den drei evangelischen Kirchenkassen gewähren wiederum nur zwei eine Vollabsicherung der Versorgungslasten (vgl. Hübner 1992, 79). Die in einer dritten Versorgungskasse zusammengefaßten Landeskirchen haben die gesetzliche Rentenversicherung in ihr Versorgungssystem integriert. Hierbei übernehmen die Kirchen für die bei ihnen bediensteten Pfarrer, Diakone und Kirchenbeamten sowohl den Arbeitgeber- als auch den Arbeitnehmeranteil zu den Pflichtbeiträgen zur gesetzlichen Rentenversicherung und garantieren den so versicherten Personen eine volle beamtenrechtsähnliche Versorgung, indem sie die Differenz zwischen der gesetzlichen Versichertenrente und der Beamtenversorgung über die Versorgungskasse und aus laufenden Haushaltsmitteln finanzieren (vgl. Hübner 1992, 191f.)[19].

2.1.2 Zusatzversorgung für Arbeiter und Angestellte des öffentlichen Dienstes

2.1.2.1 Inhalt und Durchführung der Zusatzversorgung

Die Versorgung der Angestellten und Arbeiter des öffentlichen Dienstes setzt sich aus einer Basissicherung und einer Zusatzversorgung zusammen. Als Basissicherungssystem dient hierbei zumeist die gesetzliche Rentenversicherung[20]. Zusätzlich zu dieser Basisversorgung erhalten die Rentner des öffentlichen Dienstes als Zusatzversorgung eine sogenannte **Versorgungsrente**, die zusammen mit der Basisversorgung den Versicherten eine an den Leistungen der Beamtenversorgung ausgerichtete Gesamtversorgung gewährleisten soll (vgl. Deutscher Bundestag 1997, 22). Die Versorgungsrente ist dynamisiert und gleicht auch insofern etwaige Differenzen zwischen der Dynamisierung der Basissicherung und derjenigen der Gesamtversorgung aus. Bestimmungsfaktoren dieser zusätzli-

[19] Die evangelischen Landeskirchen in den neuen Ländern sind nicht Mitglied einer Versorgungskasse und leisten den Differenzbetrag ausschließlich aus laufenden Haushaltsmitteln (vgl. Hübner 1992, 80).

[20] Andere Basissicherungssysteme können berufsständische Versorgungswerke sein (z. B. Ärzte-, Apothekerversorgung) und befreiende Lebensversicherungen (vgl. Fußnote 2, S. 2).

chen Altersbezüge sind somit die gesetzliche Rentenversicherung bzw. andere Basissicherungssysteme und die Beamtenversorgung. Wenn das Leistungsniveau der gesetzlichen Rentenversicherung sinkt und das der Beamtenversorgung gleich bleibt, steigt – saldenmechanisch – die Höhe der Zusatzversorgung. Im gegenteiligen Fall kompensiert die Zusatzversorgung durch Niveauabsenkung eine Erhöhung der gesetzlichen Rente.

Die Zusatzversorgung des öffentlichen Dienstes stellt eine besondere Form der betrieblichen Altersversorgung dar. Arbeitgeber, Arbeitnehmer und Zusatzversorgungskasse befinden sich hierbei in einer Dreiecksbeziehung (vgl. Abbildung 2-2, S. 20). Der Arbeitnehmer besitzt gegenüber seinem Arbeitgeber einen arbeitsrechtlichen Anspruch auf Gewährleistung einer Zusatzversorgung (vgl. Bauer 1988, 6). Um diesem zu genügen, schließt der Arbeitgeber zugunsten seiner Arbeitnehmer einen privatrechtlichen Gruppenversicherungsvertrag mit einer Zusatzversorgungskasse ab (vgl. von Puskás 1998a, 238). Aus diesem Vertrag erwächst dem Arbeitnehmer bzw. seinen Hinterbliebenen gegenüber der Zusatzversorgungskasse ein versicherungsrechtlicher Anspruch auf eine Versorgungsrente.

Die Grundzüge für Mitgliedschaft und Finanzierung der Zusatzversorgungskassen sind in den entsprechenden Gesetzen und Kassensatzungen festgelegt (vgl. von Puskás 1997, 79). Die Leistungen der Zusatzversorgung legen Gewerkschaften und Arbeitgebervertreter in Versorgungstarifverträgen fest. Im kommunalen Bereich wird der Tarifvertrag über die Versorgung der Arbeitnehmer kommunaler Verwaltungen und Betriebe (VersTV-G) angewandt[21]. Bei der inhaltlichen Ausgestaltung der Zusatzversorgungsleistungen orientieren sich die Tarifvertragsparteien am Leistungsrecht der Beamtenversorgung und der gesetzlichen Rentenversicherung (vgl. Kap. 2.2.2.1 '*Tarifrechtliche Grundlagen der Zusatzversorgung*'). Die einzelnen tarifvertraglich begründeten Leistungen übernehmen die Kassen schließlich in ihr jeweiliges Satzungsrecht (vgl. Deutscher Bundestag 1996, 77). Als Grundlage der Kassensatzungen dient die Mustersatzung (MS) der Fachvereinigung Zusatzversorgung der AKA.

[21] Der VersTV-G gilt für die Mehrheit der kommunalen Arbeitgeber des öffentlichen Dienstes. Ist jedoch im Bereich eines Arbeitgebers keine überörtliche kommunale Zusatzversorgungskasse tätig, so hat der Arbeitgeber die Mitgliedschaft bzw. Beteiligung (vgl. Fußnote 30, S. 28) bei der VBL zu erwerben und demzufolge den VersTV (Tarifvertrag über die Versorgung der Arbeitnehmer des Bundes und der Länder sowie von Arbeitnehmern kommunaler Verwaltungen und Betriebe) anzuwenden. Im Saarland gilt an Stelle des VersTV-G der VersTV-Saar.

Abbildung 2-2: Dreiecksbeziehung in der Zusatzversorgung

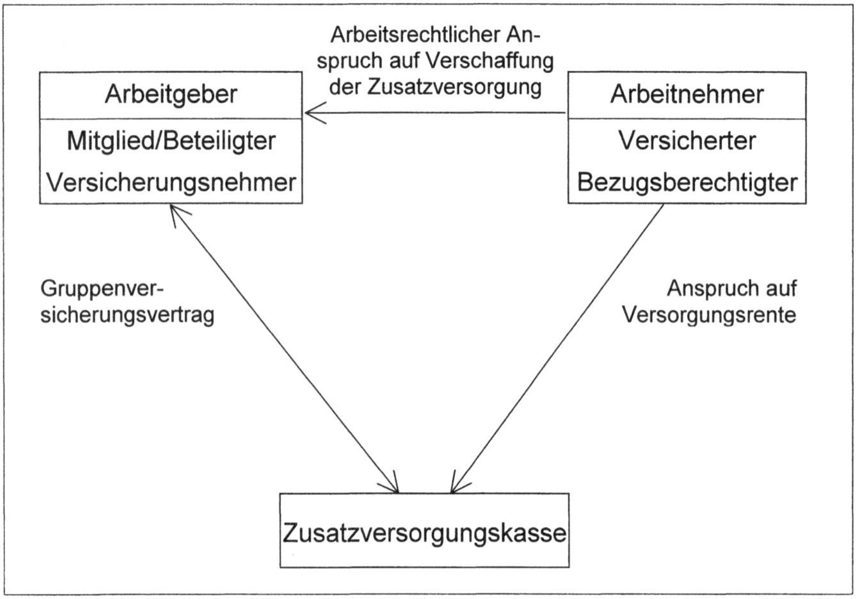

Versicherte Arbeitnehmer, die keinen Anspruch auf eine dynamische Versorgungsrente haben, erhalten eine statische **Versicherungsrente**. Versorgungs- und Versicherungsrenten unterscheiden sich in bezug auf die Anpassung und die Höhe ihres Leistungsniveaus. Während die Versorgungsrente stets dynamisch im Rahmen des Gesamtversorgungssystems der Zusatzversorgung angepaßt wird (§ 22 Abs. 1 VersTV-G, § 47 MS), ist die Versicherungsrente eine statische beitragsbezogene Leistung, deren Niveau deutlich unter dem der Versorgungsrente liegt. Für die Entscheidung, welche der beiden Leistungsarten der Rentner empfangen darf, ist der Zustand des Versicherungsverhältnisses bei Eintritt des Versicherungsfalles (z. B. wegen Alters) relevant. Befindet sich der Versicherte zu diesem Zeitpunkt in einer Pflichtversicherung (vgl. Kap. 2.1.2.4 '*Versicherungsverhältnisse*'), so besitzt er Anspruch auf eine Versorgungsrente, ansonsten erhält er eine Versicherungsrente (§ 19 Abs. 1 VersTV-G, § 28 MS). Scheidet der Arbeitnehmer aufgrund besonderer gesetzlicher oder tarifvertraglicher Bestimmungen vor dem Eintritt des Versicherungsfalles aus dem Arbeitsverhältnis aus, bleibt sein

Anspruch auf eine Versorgungsrente bestehen. Ebenso erhält ein ehemaliger Arbeitnehmer eine Versorgungsrente, wenn:

- er beim Ausscheiden das 58. Lebensjahr vollendet und mindestens 240 Umlagemonate[22] erreicht hat **und**
  - ihm vom Arbeitgeber aus betrieblichen Gründen gekündigt wurde **oder**
  - der Arbeitnehmer mit dem Arbeitgeber einen Auflösungsvertrag aus nicht verhaltensbedingten Gründen geschlossen hatte (§ 19 Abs. 4 VersTV-G, § 28 Abs. 5 MS).

Neben den beiden Arten der Versichertenrenten (Versorgungs- und Versicherungsrenten) sieht die Zusatzversorgung des öffentlichen Dienstes gemäß § 18 VersTV-G (§ 27 MS) auch eine Versorgung der **Hinterbliebenen** der Versicherten vor. Zu den Hinterbliebenen zählen die Witwe des bzw. der Witwer des oder der Verstorbenen sowie seine bzw. ihre Kinder. Neben Versorgungs- oder Versicherungsrenten gewähren die Zusatzversorgungskassen anspruchsberechtigten Hinterbliebenen als einmalige Zahlungen Sterbegelder und Abfindungen (§§ 36, 37 VersTV-G, §§ 49, 50 MS).

Die Höhe und damit auch die Berechnung der verschiedenen Leistungen aus der Zusatzversorgung hängt von mehreren Faktoren ab. Insbesondere die Dauer des Arbeitsverhältnisses und die Höhe des Arbeitsentgelts des Versicherten beeinflussen die Höhe der jeweiligen Versorgungsleistung. Die Berechnungsart richtet sich nach dem Leistungsrecht, welches in den Zeiträumen galt, in denen der jeweilige Versicherte seine Anwartschaften erwarb.

Zwischen den kommunalen Zusatzversorgungskassen bestehen sogenannte Überleitungsabkommen (§ 68 MS)[23]. Wechselt ein Arbeitnehmer zu einem Arbeitgeber, der Mitglied einer anderen Zusatzversor-

---

[22] Ein Umlagemonat ist ein Kalendermonat, für den der Arbeitgeber für mindestens einen Tag Umlage für das zusatzversorgungspflichtige Entgelt des betreffenden Arbeitnehmers an die Zusatzversorgungskasse entrichtet hat (§ 7 Abs. 7 VersTV-G).

[23] Mit der VBL, der Versorgungsanstalt der Deutschen Bundespost, der Bahnversicherungsanstalt Abteilung B, der Versorgungsanstalt der deutschen Bühnen, der Versorgungsanstalt der deutschen Kulturorchester und der Pensionskasse deutscher Eisenbahnen und Straßenbahnen haben die kommunalen Kassen gesonderte Überleitungsabkommen vereinbart (§ 68 Abs. 2 MS). Von der Überleitung ausgeschlossen sind die Zusatzversorgungseinrichtungen der ehemaligen DDR (vgl. Boßmann 1998, 22).

gungskasse ist, tritt im Versicherungsverhältnis zwischen Arbeitnehmer und Zusatzversorgungskasse die neue Kasse an die Stelle der alten. Die bisher vom alten Arbeitgeber an die alte Zusatzversorgungskasse gezahlten Umlagen werden von dieser nicht an die neue Kasse überwiesen[24]. Dennoch übernimmt die neue Zusatzversorgungskasse in vollem Umfang die späteren Versicherungsleistungen, jedoch nach Maßgabe ihrer Satzung. Eine Überleitung setzt einen schriftlichen Antrag des wechselnden Arbeitnehmers voraus[25].

2.1.2.2 Finanzierungstechnik der Zusatzversorgung

Die Zusatzversorgung des öffentlichen Dienstes ist nach § 18 Abs. 1 BetrAVG (Betriebsrentengesetz) eine spezielle Form der betrieblichen Altersversorgung. Nach § 1 Abs. 3 BetrAVG sind die Zusatzversorgungskassen als überbetriebliche Pensionskassen anzusehen (vgl. Mair-Ludwig 1997, 186). Wie im Kapitel 2.1.2.1 beschrieben, schließen die Arbeitgeber bei den Zusatzversorgungseinrichtungen einen Gruppenversicherungsvertrag zugunsten ihrer Arbeitnehmer ab. Die Zusatzversorgungskassen sind somit Versicherungseinrichtungen, die das wirtschaftliche Risiko der Altersversorgung der Arbeiter und Angestellten der beteiligten Arbeitgeber bzw. der Kassenmitglieder übernehmen (vgl. Bauer 1988, 9). Als Versicherungsbeitrag erheben die Kassen von ihren Mitgliedern eine **Umlage**. Diese Einnahmen dienen in erster Linie der Deckung der Versorgungsbezüge der Versicherten und zur Bestreitung der laufenden Verwaltungskosten. Darüber hinaus können die Zusatzversorgungskassen aus der Umlage in unterschiedlichem Maße einen Kapitalstock aufbauen, mit der Folge, daß zu den Finanzierungsquellen der Versorgungsleistungen neben den Umlageeinnahmen auch Kapitalerträge und eventuelle Vermögensabschmelzungen zählen.

Zwischen der Höhe der Umlagebeiträge, der Höhe des Kapitalstocks und den Versorgungsleistungen besteht ein finanztechnischer Zusammenhang, der von den Zusatzversorgungskassen in bestimmter Weise durch ihre Satzungen geregelt und in die Praxis umgesetzt wird. Dieses

[24] Eine Ausnahme bilden die von Arbeitnehmer und Arbeitgeber vor 1978 geleisteten Beiträge. Sie werden der neuen Kasse übertragen (vgl. Boßmann 1998, 21).

[25] Die Aussagen gelten nur für Überleitungen von einzelnen Arbeitnehmern. Bei Gruppenüberleitungen erfolgt ein monetärer Ausgleich unter den Kassen.

unter der Bezeichnung „Abschnittsdeckungsverfahren" bekannte Finanzierungsverfahren ist eine Mischung zwischen dem sogenannten Ausgaben-Umlage-Verfahren, bei dem es keinerlei Kapitalansammlung gibt, und dem sogenannten Kapitaldeckungsverfahren, bei dem die Mittel für die Versorgungsleistungen bis zum Eintritt des Versorgungsfalles vollständig angespart werden (zu den Einzelheiten der unterschiedlichen Finanzierungsverfahren vgl. Kap. 2.4 '*Finanzierungssysteme*'). Die Beiträge werden im Abschnittsdeckungsverfahren so bestimmt, daß sie zusammen mit den aus dem vorhandenen Kapitalstock erzielbaren Erträgen ausreichen, in einem bestimmten künftigen Zeitraum, dem sogenannten Deckungsabschnitt, die voraussichtlich zu zahlenden Versorgungsleistungen und die Verwaltungskosten zu bestreiten. Außerdem soll am Ende des Deckungsabschnitts noch ein bestimmter Kapitalstock als Deckungs- oder Liquiditätsreserve in der Kasse vorhanden sein.

Für die Höhe dieses Kapitalstocks, aber auch für die Länge der Deckungsabschnitte, gibt es in den Zusatzversorgungskassen unterschiedliche Festlegungen. So beträgt der Deckungsabschnitt bei den kommunalen Zusatzversorgungskassen in der Regel zehn Jahre, und es gibt feste, sequentielle, meist aber gleitende Deckungsabschnitte. Zum Vergleich: bei der VBL wird mit jeweils fünfjährigen, sequentiellen Dekkungsabschnitten verfahren.

Wegen der unterschiedlichen Festlegungen von Deckungsabschnittslänge und Schlußreserve, insbesondere aber auch wegen der unter Umständen recht unterschiedlichen Kapitalausstattung der Kassen zu Beginn (und demzufolge auch während) eines Deckungsabschnitts kann es zu stark voneinander abweichenden Beitragssätzen zwischen den Kassen kommen.

Da im Abschnittsdeckungsverfahren – anders als im Ausgaben-Umlage- und im Kapitaldeckungs-Verfahren – die Beiträge und der Kapitalstock nicht nur eine zwingende Folge des gegebenen Leistungssystem sind, sondern von den Entscheidungsträgern in gewissen Grenzen verändert werden können, sind die Finanzsituationen der Kassen – trotz im Prinzip gleicher Finanzierungstechnik – weder in ihrer gegenwärtigen Ausgangslage noch in ihren künftigen Perspektiven voll vergleichbar. Die AKA hat versucht, durch entsprechende Maßnahmen, eine über den jeweiligen Deckungsabschnitt hinausreichende Perspektive für die Festsetzung des Umlagesatzes zur eröffnen (Einführung einer Mindestrücklage durch § 71 MS, vgl. Kap. 3.3.3 '*Änderungen im Abschnittsdeckungsverfahren*').

Vom 1. Januar 1978 und bis zum 1. Januar 1999 hatten die Arbeitgeber des öffentlichen Dienstes die Umlagen alleine zu finanzieren. Seit dem 1. Januar 1999 übernimmt der Arbeitgeber die volle Umlage nur noch bis zu einer Höhe von 5,2 %. Den darüber hinausgehenden Finanzierungsbedarf teilen sich gemäß § 7 Abs. 1 VersTV-G Arbeitgeber und Arbeitnehmer je zur Hälfte – die Arbeitgeber nach wie vor in Form einer an die jeweilige Zusatzversorgungskasse zu entrichtenden Umlage, die Arbeitnehmer in Form eines Beitrags zur Umlage, welcher von den Arbeitgebern vom jeweiligen Arbeitsentgelt einbehalten und an die Kasse abgeführt wird. Betrug der Umlagesatz bei einer Kasse am 1. Januar 1999 bereits mehr als 5,2 %, so teilen sich Arbeitgeber und Arbeitnehmer ab der nächsten Erhöhung des Umlagesatzes den künftig erhöhten Teil.

Da die Kalkulation über die Höhe der Umlage den einzelnen Zusatzversorgungskassen obliegt, differieren die Umlagesätze von Kasse zu Kasse. Die aktuellen[26] Umlagesätze der westdeutschen kommunalen Zusatzversorgungskassen liegen zwischen 3,95 und 7 %. In den neuen Ländern liegen die Umlagesätze aufgrund der dortigen jungen Versichertenbestände mit 1 bis 1,3 % deutlich unter den westdeutschen Sätzen. Die VBL erhebt seit 1. 1. 1999 einen Umlagesatz von 7,7 %, so daß deren Mitglieder für ihre pflichtversicherten Arbeitnehmer einen Beitrag in Höhe von 1,25 % abzuführen haben. Insgesamt übersteigen neben der VBL lediglich vier der 27 Zusatzversorgungskassen mit ihren Umlagesätzen die für den Eigenbeitrag entscheidende Marke von 5,2 %.

Die Bemessungsgrundlage der Umlage ist das **zusatzversorgungspflichtige Entgelt** der Arbeitnehmer, welches grundsätzlich dem steuerpflichtigen Arbeitslohn – nicht zu verwechseln mit dem zu versteuernden Einkommen aus nichtselbständiger Arbeit – entspricht. So gehören die in § 3 EStG genannten steuerfreien Lohnbestandteile weder zum steuerpflichtigen Arbeitslohn noch zum zusatzversorgungspflichtigen Entgelt. Steuermindernde (Frei-)Beträge senken die individuelle Steuerlast des Arbeitnehmers, wirken sich jedoch weder auf seinen steuerpflichtigen Arbeitslohn noch auf das zusatzversorgungspflichtige Entgelt aus (vgl. Graf/Geisler/Dietsch 1993, C-2, 2). Der Unterschied zwischen steuer-

[26] Stand 1999

pflichtigem Arbeitslohn und zusatzversorgungspflichtigen Entgelt besteht aus den in § 7 Abs. 5 Satz 3 VersTV-G (§ 62 Abs. 7 Satz 2 MS) genannten Einkommen, die nicht dem zusatzversorgungspflichtigen Entgelt, jedoch dem steuerpflichtigen Arbeitslohn zuzurechnen sind. Die wichtigsten dieser Einkommensarten sind:

- Aufwendungen des Arbeitgebers für eine Zukunftssicherung des Arbeitnehmers,
- vermögenswirksame Leistungen,
- Krankengeldzuschüsse,
- geldwerte Vorteile, die steuerlich als Arbeitslohn gelten,
- Urlaubsgeld,
- Schulbeihilfen und
- Zuschläge für Sonntags-, Feiertags- und Nachtarbeit.

§ 7 Abs. 5 Satz 4 VersTV-G (§ 62 Abs. 7 Satz 3 MS) bestimmt eine **Bemessungsgrenze** für die zusatzversorgungspflichtigen Entgelte. Einkünfte, die das Grundgehalt zuzüglich Familienzuschlag eines kinderlos verheirateten Bundesbeamten der Besoldungsgruppe B 11 nach dem Stand des Monats Dezember des Vorjahres übersteigen, sind keine zusatzversorgungspflichtige Entgelte mehr. Die aktuelle Bemessungsgrenze[27] liegt bei 19.099,09 DM, bzw. für den Monat der einmaligen Zuwendung[28] bei 36.744,74 DM. Die zusatzversorgungspflichtigen Einkommensanteile, die oberhalb der Bemessungsgrenze liegen, werden zur Berechnung der Zusatzrente nicht mehr herangezogen.

Die Bemessungsgrenze liegt damit deutlich über den zusatzversorgungspflichtigen **Regelentgelten** eines nach BAT bezahlten Arbeitnehmers[29]. Um mit seinem Einkommen dennoch über die höchste Vergütungsgruppe des BAT zu gelangen, muß ein Arbeitnehmer eine außertarifliche Vergütung oder beispielsweise zusatzversorgungspflichtige **Sonderentgelte** für Tätigkeiten außerhalb der vertraglich vereinbarten durchschnittlichen regelmäßigen Arbeitszeit erhalten. Zu diesen Tätigkeiten zählen gemäß § 7 Abs. 6 VersTV-G (§ 34 Abs. 1 Satz 5 MS) Überstunden, Bereitschaftsdienste und Rufbereitschaften.

---

[27] Stand 1999

[28] i. d. R. November

[29] Die höchste Vergütungsgruppe BAT I liegt seit dem 1. April 1999 bei monatlich 10.218,46 DM. Für den Monat der einmaligen Zuwendung erhält der Arbeitnehmer 19.376,24 DM.

Abbildung 2-3: Leistungsbereich der Zusatzversorgung

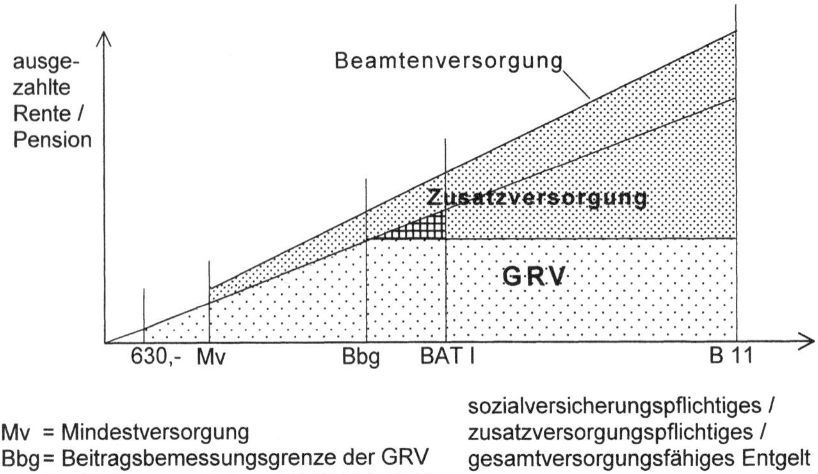

Mv = Mindestversorgung
Bbg = Beitragsbemessungsgrenze der GRV
Für das Einkommensintervall BAT I bis B 11 wird eine zusätzliche Umlage in Höhe von 9 % erhoben.

Die Zusatzversorgungseinrichtungen gewähren den Versicherten eine Gesamtversorgung, die die Differenz zwischen gesetzlicher Rente und Beamtenpension im Sinne einer betrieblichen Altersversorgung ausgleicht. Für Einkünfte oberhalb der Beitragsbemessungsgrenze der gesetzlichen Rente wachsen die Versorgungsbelastungen der Zusatzversorgung hingegen überproportional. Sie übernimmt zuzüglich zu ihrer originären Aufgabe als zweite Alterssicherungsschicht wachsende Anteile der Basissicherung aufgrund der fehlenden Progression der gesetzlichen Rente (vgl. Abbildung 2-3).

Um die sich für die Zusatzversorgungskassen oberhalb der Beitragsbemessungsgrenze der gesetzlichen Rentenversicherung (Bbg) ergebenden zusätzlichen Belastungen abzufedern, erheben die Kassen gemäß § 7 Abs. 4 VersTV-G (§ 62 Abs. 4 MS) von ihren Mitgliedern eine **zusätzliche Umlage** für die Anteile von zusatzversorgungspflichtigen Entgelten, die oberhalb der höchsten Besoldungsgruppe der Angestellten nach BAT liegen. Die zusätzliche Umlage beträgt für alle Zusatzversorgungskassen einheitlich 9 %. So ist beispielsweise bei einem angenommenen Umlagesatz von 5 % für einen Arbeitnehmer, dessen zusatzversorgungspflichtiges Entgelt in einem Monat 11.000,- DM beträgt, für diesen Monat eine Umlage von 620,34 DM an die Zusatzversorgungskasse abzuführen (vgl. Abbildung 2-4).

Abbildung 2-4: Beispielrechnung zusätzliche Umlage

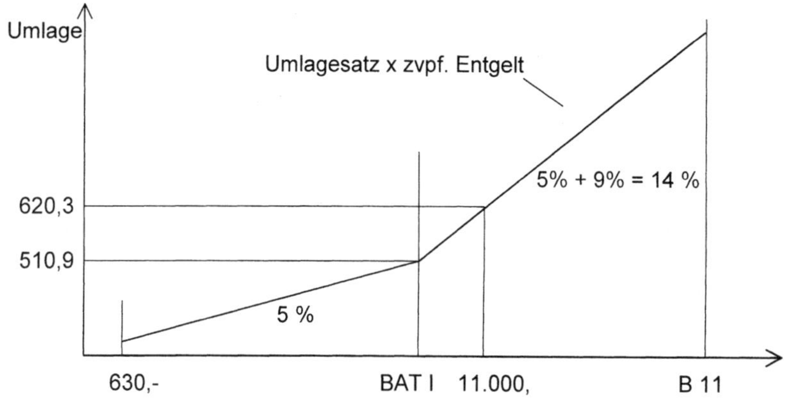

Die Abbildung ist nicht maßstabsgetreu. Für zusatzversorgungspflichtige Entgelte bis BAT I beträgt der Umlagesatz beispielhaft 5 %. Für das Einkommensintervall von BAT I bis B 11 beträgt der Umlagesatz 14 %. Er ergibt sich aus dem Umlagesatz von 5 % zuzüglich der zusätzlichen Umlage in Höhe von 9 %.

5 % von 10.218,46	= 510,92	Umlage bis zur BAT I - Grenze
11.000 - 10.218,46	= 781,54	Differenzbetrag, auf den die zusätzliche Umlage erhoben wird
5 % + 9 %	= 14 %	Umlagesatz oberhalb der BAT I - Grenze
14 % von 781,54	= 109,42	Umlage oberhalb der BAT I - Grenze
510,92 + 109,42	= 620,34	insgesamt abzuführende Umlage

Die zusätzliche Umlage trägt jedoch nur dem Finanzierungsbedarf der Zusatzversorgungskassen für die Versorgungsrenten Rechnung, die sich aus zusatzversorgungspflichtigen Entgelten oberhalb der BAT I - Grenze ergeben. Für das zusatzversorgungspflichtige Entgeltintervall zwischen gesetzlicher Beitragsbemessungsgrenze und BAT I - Grenze liefert die Zusatzversorgung eine zusätzliche Leistung, ohne daß den daraus resultierenden Mehrausgaben zusätzliche Einnahmen bzw. Umlagen gegenüberstünden (vgl. karierter Bereich in Abbildung 2-3, S. 26).

2.1.2.3 Mitgliedschaft bei einer Zusatzversorgungskasse

Die Mitglieder der Zusatzversorgungskassen[30] sind zum überwiegenden Teil juristische Personen des öffentlichen Rechts. Die Ausgestaltung der Mitgliedschaft ist in den für die Arbeitnehmer des öffentlichen Dienstes geltenden Tarifverträgen sowie in den jeweiligen Kassensatzungen definiert (vgl. Kap. 2.2.2.1 '*Tarifrechtliche Grundlagen der Zusatzversorgung*').

Im Gegensatz zu den Versorgungskassen der Beamten (vgl. Kap. 2.1.1.3 '*Mitgliedschaft bei einer Versorgungskasse*') kennen die kommunalen Zusatzversorgungskassen in der Regel keine Pflichtmitglieder[31]. Jedoch führen die Bestimmungen der Manteltarifverträge in Kombination mit dem Versorgungstarifvertrag zu einer zumindest mittelbaren „Pflichtmitgliedschaft" der Arbeitgeber des öffentlichen Dienstes bei einer Zusatzversorgungskasse (vgl. Klapproth 1996, Fußnote 1, XVI). So haben nach § 46 BAT (Bundesangestelltentarifvertrag) und § 12 BMT-G II (Bundesmanteltarifvertrag für die Arbeiter gemeindlicher Verwaltungen und Betriebe) tarifgebundene Arbeitgeber grundsätzlich ihren Arbeitnehmern eine zusätzliche Alters- und Hinterbliebenenversorgung zu gewähren (vgl. von Puskás 1998a, 237f.). Gemäß § 3 VersTV-G (Versorgungstarifvertrag – Tarifvertrag über die Versorgung der Arbeitnehmer kommunaler Verwaltungen und Betriebe) sind jedoch Arbeitgeber, die unter den Geltungsbereich des VersTV-G fallen, verpflichtet, ihre Arbeitnehmer bei einer kommunalen Zusatzversorgungseinrichtung, die den Normen des VersTV-G entspricht, zu versichern, unter der Voraussetzung, daß die Arbeitnehmer die Erfordernisse zur Versicherungspflicht nach § 4 VersTV-G erfüllen. Der § 3 VersTV-G verhindert, daß jeder Arbeitgeber im öffentlichen Dienst seine eigene Zusatzversorgung mit ei-

[30] Die Arbeitgeber, die ihre Versorgungsleistungen über die VBL finanzieren, erwerben keine Mitgliedschaft bei der VBL sondern beteiligen sich an ihr (§ 19 der VBL-Satzung). Das Verhältnis zwischen beteiligtem Arbeitgeber und VBL ist jedoch mit dem Mitgliedschaftsverhältnis eines Arbeitgebers bei einer kommunalen Zusatzversorgungskasse gleichzusetzen.

[31] Einige wenige Zusatzversorgungskassen unterscheiden ebenso wie die Versorgungskassen zwischen Pflichtmitgliedern und freiwilligen Mitgliedern.

genen Leistungen einrichtet (vgl. KVBW 1996, 15). Während also die Manteltarifverträge die Arbeitgeber grundsätzlich zur Zusatzversorgung ihrer Arbeitnehmer verpflichten, legt der Versorgungstarifvertrag die durchführende Stelle dieser Zusatzversorgung fest und gewährt ein einheitliches Leistungsrecht für alle Arbeitnehmer.

Das Recht auf Mitgliedschaft bei einer kommunalen Zusatzversorgungskasse haben nach § 10 MS die Mitglieder eines Mitgliedsverbandes der Vereinigung der kommunalen Arbeitgeberverbände (VKA) und sonstige Arbeitgeber des öffentlichen Rechts. Als **Voraussetzung** für den Erwerb der Mitgliedschaft müssen die Arbeitgeber das für die Mitglieder der VKA geltende Versorgungstarifrecht oder ein Tarifrecht wesentlich gleichen Inhalts anwenden (§ 10 Abs. 2 MS). Zu den Mitgliedern der kommunalen Zusatzversorgungskassen zählen:

- Gemeinden, Gemeindeverbände und die sonstigen Gebietskörperschaften im Bereich des Landes, in dem die Kasse ihren Sitz hat,
- Verbände dieser juristischen Personen,
- sonstige Körperschaften, selbständige Anstalten und Stiftungen des öffentlichen Rechts sowie ihre Verbände, wenn diese rechtsfähig sind und
- die Fraktionen kommunaler Parlamente.

Darüber hinaus nehmen kommunale Zusatzversorgungskassen unter bestimmten Voraussetzungen auch juristische Personen des **Privatrechts** als Mitglieder auf. Ein privatrechtlicher Arbeitgeber muß hierfür unter den Geltungsbereich des VersTV-G fallen oder – sofern er diese Eigenschaft nicht erfüllt – entweder überwiegend öffentliche Aufgaben ausüben oder als gemeinnützig anerkannt sein und unter dem maßgeblichen Einfluß einer juristischen Person des öffentlichen Rechts stehen. Die Kasse kann außerdem insbesondere bei privatrechtlichen Arbeitgebern, die den VersTV-G nicht anwenden, weitere Bedingungen für den Erwerb der Mitgliedschaft stellen. Gleiches gilt für Arbeitgeber, bei denen die Mitgliedschaftsvoraussetzungen entfallen sind. Das Mitgliedschaftsverhältnis des Arbeitgebers entsteht durch Aufnahme in die Kasse (§ 11 Abs. 1 MS).

Ein Mitglied einer Zusatzversorgungskasse kann seine Mitgliedschaft durch Kündigung unter Berücksichtigung einer Kündigungsfrist von sechs Monaten zum Schluß eines Kalenderjahres beenden (§ 12 MS). Das ausscheidende Mitglied hat einen Ausgleichsbetrag an die Kasse zu zahlen. Der Ausgleichsbetrag (Barwert) wird versicherungsmathematisch bestimmt und umfaßt die voraussichtlichen Versorgungsbezüge der Ruheständler sowie die Anwartschaften der Aktiven (§ 13 MS). Die Finanzierung des Ausgleichsbetrags stellt – insbesondere für langjährige Mitglieder mit einem hohen Rentnerbestand – in der Regel eine hohe Hürde zur Beendigung der Mitgliedschaft dar.

2.1.2.4 Versicherungsverhältnisse in der Zusatzversorgung

Zwischen der Zusatzversorgungskasse und den versicherten Arbeitnehmern können zwei verschiedene Einzelversicherungsverhältnisse bestehen (§ 14 Abs. 1 MS):

1. die Pflichtversicherung oder
2. die beitragsfreie Versicherung[32].

Die Art des Versicherungsverhältnisses ist von entscheidender Bedeutung für die spätere Versorgungsleistung. Nur die Arbeitnehmer, die bei Eintritt des Versicherungsfalles pflichtversichert sind, besitzen Anspruch auf eine Versorgungsrente. Beitragsfrei Versicherte erhalten lediglich eine Versicherungsrente, die im Niveau deutlich unterhalb der Versorgungsrente liegt.

ad 1.

Ein Arbeitgeber ist gemäß § 3 VersTV-G verpflichtet, seine Arbeitnehmer bei einer kommunalen Zusatzversorgungseinrichtung oder – sofern im Bereich des Arbeitgebers keine überörtliche kommunale Zusatzversorgungseinrichtung vorhanden ist – bei der VBL zu versichern. Das Versicherungsverhältnis entsteht nach Eingang der Anmeldung des Arbeitnehmers durch den Arbeitgeber bei der entsprechenden Kasse. Es beginnt zu dem Zeitpunkt, zu dem der Arbeitnehmer die Voraussetzungen für die Versicherungspflicht erfüllt (§ 15 MS). Eine Pflicht zur Versiche-

[32] Bis zum 31. Dezember 1976 war es darüber hinaus den Versicherten erlaubt, sich selbst freiwillig weiterzuversichern, um die Anwartschaft auf eine Versorgungsrente nicht zu verlieren (vgl. Bauer 1988, 49). Die Möglichkeit der freiwilligen Weiterversicherung besitzt als drittes Versicherungsverhältnis heute aufgrund der geringen Bestände praktisch keine Bedeutung mehr (vgl. Anhang, Tabelle A-3. S. 155).

rung besteht nach § 4 VersTV-G (§ 16 MS) bei allen Arbeitnehmern, die das 17. Lebensjahr vollendet haben, nicht geringfügig oder nebenberuflich beschäftigt sind und vor Vollendung ihres 65. Lebensjahres die Wartezeit von fünf Jahren bzw. sechzig Umlagemonaten gemäß § 20 VersTV-G (§ 29 MS) erfüllen können.

Wurde das Arbeitsverhältnis zwischen Arbeitgeber und Arbeitnehmer beendet, so endet die Versicherungspflicht am letzten Tag des Arbeitsverhältnisses. Sofern der Grund für das Ende des Arbeitsverhältnisses der Eintritt eines Versicherungsfalles war, wandelt sich das Versicherungsverhältnis in ein Leistungsverhältnis um (vgl. von Puskás 1998a, 238). Der idealtypische Versicherungsfall liegt beim Vollenden des 65. Lebensjahres vor. Wurde das Arbeitsverhältnis durch Kündigung oder Auflösungsvertrag beendet, besteht für den Arbeitgeber keine Versicherungspflicht mehr und die Pflichtversicherung geht automatisch in eine beitragsfreie Versicherung über (vgl. Bauer 1988, 49).

ad 2.

Zu einer beitragsfreien Versicherung gemäß § 25 MS kommt es, wenn:

- eine Pflichtversicherung endet, ohne daß ein Anspruch auf Versorgungsrente besteht,
- eine freiwillige Weiterversicherung endet, ohne daß ein Anspruch auf Versicherungsrente besteht oder
- der Anspruch eines Berechtigten – außer im Falle seines Todes – auf Versorgungs- oder Versicherungsrente erlischt.

Ein beitragsfrei Versicherter besitzt Anspruch auf eine Versicherungsrente. Durch die beitragsfreie Versicherung bleibt das Versicherungsverhältnis – außer im Todesfall – zwischen Zusatzversorgungskasse und Versicherungsbegünstigtem erhalten. Allerdings mindern sich in der Regel im Versicherungsfall gegenüber der Versorgungsrente die Leistungen erheblich. Der Versicherte wird selbst zum Versicherungsnehmer. Jedoch ist es für ihn grundsätzlich nicht möglich, eine Pflichtversicherung freiwillig weiterzuführen, um die Ansprüche auf eine Versorgungsrente nicht zu verlieren (vgl. Deutscher Bundestag 1996, 78). Weiterhin kann der Versicherte selbst keine Zahlungen an die Zusatzversorgungskasse entrichten, um seine Anwartschaft auf eine Versicherungsrente zu erhöhen (vgl. Boßmann 1998, 20).

Eine beitragsfreie Versicherung endet insbesondere dann, wenn der Versicherte die Voraussetzungen für eine Pflichtversicherung wieder erfüllt. Darüber hinaus erlischt die beitragsfreie Versicherung, sofern:

- der Versicherungsfall eintritt,
- der Versicherte stirbt,
- der Versicherte das 67. Lebensjahr vollendet, ohne die Wartezeit erfüllt zu haben oder
- der Versicherte einen Antrag auf Beitragserstattung stellt, der zum Erlöschen der Rechte aus allen Versicherungszeiten führt (§ 24 MS).

2.1.2.5 Besonderheiten der kirchlichen Zusatzversorgungskassen

Die fünf kirchlichen Zusatzversorgungskassen teilen sich in vier evangelische und eine katholische Kasse auf. Obwohl für den kirchlichen Bereich keine Tarifverträge bestehen, wenden sie das Leistungsrecht des öffentlichen Dienstes freiwillig an, um damit eine wechselseitige Mobilität der Arbeitnehmer ohne Nachteile für diese zu gewährleisten.

Die kirchlichen Zusatzversorgungskassen bestimmen mit einer Ausnahme[33] den Finanzierungsbedarf ebenso wie die kommunalen Zusatzversorgungskassen nach dem gleitenden Abschnittsdeckungsverfahren. Anders als die kommunalen Kassen verfügen die kirchlichen Zusatzversorgungskassen über ein deutlich höheres Deckungskapital. Diese Diskrepanz ist u. a. darauf zurückzuführen, daß bei den Kirchenkassen mit Blick auf die spezifischen Unsicherheiten auf der Einnahmenseite der Kirchen – Entwicklungen des Kirchenmitgliederstandes und des Kirchensteuerrechts – das Abschnittsdeckungsverfahren in einer Weise angewandt wurde, die zu einer stärkeren und schnelleren Kapitalansammlung als bei den kommunalen Zusatzversorgungskassen führte (vgl. Kap. 2.1.1.4 '*Besonderheiten der Kirchenkassen*').

2.1.2.6 Die Zusatzversorgung in den neuen Ländern

Am 1. Januar 1997 wurde die Zusatzversorgung des öffentlichen Dienstes in den neuen Ländern eingeführt. Seitdem arbeitet in jedem der neuen

[33] Eine kirchliche Zusatzversorgungskasse finanziert die Versorgungsleistungen über ein Rentenwert-Deckungsverfahren. Die Funktionsweise dieses Verfahrens ist Gegenstand des Kapitels 2.4.3.1 '*Das Rentenwert-Deckungsverfahren*'.

Bundesländer eine kommunale Zusatzversorgungskasse[34]. Diese fünf ostdeutschen Kassen wenden – ebenso wie die westdeutschen – den Versorgungstarifvertrag der Arbeitnehmer kommunaler Verwaltungen und Betriebe (VersTV-G) an. Das Leistungsrecht der Zusatzversorgung in den neuen Ländern stimmt somit im wesentlichen mit dem Leistungsrecht in den alten Ländern überein. Die bestehenden Ausnahmeregelungen sind in die Bestimmungen des VersTV-G integriert. Besonderheiten ergeben sich:

1. bei Versicherungsfällen, die eintreten, bevor der Versicherte die fünfjährige Wartezeit erfüllt hat,
2. bei bestehenden Versorgungen über Direktversicherungen und
3. bei der Anrechnung von Versicherungszeiten in der gesetzlichen Rentenversicherung.

ad 1.

Da die Zusatzversorgung in den neuen Ländern zum 1. Januar 1997 eingeführt wurde, ist es den Versicherten im Regelfall frühestens zum 1. Januar 2002 möglich, die für den Bezug der Versicherungsleistungen erforderliche Wartezeit von sechzig Umlagemonaten zu erfüllen[35]. Nach der sogenannten Härtefallregelung gewähren die Zusatzversorgungskassen in den neuen Ländern Pflichtversicherten auch bei Versicherungsfällen, die vor dem 1. Januar 2002 eintreten, unter bestimmten Bedingungen eine Sonderrente/Ost.

ad 2.

Am 3. Mai 1995 vereinbarten die Tarifvertragsparteien, die Zusatzversorgung in den neuen Ländern zum 1. Januar 1997 einzuführen. Einige ostdeutsche Arbeitgeber des öffentlichen Dienstes hatten jedoch schon zuvor andere Formen der betrieblichen Altersversorgung eingerichtet

[34] Die VBL gründete für die ostdeutschen Versichertenbestände einen gesonderten Umlageverband, um zu verhindern, daß die Versicherten in den neuen Ländern die Versicherten in Westdeutschland mitfinanzieren (vgl. Boßmann 1998, 15).

[35] Die Wartezeit gilt als erfüllt, wenn der Versicherungsfall auf einem Dienstunfall beruht (§ 20 Abs. 2 VersTV-G, § 29 Abs. 2 MS).

– insbesondere Direktversicherungen und Beteiligungen an rückgedeckten Gruppenunterstützungskassen (vgl. Kuchem 1996, 1982 und Boehringer 1996, 223). Aufgrund der mittelbaren und unmittelbaren Pflichtmitgliedschaft von Arbeitgebern des öffentlichen Dienstes bei einer Zusatzversorgungskasse (vgl. Kap. 2.1.2.3 '*Mitgliedschaft bei einer Zusatzversorgungskasse*') wären bei einem Fortbestand der abgeschlossenen Betriebsrentenvereinbarungen pflichtversicherte Arbeitnehmer doppelt versichert. Die jeweiligen Arbeitgeber hätten demzufolge doppelte bzw. erhöhte Aufwendungen zu tragen. Jedoch stünden diesen Aufwendungen nicht in gleichem Maße Leistungen aus der Zusatzversorgung gegenüber, da der Bezug einer Versorgungsrente, welche die Differenz zwischen gesetzlicher Rente und Beamtenversorgung ausgleicht, voraussetzt, daß die jeweiligen Arbeitnehmer keine Leistungen von Einrichtungen erhalten, zu denen der Arbeitgeber Beiträge geleistet hat (§ 41 Abs. 6 Satz 2 VersTV-G, § 55 Abs. 5 Satz 2 MS).

Ein Arbeitnehmer gilt in der Zusatzversorgung als versicherungsfrei, wenn sein Arbeitgeber vor dem Erwerb der Mitgliedschaft bei einer Zusatzversorgungskasse einen Lebensversicherungsvertrag zugunsten des Arbeitnehmers abgeschlossen hatte (§ 83 Abs. 2 MS). Im Beitrittsgebiet konnten sich die durch Lebensversicherungsverträge unter Beteiligung der Arbeitgebers versicherten Arbeitnehmer bis zum 31. Dezember 1997 entscheiden, ob sie in die Pflichtversicherung der Zusatzversorgung aufgenommen werden wollten. Um die aus einer Pflichtversicherung erwachsenden Leistungen nicht zu gefährden, mußten sie allerdings auf die Leistungen aus der Lebensversicherung verzichten. Der Wechsel bedurfte eines schriftlichen Antrags (§ 56 a VersTV-G, § 108 b Satz 1 MS). Arbeitnehmer, deren Arbeitgeber erst nach dem 1. Januar 1997 Mitglied einer Zusatzversorgungskasse in den neuen Ländern wurde, erhalten für diese Entscheidung eine sechsmonatige Frist (§ 56 b VersTV-G, § 108 b Satz 2 MS).

ad 3.

Die Höhe der Leistungen aus der Zusatzversorgung des öffentlichen Dienstes hängt u. a. von der Anzahl der Beitragsmonate in der gesetzlichen Rentenversicherung ab. § 24 Abs. 2 Satz 1 VersTV-G (§ 33 Abs. 2 Satz 1 MS) sieht vor, daß Versicherungszeiten in der gesetzlichen Rentenversicherung vor dem 3. Oktober 1990 in den neuen Ländern unberücksichtigt bleiben.

Die drei genannten Ausnahmeregelungen bewirken, daß in den neuen Ländern der von den Zusatzversorgungskassen zu tragende Alterssicherungsaufwand und damit auch die von ihnen erhobenen Umlagesätze erst allmählich ansteigen werden (vgl. Mair-Ludwig 1997, 188 und Kuchem 1996, 1981f.). Der derzeit noch geringe Leistungsaufwand der ostdeutschen Zusatzversorgungskassen spiegelt sich in deren aktuellen Umlagesätzen wider, die zwischen 1 und 1,3 % liegen.

2.1.2.7 Weitere Zusatzversorgungseinrichtungen

Neben der VBL und den kommunalen und kirchlichen Zusatzversorgungskassen bestehen weitere Zusatzversorgungseinrichtungen für Arbeitnehmer des öffentlichen Dienstes. In der Versorgungsanstalt der Deutschen Bundespost (VAP) und in der Bahnversicherungsanstalt Abteilung B (BVA Abt. B) gelten die gleichen rechtlichen Prinzipien wie in den oben genannten kommunalen Zusatzversorgungskassen und in der VBL (vgl. Deutscher Bundestag 1996, 77). Des weiteren zu erwähnen sind die haushaltsfinanzierten Zusatzversorgungssysteme der Hansestädte Hamburg und Bremen. Daneben bestehen noch Zusatzversorgungssysteme im Randbereich des öffentlichen Dienstes:

- Versorgungsanstalt der deutschen Bühnen
- Versorgungsanstalt der deutschen Kulturorchester
- Pensionskasse Deutscher Eisenbahnen und Straßenbahnen
- Ersatzkassen für Angestellte
- Öffentlich-rechtliche und vergleichbare Kreditanstalten
- Öffentlich-rechtliche Rundfunk- und Fernsehanstalten
- Versorgungsverband bundes- und landesgeförderter Unternehmen e. V. (VBLU)

Diese Versorgungseinrichtungen sind nicht Gegenstand der vorliegenden Untersuchung.

2.2 Rechtliche Einbindung

Die rechtlichen Grundlagen der Altersversorgung des öffentlichen Dienstes sind Teilbereiche des Beamtenrechts und des Rechts der Angestellten und Arbeiter im öffentlichen Dienst. Dementsprechend gelten auf der einen Seite zahlreiche Gesetze zur Regelung der Beamtenversorgung, denen auf der anderen Seite Tarifverträge zur rechtlichen Ausgestaltung der Arbeitnehmerversorgung gegenüberstehen (vgl. Kap. 2.2.2 '*Recht der Angestellten und Arbeiter des öffentlichen Dienstes*').

2.2.1 Beamtenrecht

Der Angelpunkt des Beamtenrechts ist das Bundesbeamtengesetz (BBG) (vgl. Battis 1996, XVI). Es regelt detailliert die Pflichten und Rechte der Bundesbeamten. In den Ländern und auf kommunaler Ebene ersetzen die jeweiligen Landesbeamtengesetze das Bundesbeamtengesetz. Essentielle Differenzen zwischen Länder- und Bundesrecht glättet das Beamtenrechtsrahmengesetz (BRRG). Die rechtlichen Bestimmungen der Alters- und Hinterbliebenenversorgung der Beamten finden sich im Beamtenversorgungsgesetz (BeamtVG) wieder. Bevor jedoch auf die Altersversorgung näher eingegangen wird, folgen zunächst einige verfassungsrechtlichen Grundlagen des Berufsbeamtentums.

2.2.1.1 Verfassungsrechtliche Grundlagen

Die Artikel 33, 74 a und 75 Nr. 1 GG bilden das verfassungsrechtliche Fundament des öffentlichen Dienstes und insbesondere des Berufsbeamtentums einheitlich für Bund, Länder und Kommunen (vgl. Minz/Conze 1998, 35; Battis 1996, XI und 1998, 117). Gemäß Art. 75 Nr. 1 GG hat der Bund das Recht, Rahmenvorschriften über die Rechtsverhältnisse der im öffentlichen Dienste der Länder, Gemeinden und anderen Körperschaften des öffentlichen Rechts stehenden Personen zu erlassen. Nach Art. 74 a GG besitzt er zudem die konkurrierende Gesetzgebung für die Besoldung und Versorgung im öffentlichen Dienst (vgl. Battis 1996, XI).

Die **Alimentation** stellt das Recht der Beamten auf lebenslangen standesgemäßen bzw. amtsangemessenen Unterhalt dar. Sie umfaßt die Besoldung und Versorgung des Beamten und seiner Familie (vgl. Minz/

Conze 1998, 140). Das Recht auf Alimentation ist aus Art. 33 Abs. 5 GG als hergebrachter Grundsatz des Berufsbeamtentums ableitbar (vgl. Merten 1998, 21; Graf/von Puskás 1998, 359 und Battis 1996, XXIII). Der Beamte besitzt hierbei keinen Anspruch auf eine bestimmte Höhe der Alimentation. Sie muß jedoch angemessen sein, um dem Beamten und seiner Familie wirtschaftliche Unabhängigkeit zu gewährleisten. Die Angemessenheit bezieht sich auf die Nettobezüge (vgl. Battis 1998, 121). Der Anspruch des Beamten richtet sich gegen den Dienstherrn, dessen Alimentationspflicht aus dem Charakter des Beamtenverhältnisses als gegenseitiges öffentlich-rechtliches Dienst- und Treueverhältnis folgt (vgl. Merten 1998, 18). Dabei stellt die Alimentation kein Entgelt für die von ihm erbrachten Dienste, sondern Unterhalt als Entschädigung für die ständige Dienstleistungsbereitschaft des Beamten dar (vgl. Minz/ Conze 1998, 39 und Battis 1996, XXIII). Sie ist nicht Fürsorge- sondern Gegenleistung des Dienstherrn (vgl. Merten 1998, 18).

2.2.1.2 Rechtliche Grundlagen der Versorgungskassen

Das Versorgungskassenrecht ist von Bundesland zu Bundesland verschieden gestaltet. Ein einheitliches Bundesgesetz zum Versorgungskassenrecht existiert nicht (vgl. Stein 1989, 35f.). Die wesentlichen Rechtsgrundlagen der Versorgungskassen finden sich in deren Satzungen und in speziellen Landesgesetzen zu den Versorgungskassen (vgl. Anhang, Kap. C). In einigen Bundesländern gibt es kein solches Landesgesetz, weswegen sich die Rechtsverhältnisse der dort ansässigen Versorgungskassen ausschließlich aus deren Satzungen ergeben.

In den Stadtstaaten Hamburg und Bremen sowie im Land Berlin arbeiten keine Versorgungskassen. In allen anderen Bundesländern gibt es Versorgungskassen, in der Regel eine pro Bundesland. Einige Kassen arbeiten jedoch aus historischen Gründen länderübergreifend, weswegen es in diesen Fällen einer besonderen Abstimmung zwischen den jeweiligen Ländergesetzen und Satzungen bedarf (vgl. Stein 1989, 35ff.).

Die kommunalen Versorgungskassen sind Körperschaften bzw. Anstalten des öffentlichen Rechts.

2.2.2 Recht der Angestellten und Arbeiter des öffentlichen Dienstes

Die Angestellten und Arbeiter des öffentlichen Dienstes stehen im Gegensatz zu den Beamten in einem privatrechtlichen Arbeitsverhältnis. Daraus folgt, daß für sie – trotz zum Teil gleicher Aufgaben und Befugnisse – nicht das Beamtenrecht, sondern das allgemeine Arbeitsrecht Anwendung findet. Das Recht der Angestellten und Arbeiter im öffentlichen Dienst ist somit Teil des Arbeitsrechts. Die gesetzlichen Grundlagen des Arbeitsrechts verteilen sich auf eine Vielzahl von Gesetzestexten. Ein einheitliches Arbeitsgesetzbuch existiert nicht (vgl. Minz/Conze 1998, 196f.).

Das Zusatzversorgungsrecht der Angestellten und Arbeiter im öffentlichen Dienst regeln Tarifverträge, Satzungen und Landesgesetze. Die materielle Ausgestaltung des Leistungsrechts der Zusatzversorgung ist Gegenstand tarifvertraglicher Regelungen (vgl. von Puskás 1998a, 237).

2.2.2.1 Tarifrechtliche Grundlagen der Zusatzversorgung

Für die Arbeitnehmer des öffentlichen Dienstes sind eine Vielzahl von Tarifverträgen von Bedeutung. Den Kern bilden hierbei die drei Manteltarifverträge BAT (Bundesangestelltentarifvertrag), MTArb (Manteltarifvertrag für Arbeiterinnen und Arbeiter des Bundes und der Länder) und BMT-G II (Bundesmanteltarifvertrag für die Arbeiter gemeindlicher Verwaltungen und Betriebe). In den neuen Ländern übernehmen diese Funktion die drei Manteltarifverträge BAT-O, MTArb-O und BMT-G-O. Neben diesen gibt es noch Lohn- und Vergütungstarifverträge sowie weitere Tarifverträge, die spezielle Tatbestände regeln. Während die drei Manteltarifverträge zumeist über mehrere Jahre Gültigkeit besitzen, werden die Lohn- und Vergütungstarifverträge jährlich neu abgeschlossen (vgl. Minz/Conze 1998, 201f.).

In bezug auf die Altersversorgung im öffentlichen Dienst sind – getrennt nach Zuständigkeitsbereichen – zwei Versorgungstarifverträge von Bedeutung:

1. der Tarifvertrag über die Versorgung der Arbeitnehmer des Bundes und der Länder sowie von Arbeitnehmern kommunaler Verwaltungen und Betriebe (VersTV) sowie

2. der Tarifvertrag über die Versorgung der Arbeitnehmer kommunaler Verwaltungen und Betriebe (VersTV-G).

Der VersTV-G gilt für die Mehrheit der kommunalen Arbeitgeber des öffentlichen Dienstes. Nach § 3 VersTV-G ist jeder tarifgebundene kommunale Arbeitgeber verpflichtet, seine Arbeitnehmer bei einer kommunalen Zusatzversorgungseinrichtung zu versichern. Sofern jedoch in seinem Bereich keine überörtliche kommunale Zusatzversorgungseinrichtung tätig ist – so der Fall in den Bundesländern Schleswig-Holstein und Niedersachsen –, hat der kommunale Arbeitgeber die Mitgliedschaft (Beteiligung[36]) bei der VBL zu erwerben. In diesen Fällen gilt der für die VBL maßgebliche Versorgungstarifvertrag VersTV auch für Arbeitnehmer kommunaler Verwaltungen und Betriebe.

2.2.2.2 Rechtliche Grundlagen der Zusatzversorgungskassen

Die kommunalen Zusatzversorgungskassen sind entweder selbständige Anstalten oder Körperschaften des öffentlichen Rechts oder rechtlich unselbständige Teile solcher Anstalten oder Körperschaften (vgl. Boßmann 1998, 13). Ihr Auftrag, den Versicherten nach Maßgabe der Versorgungstarifverträge eine Zusatzversorgung zu gewähren, ist zumeist per Landesgesetz verankert (vgl. von Puskás 1998a, 238). Die entsprechenden Landesgesetze (vgl. Anhang, Kap. C) gestalten nur den Rahmen innerhalb dessen das Zusatzversorgungskassenrecht per Satzung ausgestaltet werden kann. In den Bundesländern ohne solches Versorgungsgesetz bilden allein die Kassensatzungen die rechtlichen Grundlagen der Zusatzversorgungskassen. Um das Zusatzversorgungskassenrecht möglichst einheitlich zu regeln, hat die Arbeitsgemeinschaft kommunale und kirchliche Altersversorgung (AKA) eine Mustersatzung erarbeitet, die den jeweiligen Kassensatzungen zugrunde liegt (vgl. von Puskás 1998a, 239).

Die materielle Ausgestaltung des Leistungsrechts obliegt jedoch – wie oben erwähnt – den Tarifvertragsparteien. Weil das Leistungsrecht auch Gegenstand der Kassensatzungen ist, müssen diese regelmäßig die Änderungen des für sie geltenden Versorgungstarifvertrags – VersTV oder VersTV-G – nachvollziehen. In allen übrigen Belangen des Zusatzversorgungskassenrechts – z. B. Ausgestaltung der Mitgliedschaft, Finan-

[36] siehe Fußnote 30, S. 28

zierungstechnik – besitzen die jeweiligen Kassen Satzungsautonomie, wenn auch nur im Rahmen der landesgesetzlichen Vorgaben, sofern diese vorhanden sind (vgl. von Puskás 1998a, 239).

2.2.3 Besteuerung der Altersversorgung im öffentlichen Dienst

Die Altersversorgung der Beschäftigten im öffentlichen Dienst umfaßt alle Einkünfte aus den beiden Alterssicherungssystemen Beamtenversorgung und Zusatzversorgung. Während die Pensionen aus der Beamtenversorgung eine Vollversorgung gewährleisten, füllt die Zusatzrente der Arbeiter und Angestellten nur die Differenz zwischen der Basissicherung – in der Regel die gesetzliche Rente – und der Zielgröße Beamtenversorgung auf. Beide Einkunftsarten – Beamtenpension und Zusatzrente – unterliegen in unterschiedlichem Maße der Einkommensteuer.

Die steuerliche Behandlung der Einkünfte aus der Basissicherung der Arbeiter und Angestellten des öffentlichen Dienstes ist nicht Bestandteil dieses Kapitels.

2.2.3.1 Steuerrechtliche Behandlung der Beamtenversorgung

Beamte und ihre Hinterbliebenen erhalten gemäß des Alimentationsprinzips (vgl. Kap. 2.2.1.1 '*Verfassungsrechtliche Grundlagen der Versorgungskassen*') lebenslang eine amtsangemessene Besoldung und Versorgung. Die Finanzierung und Zahlung der Versorgungsbezüge erfolgt aus den laufenden Haushalten des jeweiligen Dienstherrn (vgl. Deutscher Bundestag 1996, 41). Auf kommunaler Ebene sind hier die mehrfach erwähnten Versorgungskassen zwischengeschaltet, die sich wiederum über Umlagen der Dienstherrn finanzieren (vgl. Kap. 2.1.1.2 '*Finanzierungstechnik der Beamtenversorgung*').

Vorsorgeaufwendungen

Nach dem Alimentationsprinzip soll die Höhe der Nettobesoldungsbezüge ausreichen, um dem Beamten und seiner Familie einen amtsangemessenen Lebensunterhalt zu gewährleisten, ohne daß es darüber hinaus notwendig ist, eine eigene Altersvorsorge aufzubauen (vgl. Graf/von Puskás 1998, 359). Auch die Altersversorgung ist Teil der Alimentation, so daß der Dienstherr auch nach dem Ende der aktiven Laufzeit des Beamten für einen angemessen Lebensunterhalt des Ruheständlers und seiner Familie zu sorgen hat. Die Berechnung der Versorgungsbezüge regelt das Beamtenversorgungsgesetz (BeamtVG). Deren Höhe richtet sich nach der Dauer der aktiven Dienstzeit und der Höhe des zuletzt bezogenen Grundgehaltes[37]. Besoldung und Versorgung sind somit eng miteinander verbunden, ohne daß der Beamte offen ausgewiesene Beiträge zur Altersvorsorge zu entrichten hat oder der Dienstherr selbige einbehält[38]. Das Recht auf Versorgung besitzt der Beamte aufgrund des Alimentationsprinzips, welches ihm und seinen Hinterbliebenen eine lebenslange amts- und standesgemäße Versorgung garantiert. Diese Garantie stellt für den Beamten während seiner Aktivenzeit keinen geldwerten Vorteil dar, so daß sie sich einkommensteuerrechtlich nicht auswirkt (vgl. Birk/Wernsmann 1998, 837).

Versorgungsbezüge

Die Versorgungsbezüge, die an den Beamten bzw. seine Hinterbliebenen ausgezahlt werden, gelten im Sinne des § 19 Abs. 1 EStG als Einkünfte aus nichtselbständiger Arbeit und sind demzufolge in voller Höhe steuerpflichtig (vgl. Deutscher Bundestag 1997, 50). Steuermindernd wirken sich folgende Beträge aus[39]:

- der Versorgungsfreibetrag in Höhe von 40 % der Versorgungsbezüge, höchstens jedoch 6.000 DM (§ 19 Abs. 2 EStG),
- der Werbungskostenpauschbetrag in Höhe von 2.000 DM (§ 9 a Nr. 1 Buchst. a EStG) sowie
- die Vorsorgepauschale in Höhe von 20 % der Versorgungsbezüge, höchstens jedoch 2.214 DM (§ 10 c Abs. 3 EStG).

---

[37] zuzüglich Familienzuschlag und sonstiger ruhegehaltfähiger Dienstbezüge

[38] Der Entwurf des zum 1. Januar 1999 in Kraft getretenen § 14a BBesG enthielt noch den Begriff des Beitrages. Aufgrund verfassungsrechtlicher Bedenken wurde dieser gestrichen und durch die Formulierung 'Verminderung der Besoldungs- und Versorgungsanpassungen' ersetzt (vgl. Battis 1998, 122).

[39] Stand 1999/2000

Darüber hinaus können Ruhestandsbeamte den Grundfreibetrag in Höhe von 13.067 DM (1999) bzw. 13.499 DM (2000) (§ 32 a Abs. 1 EStG) und andere Pauschbeträge wie den Sonderausgabenpauschbetrag in Höhe von 108 DM (§ 10 c Abs. 1 EStG) steuermindernd absetzen.

2.2.3.2 Steuerrechtliche Behandlung der Zusatzversorgung

Die betriebliche Altersversorgung kann nach § 1 des Gesetzes zur Verbesserung der betrieblichen Altersversorgung (BetrAVG) auf vier verschiedene Arten durchgeführt werden:

1. Direktzusagen,
2. Unterstützungskassen,
3. Pensionskassen und
4. Direktversicherungen.

Die Zusatzversorgungskassen des öffentlichen Dienstes besitzen keinen eigenen Durchführungsweg, sondern sind – trotz vorhandener Unterschiede auch in den Finanzierungsverfahren – steuerrechtlich den Pensionskassen der Privatwirtschaft gleichgestellt (vgl. Rhiel 1998, 177).

Vorsorgeaufwendungen

Zur Finanzierung der Versorgungsleistungen erheben die Zusatzversorgungskassen von ihren Mitgliedern – den Arbeitgebern des öffentlichen Dienstes – eine Umlage in Form eines Prozentsatzes der zusatzversorgungspflichtigen Entgelte der Arbeitnehmer. Der unter Anwendung des Umlagesatzes ermittelte Umlagebetrag differiert von Arbeitnehmer zu Arbeitnehmer, je nach Höhe der jeweiligen zusatzversorgungspflichtigen Entgelte. Für den Arbeitnehmer stellt die für ihn erhobene Umlage steuerpflichtigen Arbeitslohn dar (kritisch hierzu: Rhiel 1997, 277). Nach dieser Regelung schuldet somit der Arbeitgeber den jeweiligen Umlagebeitrag und der Arbeitnehmer die darauf anfallende Lohnsteuer.

Um bestimmte Zukunftssicherungsleistungen zu fördern, zu denen auch die Zusatzversorgungskassen des öffentlichen Dienstes gehören, sieht § 40 b EStG eine pauschale Besteuerung der Umlage bis zu einer Höchstgrenze von 3.408 DM jährlich bzw. 284 DM monatlich vor. Der Pauschalsteuersatz beträgt zur Zeit 20 % plus 2 % Solidarzuschlag plus gegebenenfalls Kirchensteuer. Zudem wechselt gegenüber der oben genannten Regelung die Steuerschuld vom Arbeitnehmer auf den Arbeitgeber, so daß für den Arbeitnehmer lediglich der Teil der Umlage seiner individuellen Einkommensteuer unterliegt, der die Grenze von 3.408 DM übersteigt. Allerdings schöpfen die tarifgebundenen Arbeitgeber des öffentliche Dienstes die im Gesetz genannte Höchstgrenze nicht voll aus. Nach § 10 VersTV-G übernehmen die Arbeitgeber des öffentlichen Dienstes die auf die zu zahlende Umlage fällige pauschale Lohnsteuer für ihre Arbeitnehmer nur bis zu einer Höhe von 175 DM monatlich. Sofern die für den jeweiligen Arbeitnehmer erhobene Umlage die Grenze von 175 DM im Monat übersteigt, muß der Arbeitnehmer diese Umlageanteile individuell versteuern.

Der durchschnittliche Umlagesatz der westdeutschen Zusatzversorgungskassen liegt derzeit bei knapp 5 %. Die Zusatzversorgungskassen in den neuen Ländern arbeiten mit einem deutlich geringeren Umlagesatz[40], so daß dort versicherte Arbeitnehmer erst ab einem zusatzversorgungspflichtigen Entgelt deutlich oberhalb der BAT I - Grenze Lohnsteuer auf die Umlage abzuführen haben. Für die Mehrheit der Arbeitnehmer des öffentlichen Dienstes in den neuen Ländern übernimmt somit der Arbeitgeber die komplette auf den Umlagebeitrag anfallende Lohnsteuer.

Tabelle 2-1 listet aktuelle Umlagesätze von Zusatzversorgungskassen sowie die sich daraus ergebenden Besteuerungsgrenzen für die Arbeitnehmer auf. In der zweiten und dritten Spalte stehen die jeweiligen Beträge an zusatzversorgungspflichtigem Entgelt, bis zu denen bei gegebenem Umlagesatz ein Arbeitgeber die Umlage seiner Arbeitnehmer pauschal versteuert. Als Rechengrundlage dient bei den Grenzbeträgen der zweiten Spalte die im VersTV-G festgelegte monatliche Pauschalierungsgrenze von 175 DM, in der dritten Spalte die gesetzliche Höchstgrenze von 284 DM. Zu beachten ist hierbei, daß für zusatzversorgungspflichtige Entgelte oberhalb der BAT I - Grenze von 10.218,46 DM eine zusätzliche Umlage von 9 % abzuführen ist und demzufolge die jeweiligen Grenzen der Pauschalbesteuerung schneller überschritten werden, als es ohne die zusätzliche Umlage der Fall wäre.

[40] Stand 1999: 1,0 % bis 1,3 % (vgl. Kap. 2.1.2.6 '*Die Zusatzversorgung in den neuen Ländern*')

Tabelle 2-1: Grenzen der Pauschalbesteuerung der Umlagebeiträge

Umlagesatz	ab ... DM zusatzversorgungspflichtigem Entgelt muß der Arbeitnehmer die auf die Umlage anfallende Lohnsteuer individuell versteuern, wenn:	
	sein AG tarifgebunden ist und demzufolge bis zu einem Umlagebeitrag von **175,- DM** im Monat die Lohnsteuer übernimmt	sein AG die gesetzliche Höchstgrenze der Pauschalbesteuerung der Umlage von monatlich **284,- DM** ausschöpft
1 %	10.880,42	11.871,31
1,3 %	10.581,91	11.521,55
4 %	4.375,--	7.100,--
5 %	3.500,--	5.680,--
6 %	2.916,67	4.733,33
7,7 %	2.272,73	3.688,31

Versorgungsrenten

Da die Vorsorgeaufwendungen – die Umlagen bzw. Beiträge – bereits als Arbeitslohn der Einkommensteuerpflicht unterlagen, sind deren Rückflüsse nur mit ihrem Ertragsanteil zu versteuern (vgl. Birk/Wernsmann 1998, 846). Dabei ist es unerheblich, ob die Lohnsteuer vom Arbeitgeber (pauschal) oder vom Arbeitnehmer (individuell) abgeführt wurde. Die Höhe des Ertragsanteils hängt vom Renteneintrittsalter des Rentenberechtigten ab und ist einer in § 22 EStG aufgeführten Tabelle zu entnehmen (vgl. auch Tabelle 2-2).

Die Mehrheit der ehemaligen Versicherten in der kommunalen und kirchlichen Zusatzversorgung bezieht eine Versorgungsrente in Höhe von monatlich 550 bis 750 DM[41] und tritt bis zum 60. Lebensjahr in den Ruhestand. Da die Versorgungsleistungen der Zusatzversorgung nur mit ihrem Ertragsanteil zu versteuern sind, erhöht sich das zu versteuernde Einkommen eines durchschnittlichen Versorgungsrentenempfängers daher in aller Regel um weniger als 3.000 DM (vgl. Tabelle 2-2). Nur wer relativ früh seine Rente antritt, beispielsweise im Alter von 50 Jahren,

[41] 1998 betrug die durchschnittliche Versorgungsrente an ehemalige Versicherte 642,05 DM (vgl. AKA 1999), wobei Frauen deutlich geringere Beträge als Männer erhielten.

und dennoch Anspruch auf eine vergleichsweise hohe Versorgungsrente besitzt, muß mehr als 3.000 DM zusätzlich versteuern. Da die Höhe der Versorgungsrente auch von der Dauer der gesamtversorgungsfähigen Zeit abhängt (§ 32 Abs. 2 MS), trifft dies jedoch nur für wenige Fälle zu.

Tabelle 2-2: zu versteuernder Ertragsanteil von Versorgungsrenten bei unterschiedlichen Renteneintrittsaltern

Renteneintritts-alter	**Ertragsanteil**	zu versteuernder Ertragsanteil bei einer monatlichen **Versorgungsrente** in Höhe von ...		
		550,-	650,-	750,-
50	43 %	2.838,-	3.354,-	3.870,-
55	38 %	2.508,-	2.964,-	3.420,-
60	32 %	2.112,-	2.496,-	2.880,-
65	27 %	1.782,-	2.106,-	2.430,-

2.3 Aufgaben und Leistungen der Versorgungs- und Zusatzversorgungskassen – Zielvorgaben für die Finanzierung

Die ersten kommunalen **Versorgungskassen** entstanden, um die Finanzierung der Versorgungsleistungen für Kommunalbeamte auf eine breitere Basis zu stellen, als es einem einzelnen kommunalen Dienstherrn möglich gewesen wäre. Durch die Bildung größerer Finanzierungsgemeinschaften sollten Schwankungen in den Versorgungszahlungen einzelner Kommunen verhindert und auch längerfristig eine möglichst gleichmäßige und kalkulierbare Haushaltsbelastung erreicht werden.

Der interkommunale Ausgleich der Versorgungslasten, die den Kassenmitgliedern – den kommunalen Dienstherrn – nach dem Beamtenversorgungsgesetz erwachsen, gehört auch heute noch zu den Aufgaben der kommunalen Versorgungskassen[42]. Er ist nur möglich, wenn die

[42] Einige Versorgungskassen unterteilen die Mitglieder in einzeln Umlagegruppen bzw. Umlagegemeinschaften. In solchen Versorgungskassen bilden nur die Mitglieder innerhalb einer Umlagegruppe eine Ausgleichsgemeinschaft, so daß das Ausgangsziel nicht mehr voll erreicht wird.

Finanzierung der Versorgungsleistungen außerhalb der Haushalte der jeweiligen kommunalen Dienstherren erfolgt. Dennoch besteht zwischen diesen Haushalten und den Versorgungskassen selbst eine enge direkte Verbindung insofern, als die jährlichen Haushalte mittelbar in der Höhe belastet werden, wie die jeweilige Versorgungskasse Versorgungsleistungen zu erbringen hat.

Der auf diese Art bewirkte finanzielle Ausgleich der Versorgungslasten zwischen mehreren Dienstherrn glättet die Haushaltsbelastungen der Mitglieder einer Kasse bzw. einer Ausgleichsgemeinschaft innerhalb einer Kasse. Die Mitgliedschaft bei einer Versorgungskasse verhindert, daß ein einzelner Dienstherr unverhältnismäßig hohe Versorgungslasten alleine zu tragen hat. Auf der anderen Seite belastet sie jedoch Dienstherrn, die ein günstigeres Verhältnis von Aktiven zu Versorgungsempfänger aufweisen als der Durchschnitt der Versorgungskassenmitglieder und demzufolge die Versorgungslasten der anderen Dienstherrn mittragen. So können einzelne Mitglieder über einen langen Zeitraum oder gar dauerhaft von der Ausgleichsfunktion der Versorgungskasse profitieren oder durch sie verlieren.

Die kommunalen Versorgungskassen berechnen die Höhe der Versorgungsleistungen und zahlen diese an die anspruchsberechtigten Versorgungsempfänger aus. Da die Versorgungskassen die hierzu notwendigen Mittel von ihren Mitgliedern erhalten, sind die Kassen von der finanziellen Situation der Dienstherrn abhängig. Die Frage nach der Finanzierbarkeit der Altersversorgung des öffentlichen Dienstes auf kommunaler und kirchlicher Ebene richtet sich zwar u. a. an die kommunalen und kirchlichen Versorgungskassen, jedoch können diese die Haushaltspolitik ihrer Mitglieder nicht beeinflussen. Ebenso können die Kassen auf negative makroökonomische Einflüsse nur mittelbar reagieren. Es ist daher eine wichtige Aufgabe der Versorgungskassen, auf die absehbaren finanziellen Belastungen ihrer Mitglieder in einer Weise zu reagieren, daß das System der Altersversorgung für die beteiligten Institutionen insgesamt und auf Dauer finanzierbar bleibt.

In versorgungsrechtlichen Fragen beraten die Kassen ihre Mitglieder (vgl. Stein 1989, 53f.). Die Aufgaben sind in den jeweiligen Kassensatzungen bzw. in den entsprechenden Landesgesetzen zu den kommunalen Versorgungskassen definiert.

Der Umfang der Leistungen der kommunalen Versorgungskassen ist weder einheitlich geregelt noch zwingend deckungsgleich mit dem Umfang der Versorgungsleistungen, die ein kommunaler Dienstherr für seine aktiven oder im Ruhestand stehenden Beamten sowie deren Hinterbliebenen nach dem Beamtenversorgungsgesetz zu erbringen hat. Welche Leistungen eine Versorgungskasse erbringt und welche Leistungen der Beamtenversorgung sie einschränkt oder ausschließt, definiert die jeweilige Kassensatzung bzw. das entsprechende Landesgesetz. Darüber hinaus bestimmen die Satzungen bzw. Gesetze Kassenleistungen, die nicht im Beamtenversorgungsgesetz geregelt sind (vgl. Stein 1989, 103ff.).

Die kommunalen **Zusatzversorgungskassen** haben die Aufgabe, den bei ihnen versicherten Arbeitnehmern eine zusätzliche Alters-, Berufsunfähigkeits-, Erwerbsunfähigkeits- und Hinterbliebenenrente zu gewähren (§ 1 MS). Sie beraten ihre Mitglieder in zusatzversorgungsrechtlichen Fragen und berechnen die Höhe der auszuzahlenden Zusatzversorgungsleistungen. Die Leistungen umfassen Versorgungs- und Versicherungsrenten für Versicherte und deren Hinterbliebene (Witwen/Witwer und Waisen) sowie Sterbegelder an anspruchsberechtigte Angehörige des Verstorbenen.

Zwischen den Mitgliedern einer Zusatzversorgungskasse findet ein Ausgleich der Versorgungslasten über die erhobene Umlage statt. Da die Kassen bei ihrer Finanzierung sowohl Umlage- als auch Kapitalansammlungselemente verwenden (vgl. Kap. 2.1.2.2 '*Finanzierungstechnik der Zusatzversorgung*'), spiegelt die jährlich erhobene Umlage nicht nur den Umfang der jeweils von der Kasse zu erbringenden Versorgungsleistungen wieder, sondern auch den Stand der Kapitaldeckung und das jeweilige An- bzw. Entsparverhalten der Kasse. Mit der Festsetzung des Umlagesatzes, d. h. genauer mit der Ausgestaltung des verwendeten Abschnittsdeckungsverfahrens im einzelnen, wird daher – zumindest in Grenzen – auch die Höhe der Belastungen für die Haushalte der Mitglieder und ihre Veränderung in der Zeit beeinflußt. Neben der jährlichen und kurzfristigen Ausgleichsfunktion zwischen den Mitgliedern können und sollen die Zusatzversorgungskassen daher auch einen längerfristigen Ausgleich der Versorgungslasten für die Mitglieder im einzelnen und insgesamt herbeiführen.

2.4 Finanzierungssysteme

2.4.1 Einleitung

Ein zentraler Punkt bei der Beurteilung eines Alterssicherungssystems ist seine finanzwirtschaftliche Effizienz. Ein Alterssicherungssystem heißt dabei (finanzwirtschaftlich) effizienter als ein anderes System, wenn es auf Dauer bei gleichem Versorgungsniveau geringere Beitragszahlungen benötigt. Wesentlich bei der Beurteilung der finanzwirtschaftlichen Effizienz ist die Art der Finanzierung des Alterssicherungssystem.

Im folgenden sollen die verschiedenen Finanzierungsprinzipien vorgestellt werden. In der volkswirtschaftlichen Lehrbuchliteratur werden in diesem Zusammenhang oft nur die beiden „Extreme" Kapitaldeckungsverfahren und (Ausgaben-)Umlageverfahren behandelt, während es eine fast unendliche Zahl von Finanzierungsverfahren gibt, ein vorgegebenes Leistungssystem vollständig zu finanzieren (vgl. Heubeck 1995, 403ff., mit weiteren Nachweisen; Thullen 1982). In der Praxis gibt es daher auch eine Vielzahl verschiedener, wissenschaftlich durchaus begründbarer und funktionierender Mischsysteme („Hybrid-Systeme"), welche zur Finanzierung der Altersversorgung herangezogen werden.

2.4.2 Umlage- und Kapitaldeckungsverfahren

Konstitutiv für das Umlageverfahren (auch „Ausgaben-Umlageverfahren") ist die – weitestgehend – periodengleiche Auszahlung der geleisteten Beiträge an die jeweiligen Leistungsempfänger. D. h. es wird kein Kapitalstock gebildet, die Beitragszahler erwerben Anwartschaften, die von der nachrückenden Aktivengeneration bedient werden. Im Zusammenhang mit der (nach dem Umlageverfahren finanzierten) gesetzlichen Rentenversicherung spricht man deshalb auch vom „Generationenvertrag".

Ohne Staatszuschüsse und Veränderungen im Rentnerbestand entspricht bei der Umlagefinanzierung die Beitragsrendite langfristig, d. h. in der Reifephase, dem Wachstum der Lohnsumme. Sie hängt dann alleine von den Wachstumsraten des Aktivenbestandes und der Durchschnittsentgelte ab.

Grundsätzlich liegt, wenn die Rentenleistungen des einzelnen unter Berücksichtigung versicherungsmathematischer Zusammenhänge den zuvor geleisteten Beitragszahlungen entsprechen, eine sogenannte aktuarische Beitragsäquivalenz vor, d. h. eine versicherungsmathematische Äquivalenz von Beiträgen und Leistungen. Diese läßt sich zwar theoretisch auch im Umlageverfahren realisieren, doch beinhalten faktisch alle real existierenden umlagefinanzierten Systeme (wie z. B. die gesetzliche Rentenversicherung) unterschiedlich starke Elemente des solidarischen Ausgleichs. In solchen Systemen korrespondiert die empfangene Rente zwar auch mit den geleisteten Beiträgen, doch tritt an die Stelle der (aktuarischen) Beitragsäquivalenz die sogenannte Teilhabeäquivalenz, die beinhaltet, daß die Höhe der Rente proportional zu den geleisteten Beiträgen bzw. den mit Beiträgen belegten Entgelten ist.

Für viele erwächst die Legitimation einer umlagefinanzierten Zwangsversicherung – wie z. B. der gesetzlichen Rentenversicherung – nicht nur aus der Erfüllung eines Äquivalenzprinzips, sondern auch aus personellen und generativen Umverteilungsmomenten, zumal diese verteilungspolitische Instrumentalisierbarkeit insbesondere seitens der Politik als ein großer Vorteil gesehen wird.

Ein weiterer Vorteil des Umlageverfahrens ist – über die Anbindung an die laufenden Einkommen – eine weitgehende Inflationssicherheit und eine hohe Anpassungs- und Erweiterungsfähigkeit, da das Verfahren zu jedem Zeitpunkt eingeführt und ausgedehnt werden kann (man denke in diesem Zusammenhang insbesondere an die Integration der Bürger der neuen Bundesländer in die gesetzliche Rentenversicherung). Ferner ist das Umlageverfahren über den Bezug zu den laufenden Einkommen im Prinzip in der Lage, eine Lebensstandardsicherungsfunktion zu erfüllen.

Die Nachteile dieses Verfahrens sind (insbesondere im Zusammenhang mit der gesetzlichen Rentenversicherung) die Abhängigkeit von der aktuellen Beschäftigungsentwicklung und die Empfindlichkeit gegenüber demographisch bedingten einseitigen Verschiebungen der Beitragszahler-Leistungsempfänger-Relation. In einer alternden Gesellschaft kann es kein intergenerativ gerechtes, d. h. die verschiedenen Jahrgangskohorten gleich behandelndes Umlageverfahren geben.

Beim Kapitaldeckungsverfahren werden im Gegensatz zum Umlageverfahren die geleisteten Beiträge der Beitragszahler nicht periodengleich verausgabt, sondern während der Erwerbsphase in einem Kapitalstock akkumuliert und, vermindert um die Beiträge für vorzeitige Leistungsfälle, rentierlich angelegt. Dieser Kapitalstock wird dann in der Ruhestandsphase aufgelöst und dient einschließlich der angefallenen Zinserträge der Finanzierung der eigenen Renten. Die Rendite des Kapitaldeckungsverfahrens hängt daher ganz wesentlich vom Zins ab, zu dem das Kapital angelegt wird.

Auch wenn die Akkumulation eines Kapitalstocks dem privaten Ansparen ähnelt, so gibt es doch einen entscheidenden Unterschied: Nach der Aufbauphase des Kapitalstocks, die theoretisch eine Generation dauert, muß der Kapitalstock im Falle einer stationären Bevölkerung nicht abgeschmolzen werden, da sich die geleisteten Renten und das Ansparen der jungen Generation ausgleichen. In einer wachsenden Bevölkerung wächst daher der Kapitalstock tendenziell, in einer schrumpfenden nimmt er ab.

Vorteile des Kapitaldeckungsverfahrens sind – nach einer längeren Ansparphase – eine größere Unabhängigkeit sowohl von der nationalen Beschäftigungssituation als auch von nationalen demographischen Veränderungen, und dies um so mehr, je mehr die Anlage der Beiträge international gestreut wird. Denn ein entscheidender Unterschied zum Umlageverfahren und ein potentieller Vorteil des Kapitaldeckungsverfahrens ist, daß man es internationalisieren kann. Man ist bei der Rentenfinanzierung nicht – wie beim Umlageverfahren – ausschließlich auf die nationale Wertschöpfung angewiesen.

Nachteile des Kapitaldeckungsverfahrens sind die Schwierigkeiten, eine an der Lohnentwicklung orientierte Lebensstandardsicherung zu realisieren oder es zu interpersonellen Umverteilungszwecken zu nutzen, außerdem seine Sensibilität gegen Geldentwertungen und Wechselkurs-, Aktienkurs- oder Immobilienpreisschwankungen. Auch der oben erwähnte potentielle Vorteil der Internationalisierbarkeit kann – wie die jüngere und jüngste Vergangenheit zeigt – bedingt durch die zunehmende Infektionsgefahr der Kapitalmärkte als Folge der stark gestiegenen grenzüberschreitenden spekulationsmotivierten Kapitalmobilität zu einem realen Nachteil werden. Allerdings ist in diesem Zusammenhang darauf hinzuweisen, daß aus der Volatilität der Kapitalmärkte nicht auf ein ähnlich hohes Kohortenrisiko kapitalgedeckter Formen der Alterssicherung zu schließen ist.

Von zentraler sowohl wissenschaftlicher als auch praktischer Bedeutung ist die Frage, welches der beiden Verfahren finanzwirtschaftlich effizienter, d. h. „rentabler“ ist. Aus den oben angestellten Überlegungen folgt, daß das Kapitaldeckungsverfahren grundsätzlich dann rentabler ist als das Umlageverfahren, wenn langfristig der Kapitalmarktzins die Wachstumsrate der Lohnsumme, genauer: die im System relevanten Steigerungsraten der versicherten Entgelte und der laufenden Renten übersteigt et vice versa.

In der gesetzlichen Rentenversicherung konnte man z. B. bis 1980 – unter anderem auch, weil das System noch nicht in der Reifephase war – im Umlageverfahren eine höhere Rendite erzielen als mit einem Kapitaldeckungsverfahren. Danach hat sich das Verhältnis umgekehrt. Theoretisch muß langfristig – und ohne Staatszuschüsse – die Rendite im Kapitaldeckungsverfahren höher sein als im Umlageverfahren. In der Praxis, d. h. bei den real existierenden Systemen, kann man eine derartig dezidierte Aussage nicht machen.

Da also sowohl das Umlageverfahren als auch das Kapitaldeckungsverfahren spezifische Vor- und Nachteile haben und jeweils unterschiedlich sensibel auf die verschiedenen Arten von ökonomischen und/oder demographischen Änderungen reagieren, spricht alles dafür, daß – allein aus Gründen der Risikominderung – ein "gutes" Alterssicherungssystem nicht nur auf ein Finanzierungsprinzip ausgerichtet, sondern immer als ein „Hybrid-System“ konstruiert sein sollte, d. h. als eine Mischung aus Umlage- und Kapitaldeckungsverfahren.

2.4.3 Mischsysteme

Im obigen Abschnitt wurde auf die prinzipielle Vorteilhaftigkeit im Sinne einer breiteren Risikostreuung bei der Rentenfinanzierung durch Kombination von Umlage- und Kapitaldeckungsverfahren („Hybrid-Systeme“) hingewiesen. Im folgenden sollen drei diesen Hybridcharakter tragende Mischsysteme vorgestellt werden. Das Rentenwert-Deckungsverfahren, das (sequentielle) Abschnittsdeckungsverfahren und das gleitende Abschnittsdeckungsverfahren.

2.4.3.1 Das Rentenwert-Deckungsverfahren

Charakteristisch für das Rentenwert-Deckungsverfahren, oft auch Rentenwert-Umlageverfahren genannt, ist die Äquivalenz zwischen den Beitragseinnahmen eines Jahres und der Summe der Barwerte der im Jahr neu zuerkannten Renten. Die Aktiven bedienen mit ihren Beiträgen („Umlagen") die Anwartschaften des Rentenzugangs und müssen außerdem insoweit einstehen, als es im Rentenbestand anschließend zu einem von der Barwertkalulation abweichenden Verlauf kommt. Der Beitragssatz hängt also – außer vom Leistungssystem und -verlauf – wesentlich von der Zahl der Rentenneuzugänge und der Zahl der Aktiven ab. Die während der Dienstzeit der Aktiven entstehenden Anwartschaften bleiben bis zum Jahr des Eintretens des Versorgungsfalls ohne Deckung (vgl. Abbildung 2-5).

Abbildung 2-5: Rentenwert-Deckungsverfahren

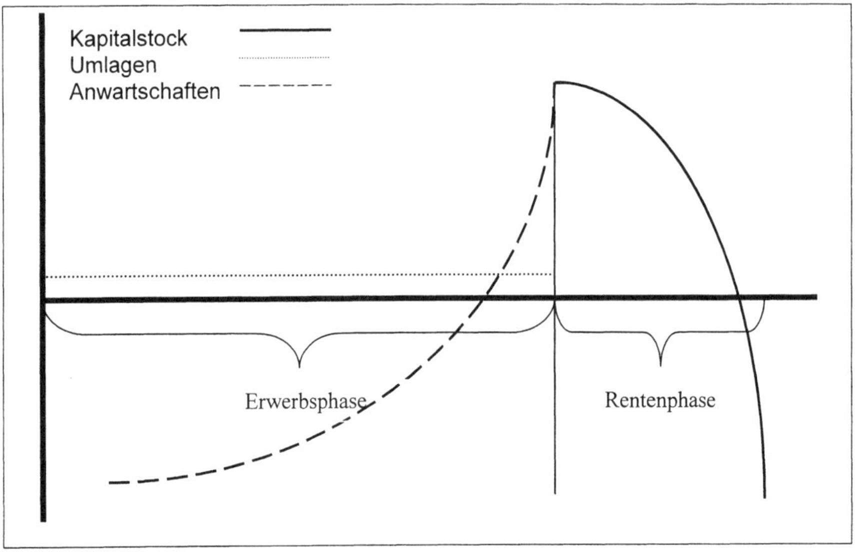

2.4.3.2 Das Abschnittsdeckungsverfahren

Ein Abschnittsdeckungsverfahren liegt dann vor, wenn (im Gegensatz zum Umlageverfahren) Einnahmen und Ausgaben nicht innerhalb eines Jahres, sondern innerhalb eines gegebenenfalls mehrjährigen Deckungsabschnitts ausgeglichen werden. Der während des Deckungsabschnitts erhobene (konstante) Umlagesatz muß bedarfskongruent kalkuliert werden, d. h. daß die Beiträge der Versicherten unter Berücksichtigung des vorhandenen Vermögens und etwaiger Zinserträge ausreichen müssen, um die Leistungsausgaben während des Deckungsabschnitts zu finanzieren.

Charakteristisch für das Abschnittsdeckungsverfahren ist, daß der angesammelte Kapitalstock nicht wie beim (individuellen) Kapitaldeckungsverfahren dem einzelnen Individuum, sondern nur kollektiv der Solidargemeinschaft zugerechnet werden kann. Die Bestimmungsgrößen eines nach dem Abschnittsdeckungsverfahren arbeitenden Altersvorsorgesystems sind daher:

- die Anzahl der Rentner und Aktiven,
- die zu erbringenden Versorgungsleistungen,
- die interne Verzinsung des vorhandenen Kapitalstocks.

Die "Stellschrauben", d. h. die Instrumentalvariablen sind:

- der Beitragssatz während des Deckungsabschnitts,
- das vorhandene Kassenvermögen,
- das am Ende des Deckungsabschnitts vorhandene (Deckungs-)Kapital.

Im Abschnittsdeckungsverfahren können Änderungen der Finanzierung prinzipiell über die letztgenannten, jeweils voneinander abhängigen internen Stellschrauben und unter Berücksichtigung der obigen externen Bestimmungsgrößen vorgenommen werden. Am Ende eines Deckungsabschnittes wird jeweils über den nächsten Deckungsabschnitt befunden (sequentielles Abschnittsdeckungsverfahren). Daher kann bei gegebenem Leistungssystem ein solches Mischsystem im Prinzip nur ausgerichtet werden auf die Steuerung des Beitragssatzes in einem Deckungsabschnitt und/oder auf den Aufbau eines bestimmten Kapitalstocks innerhalb des Deckungsabschnitts oder an dessen Ende. Theoretisch wäre natürlich auch die Berechnung und Steuerung über mehrere hintereinander folgende Deckungsabschnitte möglich; doch wird davon in der Praxis kaum Gebrauch gemacht. Beispiele für die praktische Anwendung des sequentiellen Abschnittsdeckungsverfahrens sind die gesetzliche Rentenversicherung (1957-1969) und das Versorgungswerk des Bundes und der Länder (VBL).

2.4.3.3 Das gleitende Abschnittsdeckungsverfahren

Das gleitende Abschnittsdeckungsverfahren gleicht dem (sequentiellen) Abschnittsdeckungsverfahren bis auf einen Punkt: Der Umlagesatz und die Höhe des Kapitalstocks werden bereits während des aktuellen Dekkungsabschnitts (meist zur Hälfte des abgelaufenen Deckungsabschnitts) neu berechnet **und** implementiert.

Dieser Unterschied zwischen dem (sequentiellen) Abschnittsdeckungsverfahren und dem gleitenden Abschnittsdeckungsverfahren kann beträchtliche Konsequenzen für die langfristige Entwicklung einer Kasse, für die Höhe des Beitragssatzes und des Kapitalstocks haben. Dies gilt insbesondere bei einer nachhaltigen Verschiebung im Verhältnis von Beitragszahlern zu Leistungsempfängern. Geht man beispielsweise von einer insgesamt alternden Versichertengemeinschaft aus und vergleicht die prinzipiellen Gestaltungsmöglichkeiten im Rahmen eines gleitenden Abschnittsdeckungsverfahrens mit zehnjährigem Deckungsabschnitt bei Neufestsetzung des Umlagesatzes in einem Fünfjahresturnus auf der einen Seite und die Reaktionsmöglichkeiten in einem sequentiellen Abschnittsdeckungsverfahren mit fünfjährigem Deckungsabschnitt auf der anderen Seite, so zeigt es sich, daß im gleitenden Abschnittsdeckungsverfahren aus der Umlage der ersten fünf Jahre des Deckungsabschnitts Überschüsse erwachsen. Werden diese Mittel dann dem rentierlich angelegten Vermögen zugeführt und nicht in die Kalkulation des nächsten Umlagesatzes einbezogen, so können zukünftige (– wachsende –) Versorgungslasten mit Hilfe der aufgelaufenen Zinsen und Zinseszinsen und/oder durch das Abschmelzen des akkumulierten Kapitals mit einem niedrigeren Umlagesatz bewältigt werden. Außerdem ist auf diese Weise eine Stabilisierung des Umlagesatzes auch über den jeweils folgenden Deckungsabschnitt hinaus möglich.

In Abbildung 2-6 wird die Entwicklung der verschiedenen Umlagesätze unter den o. a. Annahmen dargestellt. Dabei wurde der Beitragssatz für das gleitende Abschnittsdeckungsverfahren viermal für den jeweils zehnjährigen Deckungsabschnitt so festgesetzt, daß das angesammelte Kapital und seine Zinserträge noch nicht (oder nur unbedeutend) zur Finanzierung der Ausgaben beitragen. Ab dem fünften Deckungsabschnitt kann der Beitragssatz in diesem (schematisierten) Beispiel dann eingefroren werden, da der inzwischen angesammelte (in der Abbildung nicht aufgeführte) Kapitalstock eine ausreichende Entlastung bietet. Das (sequentielle) Abschnittsdeckungsverfahren erfordert bei der gleichen zu erbringenden Leistung auf Grund des fehlenden (Teil-)Kapitalstocks danach weiter steigende, deutlich höhere Umlagesätze. Als Folge der geringen Zinserträge, die innerhalb der ersten Hälfte eines Deckungsabschnitts anfallen, können diese allerdings noch geringfügig niedriger als bei einem reinen (Ausgaben-)Umlageverfahren sein.

Abbildung 2-6: Entwicklung der Umlagesätze bei verschiedenen Abschnittsdeckungsverfahren

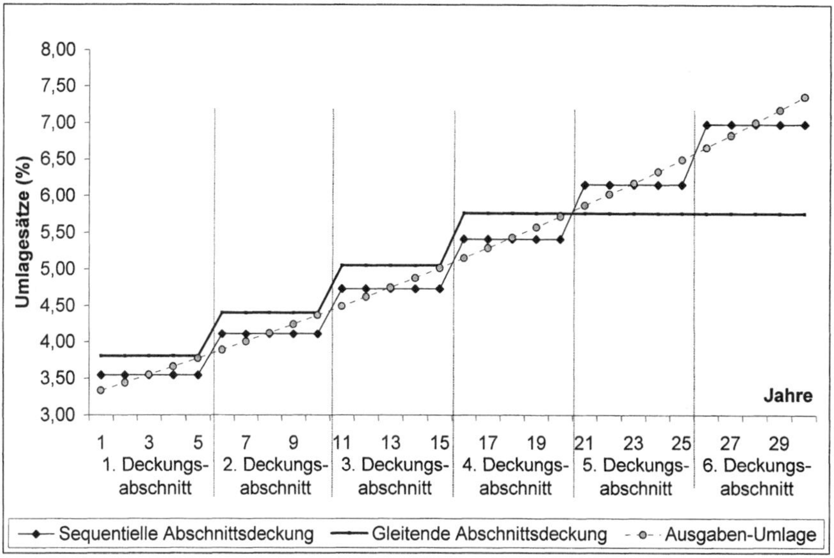

Die Abbildungen 2-7 (S. 57) und 2-8 (S. 58) zeigen den Verlauf der Entwicklung der Umlagen, der Renten (Rentenauszahlungen sind hier als negative Werte gekennzeichnet) und des (Kassen-)Vermögens für die beschriebenen Verfahren.

Anwendung findet das gleitende Abschnittsdeckungsverfahren insbesondere bei den kommunalen und kirchlichen Zusatzversorgungskassen. Der Umlagesatz wird hier im Gegensatz zu obiger Darstellung nicht nur mit Blick auf die zu erbringenden Versorgungsleistungen während des Deckungsabschnitts (laut Mustersatzung zehn Jahre) berechnet, sondern bezieht auch die erwarteten Kosten und die Versorgungsleistungen und Verwaltungsaufwendungen des folgenden elften Jahres ein. Nach fünf Jahren erfolgt eine Neuberechnung erneut mit Blick auf die kommenden zehn bzw. elf Jahre (zum Verfahren und seinen Auswirkungen im einzelnen vgl. Kap 3.2 bis 3.4).

2.4.4 Finanzierungssysteme der Versorgungs- und Zusatzversorgungskassen

Die kommunalen Versorgungskassen werden nach dem Umlageverfahren und die kommunalen und kirchlichen Zusatzversorgungskassen (mit einer Ausnahme) durch das gleitende Abschnittsdeckungsverfahren finanziert. Eine Zusatzversorgungskasse finanziert sich mit Hilfe des in Kapitel 2.4.3.1 beschriebenen Rentenwert-Deckungsverfahrens, das bei den folgenden Überlegungen nicht weiter berücksichtigt wird.

2.4.4.1 Ökonomische Beurteilung der Finanzierungssysteme

Aussagen zur „Güte" eines Finanzierungssystems lassen sich anhand des folgenden Kataloges von Prüfkriterien durchführen:

1. die Sicherheit eines bestimmten Versorgungsniveaus,
2. die Abhängigkeit von exogenen Veränderungen,
3. die Umverteilungswirkungen,
4. die finanzwirtschaftliche Effizienz.

ad 1.

Die langfristige Sicherheit eines bestimmten Versorgungsniveaus ist das wichtigste Beurteilungskriterium für die Zukunftsfähigkeit eines Alterssicherungssystems. Für die Versorgungs- und Zusatzversorgungskassen ist dieses Kriterium erfüllt, solange die Zahlungsfähigkeit ihrer Mitglieder gewährleistet ist. Der jeweilige Umlagesatz wird bedarfskongruent in Abhängigkeit von den – bekannten – Bestandsveränderungen kalkuliert, von den Mitgliedern vereinnahmt und somit die Höhe des Versorgungsniveaus garantiert.

Abbildung 2-7: Entwicklung von Renten, Umlagen und Vermögen im (sequentiellen) Abschnittsdeckungsverfahren (Zinssatz: 3 %)

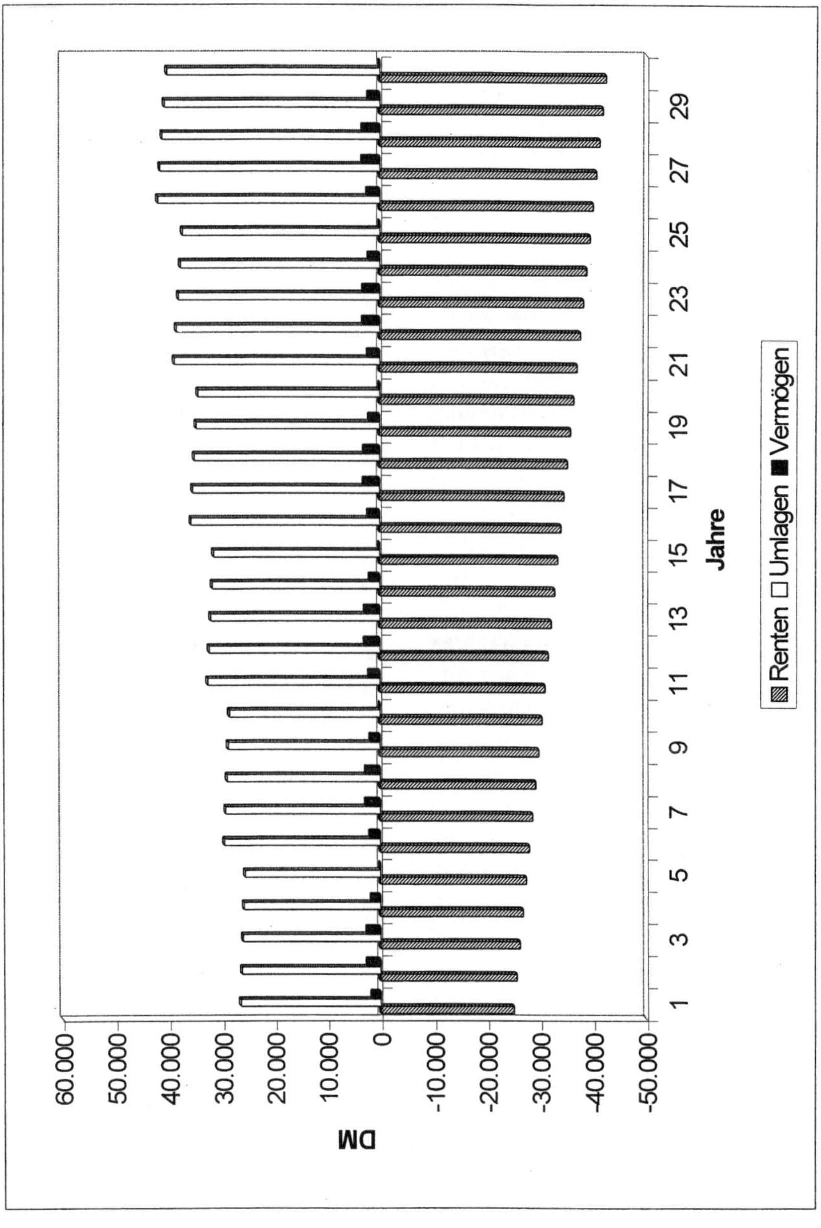

Abbildung 2-8: Entwicklung von Renten, Umlagen und Kassenvermögen im gleitenden Abschnittsdeckungsverfahren (Zinssatz: 3%)

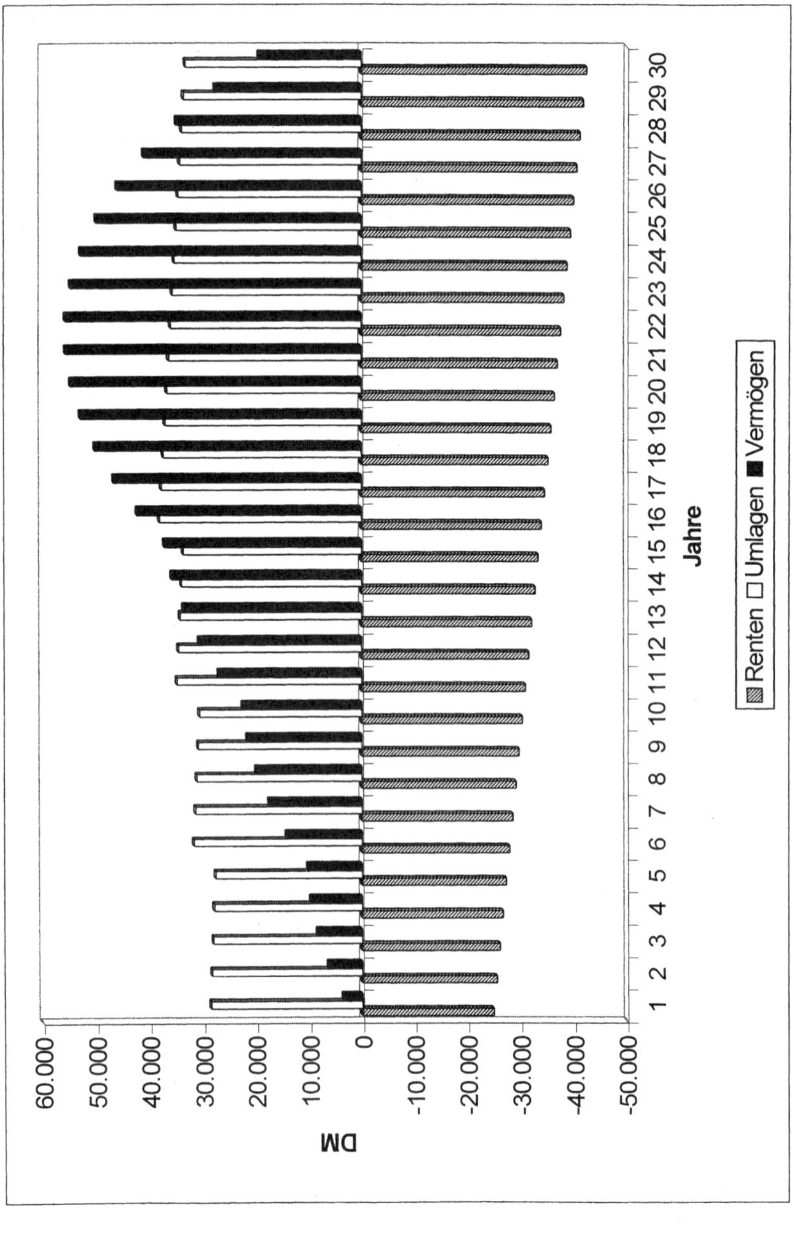

Das Versorgungsniveau wird im Falle der Zusatzversorgungskassen, wie bereits dargestellt, durch die Höhe der Beamtenpensionen und der gesetzlichen Rentenversicherung determiniert. Gehen die Leistungen der gesetzlichen Rentenversicherung zurück, ohne daß eine entsprechende zeitgleiche Anpassung der Beamtenpensionen vorgenommen wird, steigen damit die zu tragenden Versorgungslasten der Zusatzversorgungskassen. Für diesen Fall behalten sich die Tarifvertragsparteien eine Neudefinition des Versorgungsauftrages vor, d. h. die Gesamtversorgung kann z. B. analog zu den Leistungsrücknahmen der gesetzlichen Rentenversicherung gesenkt werden.

ad 2.

Wesentlich für die Beurteilung eines Alterssicherungssystems ist auch die Frage, wie stark das System von exogenen Variablen beeinflußt werden kann und welche Reaktionsparameter zur Verfügung stehen. Für die Versorgungskassen wie auch die Zusatzversorgungskassen liegt der Einfluß der Politik, vermittelt über die Entscheidungsgremien der Versorgungseinrichtungen, auf der Hand. Weiterhin sind die Veränderungen des Steueraufkommens sowie die Lohnentwicklung im öffentlichen Dienst von großer Bedeutung für die Haushaltssituation der Mitglieder. Wenngleich die Kassen eigenständig sind, so kann die Haushaltssituation der Mitglieder nicht gänzlich unberücksichtigt bei der Kalkulation des Umlagesatzes bleiben.

Für die Zusatzversorgungskassen ist insbesondere die (exogene) Zinsentwicklung bzw. der interne Zins des Deckungskapitals von Bedeutung, denn bei der Bestimmung des Umlagesatzes für einen Deckungsabschnitt spielt der Zinssatz, mit dem sich das angesammelte Vermögen verzinst, eine entscheidende Rolle. Dieser Zinssatz ist ex ante nicht bekannt, so daß man hier auf vernünftige, d. h. vorsichtige Schätzungen angewiesen ist.

ad 3/4.

Die Umverteilungswirkungen und die finanzwirtschaftliche Effizienz der Finanzierungssysteme werden in Kapitel 3 '*Finanzierungsverfahren*' ausführlich behandelt. Daher soll an dieser Stelle lediglich auf eine Besonderheit hingewiesen werden, die die Finanzierung der Altersversorgung im öffentlichen und kirchlichen Dienst in den kommenden Jahren vor besondere Herausforderungen stellt: die außergewöhnlich schnelle Alterung der Versichertengemeinschaft.

Allen Versorgungs- und Zusatzversorgungskassen ist eine volle bzw. teilweise Finanzierung nach dem Umlageprinzip gemein. Da das Umlageverfahren bekanntermaßen sensibel auf Veränderungen der Beitragszahler-Leistungsempfänger-Relation reagiert, werden grundsätzlich auch die o. g. (Zusatz-)Versorgungseinrichtungen von der Alterung der Versichertengemeinschaft betroffen. Schon aufgrund der Verlängerung der Lebenserwartung werden sie zwar nicht mit den gleichen, aber durchaus mit vergleichbaren Problemen des demographischen Wandels konfrontiert wie die gesetzliche Rentenversicherung.

Hinzu kommt folgendes: Im Vergleich zu den 60er Jahren hat sich die Zahl der Beschäftigten im öffentlichen Dienst mehr als verdoppelt. Nachdem bis in die 80er Jahre die Zahl der öffentlichen Bediensteten pro Jahr um durchschnittlich ein Prozent gestiegen war, ist seit Beginn der 90er Jahre – als Folge fiskalischer Engpässe in den öffentlichen Haushalte – ein Personalrückbau festzustellen. Da dieser Rückbau "sozialverträglich" sprich unter Ausnutzung des altersbedingten Fluktuationspotentials durchgeführt wird, geht er notwendigerweise mit einer Veränderung der Altersstruktur einher, d. h. die Zahl der Rentenempfänger und Pensionäre wird in den nächsten ein bis zwei Jahrzehnten überproportional zunehmen bei gleichzeitig stagnierenden oder sogar reduzierten Zahlen an aktiv Beschäftigten.

Diese Entwicklung wird – im Zusammenhang mit steigender fernerer Lebenserwartung der Leistungsempfänger – in der näheren Zukunft (noch vor Eintreten der massiven demographischen Verwerfungen in der GRV nach 2010) zu gleichermaßen sicheren wie massiven Ausgabensteigerungen für die Altersversorgung im öffentlichen und kirchlichen Dienst führen.

Die zukünftigen Probleme in der Finanzierung der kommunalen und kirchlichen Versorgungs- und Zusatzversorgungskassen resultieren somit weniger aus der demographischen Entwicklung der Bevölkerung – von den demographischen Parametern ist "nur" die steigende (Rest-)Lebenserwartung von Bedeutung – und den Problemen des Arbeitsmarktes, als vor allem aus den Konsequenzen der Personalpolitik der öffentlichen Hände der vergangenen Jahrzehnte.

2.4.4.2 Unterschiede und Gemeinsamkeiten mit der privaten Lebensversicherung und der gesetzlichen Rentenversicherung

Vergleicht man die Finanzierungssysteme der Versorgungs- und Zusatzversorgungskassen mit dem Finanzierungssystem der gesetzlichen Rentenversicherung, so besteht der entscheidende Unterschied darin, daß im Rahmen des von den Zusatzversorgungskassen benutzten gleitenden Abschnittsdeckungsverfahrens Kapital aufgebaut oder abgeschmolzen werden kann und es zu einer die Beiträge entlastenden Verzinsung des angesammelten Kapitalstocks kommt. Mit dem akkumulierten Kapital ist den Kassen ein Instrument gegeben, mit dem sich die Entwicklung der Umlagesätze (in Grenzen) steuern und z. B. auch glätten läßt.

Im Gegensatz zu der mit dem Kapitaldeckungsverfahren arbeitenden privaten Lebensversicherung dient die Ansammlung von Kapital in den Versorgungs- und Zusatzversorgungskassen nicht der Ausfinanzierung, sondern nur der partiellen Vor- und Kofinanzierung. Bei der privaten Lebensversicherung setzt man die Beiträge nach versicherungsmathematischen Grundsätzen so fest, daß das für den Einzelnen angesammelte Kapital dem Teilwert der zukünftigen Rentenzahlungen des Versicherten entspricht. Die Rentenansprüche jedes Versicherten sind durch den individuell aufgebauten Kapitalstock gedeckt („ausfinanziert"). Demgegenüber wird bei den Versorgungs- und Zusatzversorgungskassen das angesammelte Kapital und die damit erzielten Zinseinnahmen nicht dem Individuum, sondern kollektiv dem "Eigentum" bzw. der Verfügungsgewalt der Versorgungseinrichtung zugeschrieben. Damit kommt es zu Formen von

1. Umverteilung und
2. Risikoausgleich,

die sich zum Teil wesentlich von denen unterscheiden, die in der privaten Lebensversicherung und in der gesetzlichen Rentenversicherung bestehen und möglich sind (zu den Auswirkungen beim Abschnittsdeckungsverfahren im einzelnen vgl. Kap. 3.2 '*Finanzierungsverfahren als*

Umverteilungsmaßnahme' und 3.3 '*Änderung von Finanzierungsverfahren*').

ad 1.

Bei den Versorgungs- und Zusatzversorgungskassen kommt es wie in der gesetzlichen Rentenversicherung zu intergenerativen Umverteilungswirkungen zu Lasten der Aktiven insbesondere dann, wenn die Beitragssätze aufgrund einer nachhaltigen Verschlechterung der Beitragszahler-Leistungsempfänger-Relation erhöht werden müssen. Während für die gesetzliche Rentenversicherung die Teilhabeäquivalenz konstituierend für die Beziehung von Leistungen und Beiträgen ist, besteht im Falle der Versorgungs- und Zusatzversorgungskassen keine Form der direkten Äquivalenz zwischen Finanzierung und Leistung. Die Beiträge werden nicht vom (zukünftigen) Leistungsempfänger entrichtet, sondern von dessen Arbeitgeber (zur „Dreiecksbeziehung" vgl. Kap. 2.1.1.1 '*Inhalt und Durchführung der Beamtenversorgung*' bzw. 2.1.2.1 '*Inhalt und Durchführung der Zusatzversorgung*'), d. h. für den Versorgungsempfänger gibt es (faktisch) keine Abhängigkeit zwischen seiner Rente und irgendwelchen individuellen Vorleistungen.

Lebensversicherungen können aufgrund des Prinzips der aktuarischen Beitragsäquivalenz nur intrapersonal – i. S. von intertemporal – umverteilen. Es wird hier ausschließlich das Einkommen in der Zeit (Ansparphase/Auszahlungsphase) umverteilt, denn die für den einzelnen Arbeitnehmer entrichteten Beiträge entsprechen den individuellen Zusagen an den Arbeitnehmer für den Versicherungsfall.

ad 2.

Sowohl bei der privaten Lebensversicherung und der gesetzlichen Rentenversicherung als auch bei den Versorgungs- und Zusatzversorgungskassen findet in Bezug auf die biometrischen Risiken (Todesfall, Langlebigkeit, Rehabilitationsbedürftigkeit und Berufsunfähigkeit) ein Risikoausgleich statt. Doch nur in der privaten Lebensversicherung bedeutet dies, daß die Finanzierung gedanklich und formal rechnerisch gemäß dem individuellen Äquivalenzprinzip in einen reinen Sparvorgang und in eine Risikoabdeckung aufgespalten werden kann. Der Sparvorgang besteht in der durch Beitragsanteile finanzierten Kapitalakkumulation und liefert den Rentenbarwert (Erlebensfallkapital), der nach Eintreten des Versicherungsfalls (Renteneintritt) zur Auszahlung gelangt. Die Risikoabdeckung dient der Sicherstellung der Finanzierung von vorzeitigen Leistungsfällen. Auch wenn das (individuell angesammelte) Kapital im vorzeitigen Versorgungsfall geringer ist als das dann notwendige Kapital, kann die versicherte Leistung voll erbracht werden, da die Differenz durch die Risikoabdeckung der Mitversicherten finanziert wird. Kommt es zu einer Ausweitung der Risiken – etwa einer stärker als angenommen ansteigenden Lebenserwartung – so ergibt sich für die Versicherung ein Nachfinanzierungsbedarf.

Die Leistungen der Versorgungs- und Zusatzversorgungskassen werden durch die mit Bezug auf die Aktiven erhobenen Umlagen gemeinschaftlich finanziert. Eine Aufspaltung des Beitrages in einen der Risikoabdeckung dienenden Teil und einen Sparvorgang ist zwar im nachhinein möglich, führt aber wenig weiter, da sowohl der Sparvorgang als auch der Risikoausgleich kollektiv getragen wird. Der Verschlechterung von Risiken, d. h. Ausgabensteigerungen kann durch Beitragssatzerhöhungen begegnet werden, so daß ein Nachfinanzierungsbedarf i. e. S., d. h. auf individuelle Ebene nicht besteht.

Mit dem Beitritt in die gesetzliche Rentenversicherung oder dem Abschluß eines Lebensversicherungsvertrages erfolgt der Risikoausgleich innerhalb der größeren Versichertengemeinschaft und entsprechend ihrer spezifizierten biometrischen und wirtschaftlichen Risikosituation und -entwicklung. Dies gilt analog für die Mitgliedschaft in einer Versorgungs- oder Zusatzversorgungskasse. Die Kasse mit mehreren Arbeitgebern als versicherten Mitgliedern bietet eine größere Versicherten- oder Solidargemeinschaft als Basis für einen „interbestandsmäßigen" Risiko- und Solidarausgleich (vgl. hierzu im einzelnen Kap. 3.2 '*Finanzierungsverfahren als Umverteilungsmaßnahme*'). Insbesondere für Arbeitgeber mit weniger großen Mitarbeiterzahlen ist es von wesentlicher Bedeutung, daß der Risikoausgleich hier im größeren Kollektiv, d. h. in einer Kasse mit mehreren Beständen, bei gleichartigem Leistungssystem und ähnlichem personellen und finanztechnischen Hintergrund erfolgt.

Hinzu kommt ein Ausgleich über verschiedene „Branchen" hinweg. Im kommunalen, weniger im kirchlichen Bereich gibt es sehr unterschiedliche Aufgaben und Tätigkeitsbereiche wie z. B. Sparkassen, Flughäfen, Sozialhilfe, Energie- und Wasserversorgung, Straßenreinigung, Drogenbetreuung, Kinder- und Jugendarbeit etc., für die die Kassen, bezogen auf die Finanzierung ihrer Altersversorgung, für einen gewissen Risikoausgleich sorgen. Nun gibt es – wie in der Privatwirtschaft – auch bei den Kommunen einen gewissen sektoralen Strukturwandel, ein Entstehen, Wachsen, Schrumpfen und Verschwinden von kommunalen Aufgaben mit unterschiedlichen personellen Anforderungen und Besetzungen. Wenn sich diese Strukturwandel tendenziell symmetrisch vollziehen, so daß die Personalintensität der „neuen" und „wachsenden" Branchen die gleiche ist wie die der „vergehenden" und „schrumpfenden", dann kommt es bei der Bildung größerer Umlagegemeinschaften zu einem branchenübergreifenden Risikoausgleich und einer Stabilisierung des Umlagesatzes. Das Gegenteil kann allerdings eintreten, wenn z. B. durch organisatorische und technologische Innovationen die Personalintensität „flächendeckend" reduziert oder „marktnahe" Branchen privatisiert und der Umlagegemeinschaft entzogen werden. Da und wenn dem so ist, kann zwar ein durch Bildung umfassender Umlagegemeinschaften umlagesatzstabilisierender Effekt eintreten. Ob und in welchem Ausmaß dies der Fall ist und auch längerfristig so bleibt, hängt jedoch von der Bestandszusammensetzung der jeweiligen Kassen und ihrer jeweiligen Entwicklung ab.

2.4.4.3 Übergang vom gleitenden Abschnittsdeckungsverfahren zur vollständigen Kapitaldeckung?

Theoretisch wäre es zwar denkbar, die Finanzierung der Versorgungs- und Zusatzversorgungskassen zu transformieren vom Umlage- bzw. gleitenden Abschnittsdeckungsverfahren in ein Kapitaldeckungsverfahren, ähnlich dem der privaten Lebensversicherung. Doch wäre eine solche Umstellung nicht nur mit hohen Übergangskosten zur Ausfinanzierung der Anwartschaften verbunden, sondern würde auch einen gravierenden Verlust des hohen Maßes an Flexibilität bedeuten, wie dies insbesondere dem gleitenden Abschnittsdeckungsverfahren inhärent ist. So kann das gleitende Abschnittsdeckungsverfahren etwa im Falle eines Ausbaus der Leistungen den höheren Finanzierungsaufwand sukzessive durch höhere Umlagen decken, während im Kapitaldeckungsverfahren eine Leistungsausweitung nur durch sofortige Nachzahlungen finanziert werden könnte. Ähnlich müßte auch im Fall von Leistungsabbau, bei größeren Zinsschwankungen oder bei Bestandsveränderungen immer sehr viel dichter und umfangreicher reagiert werden, so daß die hinter der Finanzierung stehenden Haushalte unmittelbar und möglicherweise zur Unzeit von den Finanzierungsproblemen der Kassen betroffen wären.

Würde man die Finanzierung im vollständigen Kapitaldeckungsverfahren der privaten Versicherungswirtschaft übertragen und nicht in den Kassen vornehmen, kämen folgende Nachteile hinzu:

- Versicherungsunternehmen arbeiten gewinnorientiert, d. h. ein – nicht unwesentlicher – Teil der erwirtschafteten Kapitalerträge würde nicht für Versorgungsleistungen verwandt.
- Es würden Akquisitions- und Inkassokosten entstehen.
- Die Versicherungsleistungen würden sich an (genehmigten) Tarifen orientieren müssen, d. h. das relativ komplexe Leistungssystem der Beamten- und der Zusatzversorgung überhaupt nicht widerspiegeln können. Ein Teil der Leistungen, insbesondere aber die Funktionen einer Lebensstandardsicherung und einer Mindestvorsorge müßten auch weiterhin von den Arbeitgebern oder eigenen Kassen erbracht werden.

Ohne den in Kapitel 3 '*Finanzierungsverfahren*' ausführlicher behandelten finanztechnischen Gesichtspunkten vorweggreifen zu wollen, heißt dies im Ergebnis: Ein Wechsel der Finanzierungsverfahren vom Umlage- bzw. gleitenden Abschnittsdeckungsverfahren zu einer Finanzierung mit vollständiger kollektiver oder gar individueller Kapitalbildung ist ökonomisch weder sachgerecht noch sinnvoll. Dies schließt jedoch eine Verstärkung der Kapitalbildung innerhalb der bestehenden Systeme nicht aus.

2.5 Kapitalbildung

Die Bildung eines (Teil-)Kapitalstocks ist eine Möglichkeit der Vorfinanzierung der in der Zukunft sicher steigenden Versorgungslasten. Im folgenden sollen die Wirkung der Bildung eines solchen Kapitalstocks auf die Mitglieder einer Versorgungs- und Zusatzversorgungskasse sowie die Implikationen gesamtwirtschaftlicher Entwicklungen auf die Bildung des Kapitalstocks untersucht werden. Im Anschluß wird ein „richtiger" Umgang mit dem Kapitalstock beschrieben.

2.5.1 Einzel- und gesamtwirtschaftliche Aspekte bei der Bildung eines Kapitalstocks

In Kapitel 2.4 '*Finanzierungssysteme*' wurde gezeigt, daß ein Kapitalstock, insbesondere bei einem (gleitenden) Abschnittsdeckungsverfahren, zu einer Verstetigung des Umlagesatzes genutzt werden kann, d. h. der Umlagesatz wird in Zeiten „relativ guter" Beitragszahler-Leistungsempfänger-Relationen so kalkuliert, daß am Ende eines Deckungsabschnitts ein Kapitalstock angespart ist. Das akkumulierte und verzinste Kapital kann in Zeiten „relativ schlechter" Beitragszahler-Leistungsempfänger-Relationen abgeschmolzen werden, um so die Steigerung des Umlagesatzes zu dämpfen.

Durch die Bildung eines Kapitalstocks kann also, unter Inkaufnahme von zwischenzeitlich höheren Umlagesätzen, eine Glättung der Haushaltsbelastungen einzelner Mitglieder erreicht werden.

Wenn man über die Erhöhung des Umlagesatzes den Kapitalbestand einer Kasse erhöhen will, um auf diese Weise zukünftige Haushalte zu entlasten, ist zu prüfen, ob zur Bereitstellung der zusätzlichen Umlagemittel die Verschuldung und damit die Zinsverpflichtungen zukünftiger Perioden der Kassenmitglieder erhöht werden müssen oder – bei unveränderter Kreditaufnahme – auf welche Ausgaben zugunsten der erhöhten Umlage verzichtet werden muß. Eine mit einer zunehmenden Verschuldung der Kassenmitglieder erkaufte Umlageerhöhung ist nämlich nur dann zu rechtfertigen, wenn die Verzinsung des Kassenvermögens über dem Sollzinsniveau liegt, welches der Umlagefinanzier für eine Kreditaufnahme zu tragen hätte.

Ein wichtiger Aspekt bei der Beurteilung der Vorteilhaftigkeit von Kapitalbildung ist die Höhe des Zinses. Wie bereits im vorigen Kapitel bemerkt, ist das die „Rentabilität" der Kapitalanlage bestimmende Zinsniveau eine exogene – durch makroökonomische Parameter bestimmte – Größe, da das relativ kleine Volumen des im Rahmen der kommunalen Altersversorgung angesparten Kapitals keinen relevanten Einfluß auf die makroökonomischen Rahmenbedingungen hat. Diese Aussage wird dadurch untermauert, daß selbst ein (wesentlich größerer) Teilkapitalstock im Rahmen der gesetzlichen Rentenversicherung zwar theoretisch zu einem positiven Wachstumseffekt führen würde, diese Behauptung aber aufgrund vielfältiger empirischer Ergebnisse nicht bestätigt werden kann (vgl. Rürup 1998, S. 779ff.).

Ein die makroökonomischen Rahmenbedingungen ganz wesentlich beeinflussender Parameter ist der demographische Wandel. Im Prognos-Gutachten vom April 1998 (vgl. PROGNOS 1998) wird davon ausgegangen, daß die Bevölkerungszahl bis zum Jahr 2005 noch leicht steigt (auf etwa 83 Mio. Menschen), um in den darauffolgenden Jahren nachhaltig zu schrumpfen. Allein in den Jahren 2020 bis 2040 sinkt die Bevölkerungszahl von 81 Millionen auf 72 Millionen Menschen. Die steigende Lebenserwartung, die auf einem niedrigen Niveau stagnierende Fertilität und die nachlassende Immigration führen zu einer „Alterung" der Bevölkerung. Damit einher gehen Ausgabensteigerungen in den sozialen Sicherungssystemen, insbesondere in der gesetzlichen Rentenversicherung, wo es im Interesse intergenerativer Gerechtigkeit und langfristiger Finanzierbarkeit zu Kürzungen der Leistungen der GRV kommen muß. Um diese Leistungskürzungen zu kompensieren, werden – so ist zu beobachten – immer mehr Gelder in private (kapitalstockbasierte) Altersvorsorgeinstrumente investiert. Dies führt auf den Kapitalmärkten kurz- und mittelfristig zu einer steigenden Rendite, da wesentlich mehr Käufer als Verkäufer am Markt auftreten. Dann aber, wenn die jetzige Erwerbsbevölkerung im Laufe ihrer Ruhestandsphase am Kapitalmarkt als Verkäufer (von Wertpapieren) auftritt, könnte es aufgrund der geschrumpften Erwerbsbevölkerung nicht genügend Käufer für die Wertpapiere geben, d. h. der Preis der Wertpapiere, also die Rendite der Kapitalanlage könnte in diesem Stadium deutliche Tendenzen nach unten aufweisen.

2.5.2 Das Management des Versorgungsvermögens

Je größer der in einem Versorgungssystem aufgebaute Kapitalstock ist, desto wichtiger ist es, diese Mittel „richtig" zu verwalten. Für den Kapitalstock kann man ein Performance-Ziel (Sollrendite) definieren, daß durch die Anwartschaften der Versicherten definiert wird. Die Sollrendite ist also abhängig von den Verbindlichkeiten der Versorgungseinrichtung. Wird diese Sollrendite nicht erreicht, so entsteht dadurch eventuell eine Dekkungslücke, welche die Versorgungseinrichtung (durch höhere Beiträge oder Leistungsabsenkungen) kompensieren muß.

Die Quantifizierung dieser Risiken zwingen den Anleger, konsequent über ein akzeptables Risiko-/Ertragsverhältnis nachzudenken. Ist beispielsweise das einzige Anlageziel, eine langfristige Soll-Rendite zu erreichen, so wird man die Anlagewerte auswählen, welche eine langfristig höhere Rendite erwarten lassen, also z. B. Aktien. Will man kurzfristige Kapitalverluste vermeiden, so wählt man kurzfristige, festverzinsliche Titel, welche zwar nur eine geringe Rendite aufweisen, dafür aber sicher sind.

Ein bereits im vorangegangenen Abschnitt vorgestellter Vorteil des Kapitaldeckungsverfahrens ist die Möglichkeit, die Anlagemittel zu exportieren, um durch ein größeres Maß an Diversifikation eine Risikominderung zu erreichen. Darüber hinaus kann die Anlage auf ausländischen Märkten mit durchaus höheren Ertragschancen verbunden sein als eine rein auf den inländischen Markt fokussierte Anlagestrategie.

Tabelle 2-3: Die deutschen Märkte im Vergleich zu den internationalen Märkten 1975-1997

	Deutsche Aktien	Deutsche Anleihen	Globale Aktien (gehedged)	Globale Anleihen (gehedged)
Bruttorendite	11,1 %	9,1 %	11,7 %	7,6 %
Schlechtestes Jahr	-38,4 %	-4,9 %	-25,2 %	-10,6 %
Jahre mit pos. Ergebnis (in %)	70 %	90 %	73 %	86 %

Quelle: Dilworth/Fink (1998)

Betrachtet man das Risiko/Ertragsverhältnis in Tabelle 2-3, dann zeigt sich, daß im Zeitraum von 1975 bis 1997 die besten Ergebnisse mit deutschen Anleihen erzielt wurden. Aus diesem Grund „hängen“ viele Fondsmanager immer noch an den deutschen Anleihen. Was dabei übersehen wird ist, daß sich historische Ertragsverläufe nicht in die Zukunft extrapolieren lassen und daß es immer wieder notwendig ist, das Risiko-/Ertragsverhältnis der gewählten Anlage(strategie) zu überprüfen.

Betrachtet man dagegen den Zeitraum 1985 bis 1997, so stellt sich heraus, daß globale Anleihen die beste Anlagestrategie darstellten. Rechnet man bei der Betrachtung der deutschen Anleihen die Jahre 1975 bis 1985 in der obigen Darstellung heraus – diese Jahre waren durch eine restriktive Geldpolitik, schwache Konjunktur und relativ hohe Inflation geprägt – so erscheinen die deutschen Anleihen weit weniger attraktiv.

Wie bereits zu Beginn dieses Abschnitts erwähnt, ist bei einer möglichst hohen langfristigen Sollrendite eine stärkere Diversifikation wünschenswert. Außerdem ist insbesondere ein verstärktes Engagement in Aktien unerläßlich. Ein internationaler Vergleich zeigt, daß mit hohem Aktienanteil höhere Renditen erwirtschaftet wurden.

So wurde beispielsweise in den USA, in der die Altersvorsorgevermögen im Vergleich zu Deutschland sehr stark diversifiziert (vgl. Abbildung 2-9) angelegt werden, in den letzten zehn Jahren 12,7 % Rendite (in $) erwirtschaftet. Im Vergleichszeitraum brachten es die deutschen Altersvorsorgevermögen auf gerade mal 7,1 % Rendite (in DM).

Abbildung 2-9: Diversifizierung der Anlagen von Altersvorsorgesystemen 1996

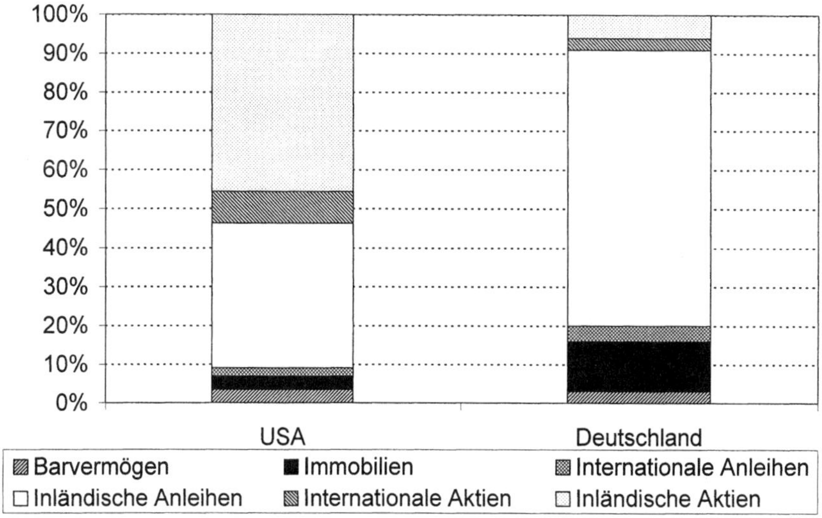

Quelle: Dilworth, James/Fink, Wolfgang (1998)

Ein häufig vorgetragenes Argument gegen eine internationale Diversifikation sind die Währungsrisiken. Es hat sich in den letzten Jahren allerdings gezeigt, daß insbesondere durch ein aktives Währungsmanagement diese Risiken kontrolliert, ja durch Währungsdiversifikation selbst eine zusätzliche Verminderung des Anlagerisikos und damit eine zusätzliche Renditesteigerung erzielt werden kann.

Dabei ist gegenwärtig ist zu beobachten, daß die Anlage von Versorgungskapital in allen Bereichen ausgeweitet und zunehmend schwieriger zu handhaben und daher stärker professionalisiert wird. Das Management der Vermögen von Versorgungs- und Zusatzversorgungskassen steht daher – nicht nur wegen der steigenden Volumina – vor großen und wachsenden Herausforderungen, denen man am ehesten durch eine Stärkung und eventuell Zusammenfassung von Kapazitäten, darüber hinaus aber auch durch die Inanspruchnahme externer Informations- und Beratungsleistungen begegnen kann.

2.6 Rahmenbedingungen

Unter politischen, sozialen und gesamtwirtschaftlichen Gesichtspunkten kann die Altersversorgung des öffentlichen Dienstes nicht unabhängig von den sonstigen Systemen der Alterssicherung gesehen werden. Dies gilt sowohl für die Beamtenversorgung, die allerdings aufgrund ihrer besonderen Funktion und wegen ihrer besonderen politischen Abhängigkeiten eine gewisse Sonderrolle einnimmt, insbesondere aber für den Bereich der Zusatzversorgung, deren Ausgestaltung im Detail den Tarifvertragsparteien überlassen ist. Diese haben sich darauf verständigt, daß Änderungen in der gesetzlichen Rentenversicherung auch in dem Bereich der Zusatzversorgung übernommen werden[43]. Da die Zusatzversorgung einerseits traditionell auch an der Beamtenversorgung orientiert wird, andererseits (mit Abweichungen) dem Regelungskreis der be-

[43] „Dies gilt unabhängig von der Übereinstimmung der Tarifvertragsparteien, daß bei Änderungen in den Bezugssystemen Beamtenversorgung und Sozialversicherung, die die Regelungen berühren, die der Zusatzversorgung zugrunde liegen, unverzüglich Verhandlungen zum Zwecke der Anpassung der Regelungen der Versorgungstarifverträge und der Satzungen aufzunehmen sind" (VKA 1983, Abschnitt V.4).

trieblichen Altersversorgung in der Privatwirtschaft unterworfen ist, hat sich ein System entwickelt, das nicht nur durch eine sehr komplexe Binnenstruktur gekennzeichnet ist, sondern auch viele Abhängigkeiten und Einwirkungen von außen erfährt.

Die Höhe der von den Zusatzversorgungskassen der Kirchen und Kommunen zu erbringenden Versorgungsleistungen wird im Prinzip durch die Differenz von Beamtenpensionen und gesetzlicher Rentenversicherung bestimmt. Damit bildet die Zusatzversorgung der Arbeitnehmer des öffentlichen Dienstes zusammen mit der betrieblichen Altersversorgung die „2. Säule" unseres Alterssicherungssystems. Daher wird im folgenden kurz ein Überblick über die gesetzliche Rentenversicherung und die betriebliche Altersversorgung gegeben.

2.6.1 Die gesetzliche Rentenversicherung

In diesem Rahmen sollen nur wesentliche Elemente der gesetzlichen Rentenversicherung (GRV) vorgestellt sowie Entwicklungsperspektiven, welche auch für die Zusatzversorgungskassen von Belang sind, aufgezeigt werden. Auf die knappschaftliche Rentenversicherung, die Rehabilitation und die Vielzahl der Sonderregelungen bei der Berechnung der Beiträge und der Leistungen der GRV wird nicht eingegangen.

Träger der gesetzlichen Rentenversicherung für Arbeiter und Angestellte sind die 29 Landesversicherungsanstalten, die Bundesversicherungsanstalt der Angestellten, die Seekasse, die Bundesbahnversicherungsanstalt und die Bundesknappschaft. Die Gesetzgebungskompetenz liegt gemäß Art. 74 Nr. 12 und Art. 72 GG beim Bund. Die Rechtsgrundlage für die GRV ist das seit 1. Januar 1992 in Kraft getretene Sechste Sozialgesetzbuch (SGB VI).

Versicherungspflichtig sind grundsätzlich alle abhängig Beschäftigten mit Ausnahme von Beamten, Richtern, Zeit- und Berufssoldaten. Auch Beschäftigte von Organisationen öffentlichen Rechts und vergleichbaren Institutionen sind im Falle eines Bestehens von Anwartschaften auf Versorgung nach beamtenrechtlichen Vorschriften oder entsprechenden kirchlichen Regelungen von der Versicherungspflicht zu befreien. Es besteht auch dann keine Versicherungspflicht, wenn man einer berufsständischen Versorgungseinrichtung angehört. So können sich etwa Ärzte oder Architekten – auch wenn sie diesen Beruf als Angestellte ausüben –

von der Versicherungspflicht befreien lassen. Selbständige sind, da die Versicherungspflicht an einem Beschäftigungsverhältnis anknüpft, nicht pflichtversichert. Ausnahmen bilden hierbei selbständig tätige Hausgewerbetreibende, Küstenschiffer, Lehrer, Erzieher, Musiker, Künstler, Pfleger und Handwerker. Für diese Berufe erkennt der Gesetzgeber eine Schutzbedürftigkeit.

Die Höhe des Einkommens spielt im Hinblick auf die (Zwangs-)Mitgliedschaft in der GRV keine Rolle. Beiträge werden prozentual auf das versicherungspflichtige Entgelt erhoben. Das versicherungspflichtige Entgelt („Beitragsbemessungsgrundlage") wird „nach oben" durch die Beitragsbemessungsgrenze begrenzt.

Die Beiträge der pflichtversicherten Arbeitnehmer werden ab der Geringfügigkeitsgrenze von 630 DM je zur Hälfte von den Arbeitnehmern und deren Arbeitgebern getragen. Pflichtversicherte Selbständige und freiwillig Versicherte tragen ihre Beiträge in vollem Umfang selbst. Die Höhe der Beiträge für pflichtversicherte Selbständige richtet sich nach deren beitragspflichtigen Einnahmen, welche sich wiederum, falls keine höheren bzw. niedrigeren Einnahmen angegeben werden, an der „Bezugsgröße" (1998: West: 4340 DM/Monat; Ost: 3640 DM/Monat) orientieren. Die Beiträge für freiwillig Versicherte können durch diese auf Basis eines vorgegebenen Rahmens (mindestens ein Siebtel der „Bezugsgröße", maximal die Beitragsbemessungsgrenze) frei festgelegt werden.

Die Leistungen der GRV bestehen im wesentlichen aus Rentenzahlungen und Rehabilitationsleistungen. Das Sozialgesetzbuch (SGB VI) unterscheidet zwischen Alters-, Erwerbsunfähigkeits- und Hinterbliebenenrenten.

Nachdem die GRV ursprünglich als Kapitaldeckungsverfahren konzipiert war, wurde sie 1957 auf ein Abschnittsdeckungsverfahren und 1969 endgültig auf ein Umlageverfahren (vgl. Kap. 2.4 '*Finanzierungssysteme*') umgestellt. Die Aufbringung der Mittel erfolgt im einzelnen durch:

- Beiträge der Versicherten und der Träger von Lohnersatzleistungen (Bundesanstalt für Arbeit, gesetzliche Krankenversicherung und Unfallversicherung) (1998: 297,8 Mrd. DM) und
- den Bundeszuschuß (1998: 82,3 Mrd. DM).

Die sich im Zuge des demographischen Wandels (vgl. Kap. 2.5 '*Kapitalbildung*') nachhaltig verschlechternde Beitragszahler-Leistungsempfänger-Relation und der damit verbundene erhöhte Finanzierungsbedarf wird durch einen „Selbstregulierungsmechanismus“ auf die Rentner, die Aktiven und auf den Bund verteilt. Dabei wird der erhöhte Finanzierungsbedarf wie folgt gedeckt:

1. Der erhöhte Finanzierungsbedarf muß zuerst durch höhere Beiträge, d. h. mit Hilfe eines erhöhten Beitragssatzes gedeckt werden.
2. Der Beitragssatz wird unter Einbeziehung des Bundeszuschusses berechnet.
3. Der Bundeszuschuß ist abhängig von steigenden Löhnen und Gehältern pro Arbeitnehmer und dem Verhältnis, in dem der Beitragssatz für das folgende Jahr zum Beitragssatz des laufenden Jahres steht.
4. Die Rentner werden dadurch eingebunden, daß steigende Beitragssätze die Nettolöhne der Arbeitnehmer mindern. Eine Verringerung oder Steigerung der Nettolöhne wird dann über die Rentenformel weitergegeben.

Auch wenn es durch den oben erwähnten Mechanismus gelingt, den steigenden Finanzierungsbedarf „gerechter“ auf die Beteiligten zu verteilen, so ist davon auszugehen, daß die Leistungen der gesetzlichen Rentenversicherung in den nächsten Jahrzehnten aus Gründen der Beitragsstabilisierung, der Wachstums- und Beschäftigungsquote und nicht zuletzt der intergenerativen Gerechtigkeit zurückgebaut werden (müssen).

Ein Beispiel, wie ein solcher Rückbau vollzogen werden kann, wurde Ende der Legislaturperiode 1994/98 bereits demonstriert. Die CDU/FDP-Regierung hatte zur Milderung der mit dem demographischen Wandel einhergehenden Finanzierungsprobleme einen demographischer Faktor in die Rentenformel integriert. Dadurch sollten die durch die Steigerung der Lebenserwartung der über 65-jährigen (z. Zt. 35 Tage pro Jahr) anfallenden Kosten „hälftig“ auf Aktive und Rentner aufgeteilt werden. Die nachfolgende Bundesregierung hat diesen Korrekturfaktor (zunächst) ausgesetzt. Es zeichnet sich aber ab, daß andere Instrumente mit ähnlichen Senkungen des Leistungsniveaus eingeführt werden.

Für den Fall, daß die Beamtenversorgung ihr jetziges Versorgungsniveau beibehält bzw. es nicht zu gleichwertigen Anpassungen kommt, d. h. die Tarifpartner sich auf keine einvernehmliche Leistungsminderung der Zusatzversorgung verständigen können, bedeutet dies für die Zusatzversorgungssysteme, daß die Versorgungslasten bei unveränderten Versichertenzahlen steigen müssen.

2.6.2 Die betriebliche Altersversorgung

Rechtliche Grundlage für die betriebliche Altersversorgung (bAV) ist das meist als „Betriebsrentengesetz" bezeichnete Gesetz zur Verbesserung der betrieblichen Altersversorgung (BetrAVG vom 19. Dezember 1974, BGBl. I, S. 3610). Zusammen mit der bAV in der Privatwirtschaft bildet die darin ebenfalls geregelte Zusatzversorgung des öffentlichen Dienstes die zweite Säule des Alterssicherungssystems. Da sich, wie bereits im vorigen Abschnitt angedeutet, eine Absenkung des Versorgungsniveaus durch die gesetzliche Rentenversicherung abzeichnet, ist es wünschenswert, durch einen Ausbau der zweiten und dritten Säule diese „Versorgungslücke" zu schließen. Die Besonderheit der betrieblichen Altersversorgung liegt darin, daß sie auch Angestellte und Arbeiter erreicht, welche sonst mangels finanzieller Mittel, Eigeninitiative oder Einsicht nicht privat vorsorgen würden. In diesem Sinne ist betriebliche Altersversorgung als ein Bindeglied zwischen gesetzlicher und privater Altersvorsorge zu verstehen.

Etwa 60 % der Arbeitnehmer in der westdeutschen Privatwirtschaft (im Osten nur etwa 17 % der im Handel bzw. 10 % der im verarbeitenden Gewerbe tätigen Arbeitnehmer) verfügen derzeit über Ansprüche auf Leistungen aus einer betrieblichen Altersversorgung.

Die Zahl der Versorgungszusagen aus der bAV war in den vergangenen Jahren allerdings rückläufig. Betrachtet man etwa den Anteil der Unternehmen (in Westdeutschland), welche eine Leistung im Rahmen der betrieblichen Altersversorgung gewähren, so fällt auf, daß im verarbeitenden Gewerbe noch 1981 etwa 70 % aller Arbeitnehmer einen Anspruch auf betriebliche Altersversorgung hatten, während es 1996 nur noch 65 % waren. Im Handel ist im gleichen Zeitraum eine relative Stagnation zu beobachten. Aufgrund des Personalabbaus im Einzelhandel kann man aber vermuten, daß die tatsächliche Zahl der Versorgungszusagen 1996 geringer ist als 1981. Als Gründe für die rückläufige Entwicklung bei der bAV werden meist der hohe Kostendruck, die verschärften Leistungsvorschriften des Betriebsrentengesetzes von 1974 und die verschlechterten steuerlichen und sonstigen Rahmenbedingungen genannt.

Weiterhin ist festzustellen, daß die Bereitschaft, ein betriebliches Alterssicherungssystem zu implementieren, mit sinkender Betriebsgröße (gemessen an der Zahl der Mitarbeiter) abnimmt.

Grundsätzlich sind verschiedene Möglichkeiten bei der Ausgestaltung von Leistungszusagen denkbar:

Bei **Nominalbetragssystemen (Festbetragszusagen)** werden dem Versicherten bestimmte Beträge als Rente bzw. einmalige Auszahlung zugesichert. Die Höhe der Beträge können, müssen aber nicht, in Abhängigkeit vom Einkommen oder der Dauer der Betriebszugehörigkeit des Versicherten ausgezahlt werden.

Gesamtversorgungssysteme gewährleisten unter Einbeziehung der gesetzlichen Rentenversicherung ein bestimmtes Versorgungsniveau. Sinkt etwa das Versorgungsniveau der gesetzlichen Rentenversicherung, so muß das in Form eines Gesamtversorgungssystems ausgestaltete betriebliche Altersversorgungssystem einen Ausgleich schaffen. Gesamtversorgungssysteme, für den Arbeitnehmer von hohem Nutzen, stellen für die Arbeitgeber daher ein hohes Risiko dar und sind infolgedessen in der Privatwirtschaft fast nicht mehr anzutreffen.

Bei **gehaltsabhängigen Leistungssystemen** kann es zu ähnlichen Problemen kommen, da überproportionale Gehaltssteigerungen zu überproportionalen Steigerungen der Versorgungsaufwendungen führen und diese von den Unternehmen nicht immer finanziert werden können.

Von geringerem Risiko für die Unternehmen sind auf den Beitrag ausgerichtete Leistungssysteme. Man unterscheidet dabei das **beitragsorientierte Leistungssystem**, bei dem der Versicherte Finanzierungsbeiträge zugesagt bekommt, welche nach einer versicherungsmathematischen Methode in eine Versorgungsleistung umgewandelt werden. Im ungünstigsten Fall ergibt sich so für das Unternehmen eine Nachschußpflicht, etwa wenn der Kalkulationszinsfuß zu hoch angesetzt wurde. Diese Unsicherheit entfällt bei den sogenannten **Beitragssystemen**, bei denen sich die Unternehmen lediglich verpflichten, dem Versicherten einen bestimmten Finanzierungsbeitrag zur Verfügung zu stellen.

Beitragsorientierte Systeme hat der Gesetzgeber inzwischen ausdrücklich durch eine Ergänzung des BetrAVG sanktioniert, für reine Beitragssysteme ist dies (noch) nicht der Fall.

Es bleibt festzuhalten, daß die betriebliche Altersversorgung im Leistungsbereich nicht wirklich vergleichbar ist mit den Regelungen in den kommunalen und kirchlichen Zusatzversorgungskassen. Betrachtet man z. B. das dem Leistungssystem der Zusatzversorgungskassen ähnliche Gesamtversorgungssystem, so muß darauf hingewiesen werden, daß das Niveau der Gesamtversorgung je nach Ausgestaltung in den einzelnen Unternehmen verschieden hoch ausfallen kann, also z. B. auch nicht an der Beamtenversorgung orientiert ist. Es zeigt sich auch bei der Finanzierung ein gravierender Unterschied: Die Zusatzversorgungskassen werden nach dem Abschnittsdeckungsverfahren finanziert, während sich die betriebliche Altersversorgung ansonsten verschiedener Spielarten kapitalgedeckter Alterssicherung bedient. Dies sind im einzelnen:

1. **Direktzusagen**: Dem Arbeitnehmer wird bei einer Direktzusage vom Arbeitgeber vertraglich die Zahlung einer Versorgungsleistung zugesagt. Der Arbeitgeber muß für diese Versorgungsleistungen nach Maßgabe versicherungsmathematischer Methoden eine Pensionsrückstellung bilden, d. h. das Unternehmen muß planmäßig vorfinanzieren und es entsteht nur in der Leistungsphase ein Liquiditätsabfluß.
2. **Direktversicherungen**: In diesem Fall schließt der Arbeitgeber (als Versicherungsnehmer) für den (die) Arbeitnehmer eine Lebensversicherung als Einzel- oder Gruppenvertrag bei einem Versicherungsunternehmen ab.

Tabelle 2-4

	Direkt-zusage	Direktver-sicherung	Pensions-kasse	Unterstüt-zungskasse
Rechtsanspruch auf Leistung	ja	ja	ja	nein
Vermögensansammlung	intern	extern	extern	extern
Anlagebeschränkungen	keine	ja	ja	keine
Insolvenzsicherung	Pflicht	nein	nein	Pflicht
Arbeitnehmerbeitrag	nein	ja	ja	nein
Nachgelagerte Besteuerung	ja	nein	nein	ja
Anteil am Gesamtbestand des für die betriebliche Altersversorgung gesammelten Kapitals in Deutschland (1997)	56,5 % (300,6 Mrd.)	13 % (69,2 Mrd.)	22,4 % (119,2 Mrd.)	8,1 % (43,1 Mrd.)

Quelle: Arbeitskreis „Betriebliche Pensionsfonds“ (1998)

3. **Unterstützungskassen**: Getragen durch ein oder mehrere Unternehmen sind auch die Unterstützungskassen rechtlich selbständige Versorgungseinrichtungen. Die Unternehmen zahlen im Gegensatz zu

den Pensionskassen allerdings keine regelmäßigen Beiträge. Über den Zeitpunkt der Einzahlung können die Unternehmen selbst entscheiden.

4. **Pensionskassen**: Pensionskassen stellen selbständige Altersversorgungseinrichtungen dar, welche der Versicherungsaufsicht unterliegen. Träger der Pensionskassen können ein oder mehrere Unternehmen sein. Die Unternehmen zahlen Beiträge an die Pensionskassen, aus denen dann die Leistungen für die Arbeitnehmer finanziert werden.

In den letzten Jahren wurden vermehrt Anstrengungen unternommen, die rückläufige Bereitschaft der Unternehmen zur Einrichtung eines betrieblichen Alterssicherungssytems umzukehren. Tatsächlich beabsichtigten 1996 nur 1 % der Unternehmen in Westdeutschland, ein Betriebsrentensystem einzuführen. Bei dem Versuch, die Akzeptanz der betrieblichen Altersvorsorge zu erhöhen, sind zwei grundsätzliche Lösungsansätze zur Weiterentwicklung in den Vordergrund getreten:

1. Die Einrichtung von Pensionsfonds und
2. der Aus- bzw. Umbau der bestehenden Durchführungswege.

ad. 1

Der Arbeitskreis „Betriebliche Pensionsfonds" hat Vorschläge erarbeitet, um die Einrichtung von betrieblichen Alterssicherungssystemen in Deutschland zu fördern. Zu diesen Vorschlägen gehören insbesondere die Einführung von:

- betriebsunmittelbaren Pensionsfonds, welche Direktzusagen verbunden mit einer externen Finanzierung ermöglichen sollen,
- betriebsmittelbaren Pensionsfonds, die analog zu den Unterstützungskassen als eigenständige rechtsfähige Versorgungseinrichtungen eine „attraktive Möglichkeit der Schaffung einer betrieblichen Altersvorsorge" sein sollen sowie
- anlageorientierte Pensionsfonds, welche durch Schaffung eines rein beitragsbezogenen Systems betrieblicher Alterssicherung eine Ergänzung zu den übrigen Durchführungsmöglichkeiten anbieten sollen.

Mit Verabschiedung des dritten Finanzmarktförderungsgesetzes vom 24. März 1998 wurde – davon unabhängig – eine neue Klasse von Fonds geschaffen, die sogenannten Altersvorsorge-Sondervermögen (AS-Fonds). Diese Investmentfonds sind allerdings – entgegen der Meinung ihrer Fürsprecher – nicht geeignet, die betriebliche Altersvorsorge zu revitalisieren, da weder eine Risikoabsicherung – also insbesondere die Absicherung biometrischer Risiken – stattfindet noch soziale Belange berücksichtigt werden.

ad. 2

Die Arbeitsgemeinschaft für betriebliche Altersversorgung (e. V.) propagiert den Ausbau der bestehenden Durchführungswege der betrieblichen Altersvorsorge und die Verbesserung ihrer Rahmenbedingungen (vgl. ABA 1999). Insbesondere die externe Finanzierungsform Unterstützungskasse kann durch Umstrukturierung und Ausbau mit Hilfe weniger gesetzlicher Änderungen zu einer Institution geformt werden, die einem (ausländischen) Pensionsfonds nahe kommt. Somit könnte die Finanzierung der Altersversorgung flexibel an die Wirtschaftssituation der Unternehmen angepaßt werden. Auch die Zulassung von Beitragssystemen wäre eine Möglichkeit, die Akzeptanz für die betriebliche Alterssicherung bei den Unternehmen zu erhöhen.

3 Finanzierungsverfahren

In der Versorgung des öffentlichen Dienstes gilt das Leistungsprimat. Die zu erbringenden Versorgungsleistungen sind gesetzlich oder durch Tarifvertrag und Satzung definiert. Der Versorgungsberechtigte hat Rechtsansprüche auf die definierten Leistungen. Die folgenden Ausführungen zu Finanzierungsverfahren für die Versorgung des öffentlichen Dienstes gehen daher von einem jeweils vorgegebenen Leistungsrecht aus, wobei mögliche Änderungen des Leistungsrechtes hier nur ansatzweise angesprochen werden.

Im folgenden Kapitel 3.1 '*Mittelbedarf zur Erfüllung einer Versorgungszusage*' wird beschrieben, auf welche Weise ein gegebenes Leistungssystem zu Versorgungsleistungen im Zeitablauf führt, d. h. einen sukzessive steigenden Bedarf an Finanzmitteln auslöst. Dabei wird zunächst der Bedarf für eine Einzelperson (Kap. 3.1.1 '*Verlauf im Einzelfall*'), dann der Bedarf für einen Bestand von Personen (Kap. 3.1.2 '*Verlauf im Bestand*') und schließlich der Mittelbedarf für eine Kasse angesprochen, in der mehrere Bestände mit unter Umständen unterschiedlichen Strukturen zusammengefaßt sind (Kap. 3.1.3 '*Verlauf bei mehreren Beständen*').

3.1 Mittelbedarf zur Erfüllung einer Versorgungszusage

3.1.1 Verlauf im Einzelfall

Der Mittelbedarf für die Erfüllung einer Versorgungszusage erstreckt sich grundsätzlich auf die Zeit vom Beginn der Versorgungsleistungen nach Eintritt eines Versorgungsfalles bis zur vollständigen Erfüllung aller Versorgungsverpflichtungen. Ob der Einzelne den Beginnzeitpunkt, in der Regel das Pensionierungsalter erlebt, ist ungewiß, ebenso der Zeitpunkt der letzten Rentenzahlung vor seinem Tod oder dem Tod seiner Hinterbliebenen. Zu einer nachvollziehbaren Beschreibung dieses mit Unsicherheiten verbundenen Sachverhaltes kommt man dadurch, daß man von einer größeren Zahl von Personen in der gleichen Ausgangssituation ausgeht.

Abbildung 3-1 beschreibt die Entwicklung einer Generation von anfänglich eintausend 25-jährigen Versicherten in Abhängigkeit vom Status (Aktiver/Rentner) im Zeitablauf. Für den Einzelfall kann diese Darstellung als versicherungsmathematischer Erwartungswert interpretiert werden, d. h. für jedes Jahr t nach Eintritt in die Versicherung stellen die angegebenen Werte die Wahrscheinlichkeiten (in Promille) dar, mit der der Versicherte aktiv ist bzw. er oder seine Hinterbliebenen Rentenempfänger sind.

Abbildung 3-1: Schicksal einer Generation – ohne Fluktuation

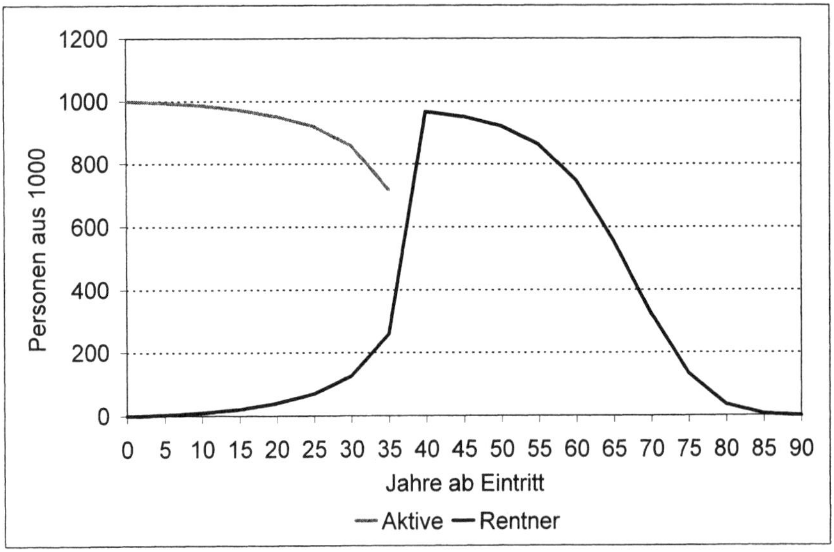

Der dargestellte Verlauf ist zu verstehen als Mittelwert über alle theoretisch möglichen Verläufe des Lebensschicksals des Versorgungsberechtigten und seiner Hinterbliebenen. Die tatsächlichen Einzelschicksale sind jeweils durch eine Verweildauer im Aktivenbestand und gegebenenfalls eine anschließende weitere Verweildauer im Rentnerbestand zu beschreiben.

Bezieht man das vorzeitige Ausscheiden vor Eintritt eines Versorgungsfalles (Fluktuation) mit in die Betrachtung ein, so kann der Versicherte zusätzlich den Status eines beitragsfrei Versicherten annehmen und man erhält entsprechend einen zunächst wachsenden Bestand an Beitragsfreien. Die entsprechende Darstellung für eine Generation, die gleichzeitig – wie oben – als Erwartungswert für einen Einzelfall interpretiert werden kann, findet sich in Abbildung 3-2. Hier wurde eine in jungen Jahren recht hohe, dann allerdings schnell abnehmende jährliche Fluktuationsrate von anfänglich 7,5 %, dann weniger als 2,5 % unterstellt.

Abbildung 3-2: Schicksal einer Generation – mit Fluktuation

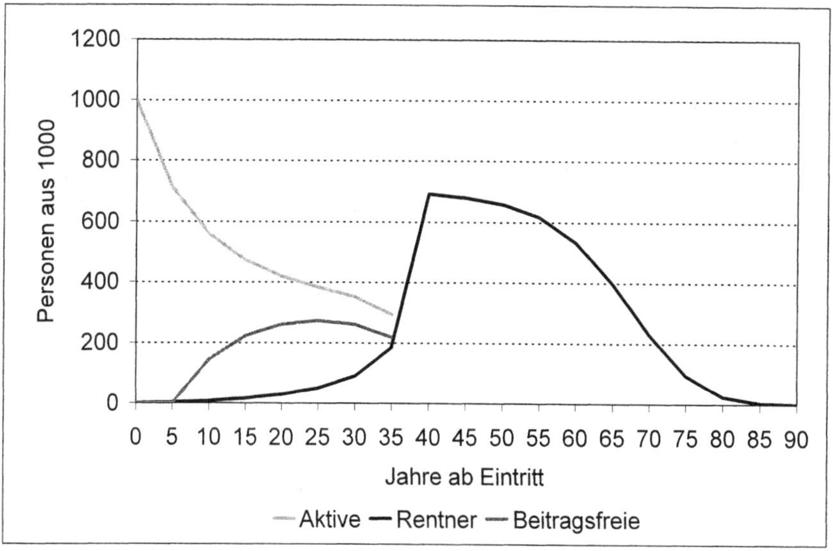

Im Vergleich zu Abbildung 3-1 zeigt sich eine erheblich geringere Wahrscheinlichkeit, die Altersgrenze als Aktiver zu erreichen. Wenn Fluktuationsfälle innerhalb der ersten fünf Jahre – wie hier unterstellt – nicht zu Rentenleistungen führen, ergibt sich überdies eine Reduktion der Wahrscheinlichkeit für einen Versicherten, überhaupt Rentenleistungen zu erhalten. Dies drückt sich im niedrigeren Niveau der Rentnerkurve in Abbildung 3-2 im Vergleich zu Abbildung 3-1 aus.

Insgesamt vermitteln die Abbildungen 3-1 und 3-2 einen Eindruck von der Verweildauer der Versicherten und ihrer Hinterbliebenen im Bestand: 60 Jahre nach Eintritt in die Versicherung (hier im Alter 25 unterstellt) sind noch über 50 % der Versicherungsverhältnisse existent. Erst nach etwa 90 Jahren sind alle Verpflichtungen gegenüber den Rentnern und Hinterbliebenen erfüllt. Diese zeitlichen Dimensionen sind charakteristisch für Versorgungseinrichtungen, sie werden auch in den weiteren Ausführungen immer wieder sichtbar werden.

Den künftigen Mittelbedarf für den einzelnen Versorgungsberechtigten ermittelt man dadurch, daß man für jeden Zeitpunkt nach dem (zufälligen) Eintritt eines Versorgungsfalles derart gewichtete Rentenzahlbeträge in der Höhe ansetzt, wie sie dann nach Wahrscheinlichkeit zur Auszahlung kommen. Hierzu sind Annahmen über die leistungsbestimmenden Parameter der Versorgungszusage (so u. a. die ruhegehaltfähigen Bezüge und ruhegehaltfähige Dienstzeit bei Beamten, die gesamtversorgungsfähige Zeit, anzurechnende gesetzliche Rente und zusatzversorgungspflichtiges Entgelt bei Arbeitnehmern) zu treffen und im Hinblick auf alle theoretisch möglichen Versorgungsfälle auszuwerten.

In Abbildung 3-3 und 3-4 sind die mittleren Versorgungsleistungen (jeweils in Fünfjahresabschnitten zusammengefaßt) für modellhafte Beispielsfälle eines Angestellten bzw. Beamten dargestellt.

Abbildung 3-3: Mittlere Versorgungsleistungen für einen Angestellten (Jahresbezüge 50.000 DM)

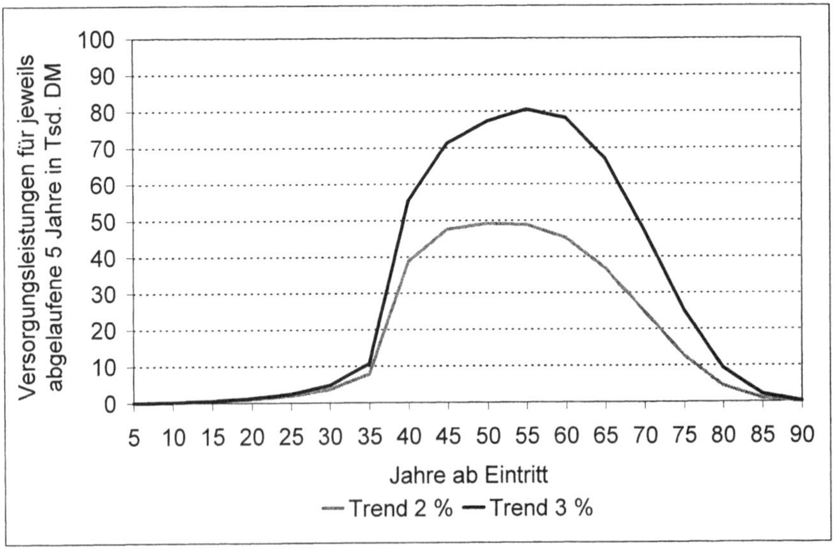

Abbildung 3-4: Mittlere Versorgungsleistungen für einen Beamten (Jahresbezüge 60.000 DM)

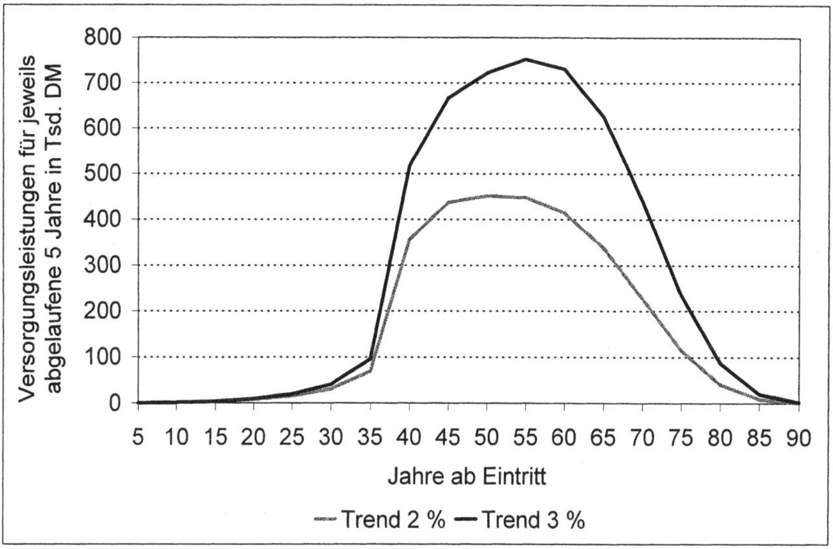

Die Zahlungsströme hängen ab von der biometrischen Entwicklung, d. h. von der in Abbildung 3-1 bzw. 3-2 beschriebenen Zahl und zeitlichen Verteilung der Versorgungsfälle; die zeitliche Struktur der Bestandsentwicklung ist deutlich erkennbar. Hinzu kommt hier jedoch außerdem eine Abhängigkeit von der Entwicklung der die Höhe der Versorgungszusage bestimmenden wirtschaftlichen Parameter, das sind die persönliche Einkommensentwicklung des Versorgungsberechtigten und die allgemeine Entwicklung der Entgelte, Besoldung und Versorgung nach Eintritt des Versorgungsfalles.

Die Auswirkungen der persönlichen Einkommensentwicklung und ihr Einfluß auf die Höhe der voraussichtlichen Versorgungsleistungen werden deutlich am Vergleich zweier Versicherter einer Zusatzversorgungskasse, die – bei übereinstimmender gesamtversorgungsfähiger Zeit – in den letzten drei Kalenderjahren vor Eintritt des Versicherungsfalles zwar identische zusatzversorgungspflichtige Entgelte aufweisen, deren Entgeltverläufe in der davor liegenden Versicherungszeit jedoch einen deutlich unterschiedlichen Verlauf genommen haben. Die Gesamtversorgung stimmt für beide Versicherte überein. Der Versicherte mit dem niedrigeren Entgeltverlauf erhält aufgrund seines niedrigeren Lebenseinkommens jedoch eine niedrigere gesetzliche Rente und damit eine entsprechend höhere Versorgungsrente aus der Zusatzversorgungskasse. Dieser höheren Leistung standen vorher indes niedrigere Umlageeinnahmen aufgrund der niedrigeren zusatzversorgungspflichtigen Entgelte gegenüber.

Die Einflüsse der allgemeinen Entgeltentwicklung werden erkennbar in den unterschiedlichen Kurvenverläufen, bei denen die langfristige Dynamik der Entgelte mit Sätzen von (hier beispielhaft) 2 % bzw. 3 % unterstellt ist. Die Unterschiede sind schon bei einem Dynamikunterschied von 1 % beträchtlich: 40 bis 45 Jahre nach Eintritt sind die Versorgungsleistungen bei einer jährlichen Erhöhungsrate von 3 % um rund 50 % höher als bei einer Erhöhungsrate von 2 % p. a..

3.1.2 Verlauf im Bestand

Im Kollektiv treten zu den biometrischen und wirtschaftlichen Einflußfaktoren noch weitere bestandsspezifische Einflußfaktoren hinzu. Der Bestand an Versorgungsberechtigten und -empfängern hat anfänglich eine bestimmte alters- und geschlechtsmäßige Zusammensetzung. Diese ändert sich im Laufe der Zeit und wird durch den Neuzugang und seine Entwicklung weiter verändert.

Die strukturelle Entwicklung eines Bestandes läßt sich darstellen durch die Beschreibung und Gegenüberstellung der Teilbestände der aktiven Versicherten, der beitragsfrei Versicherten und der Leistungsempfänger. Aus einem kontinuierlichen jährlichen Zugang von Versicherten ergibt sich nach einigen Jahrzehnten unter bestimmten Voraussetzungen ein stabiler Bestand. Man spricht vom (demographischen) Beharrungszustand.

Die Abbildungen 3-5 und 3-6 beschreiben die Annäherung eines Bestandes an den Beharrungszustand (= 100) bei einem gleichmäßigen jährlichen Neuzugang ohne bzw. mit Berücksichtigung einer Fluktuation. Naturgemäß ist der Beharrungszustand im Bestand der Aktiven und Beitragsfreien dann erreicht, wenn die erste Zugangsgeneration das Pensionierungsalter erreicht hat (hier nach etwa 40 Jahren). Erst erheblich, das heißt weitere rund vier Jahrzehnte später, erreicht auch der Bestand der Rentenempfänger sein endgültiges Niveau.

Abbildung 3-5: Annäherung an den Beharrungszustand, konstanter Zugang – ohne Fluktuation

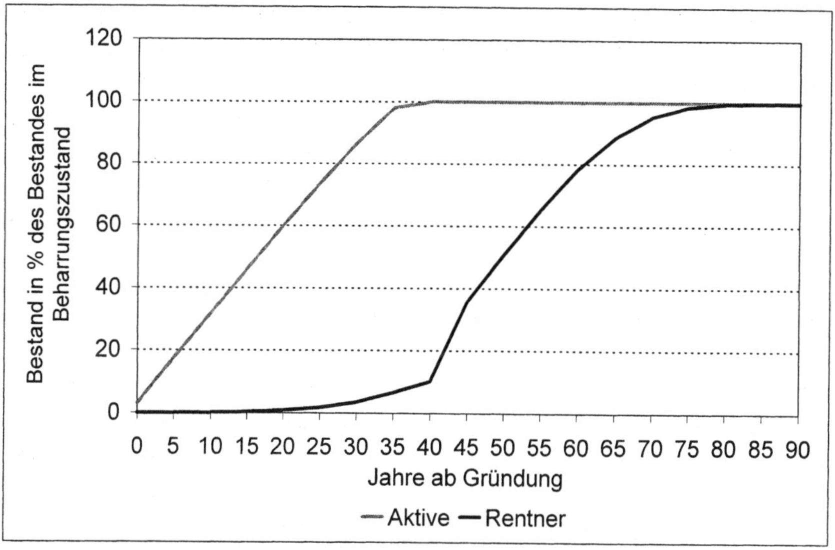

Abbildung 3-6: Annäherung an den Beharrungszustand, konstanter Zugang – mit Fluktuation

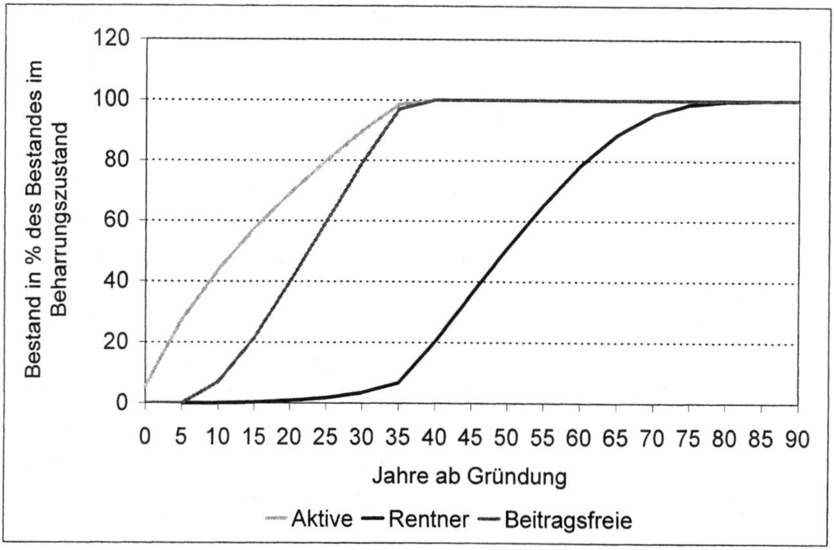

Entsprechende Wirkungen stellen sich ein, wenn in einem bestehenden System eine systematische Veränderung des Neuzuganges eintritt. Die Dauer der Auswirkung einer Veränderung des Neuzugangs entspricht der Verweildauer des Neuzuganges im Bestand und beträgt daher fast neun Jahrzehnte. Die Abbildungen 3-7 bis 3-10 veranschaulichen, wie sich eine sukzessive Bestandsausweitung bzw. -reduktion durch eine Erhöhung/Verringerung des Neuzugangs zunächst auf die Bestände der Aktiven, der Beitragsfreien und auf die Rentnerbestände auswirkt. Zur Verdeutlichung der Auswirkungen wurde dabei angenommen, daß es zunächst zu deutlichen Zugangsveränderungen (hier von ± 50 %) und damit nach ca. 35 Jahren auch zu entsprechenden Beständsveränderungen kommt (vgl. Abbildungen 3-7 bis 3-10).

Wie ersichtlich, wirken sich Änderungen beim Neuzugang zunächst auf den Bestand der aktiven Versicherten und – nach Ablauf der Bedingung für die Aufrechterhaltung von Anwartschaften bei vorzeitigem Austritt – auf den Bestand der beitragsfrei Versicherten aus. Nach Ablauf der Wartezeit für Leistungen wirkt sich ein veränderter Neuzugang sukzessive auch auf den Bestand der Leistungsempfänger aus, wobei diese Änderungen sich erst dann voll auszuprägen beginnen, wenn der erste reduzierte Neuzugangsjahrgang die Altersgrenze erreicht.

Während in den Abbildungen 3-7/3-9 und 3-8/3-10 die sukzessive Ausweitung bzw. der Rückgang des Bestandes durch Erhöhung bzw. Reduktion der jährlichen Neuzugänge beschrieben wurde, zeigen die Abbildungen 3-11 und 3-12 die Konsequenzen eines einmaligen, d. h. plötzlichen Wegfalls der Hälfte des gesamten Aktivenbestandes. Hier hat naturgemäß der Aktivenbestand unmittelbar nach dem hälftigen Bestandswegfall seinen neuen Beharrungszustand auf halbiertem Niveau erreicht, während die Bestände der Rentenempfänger und der Beitragsfreien erst nach mehr als vier Jahrzehnten das niedrigere Niveau erreichen (vgl. Abbildungen 3-11 und 3-12, S. 89).

Diese Fälle sind an sich atypisch, verdeutlichen jedoch die Situation, die sich beispielsweise im Fall einer Aufteilung oder Trennung von Beständen (etwa bei Ausgliederungen oder Privatisierungen) ergeben können. Die auf der Zahl der Aktiven fußende Basis für Beitragszahlungen hat sich deutlich vermindert, die die Höhe der Versorgungszahlungen bestimmende Zahl der Rentner nimmt jedoch nur langsam ab.

Abbildung 3-7: Bestandsausweitung durch erhöhten Zugang um 50 % – ohne Fluktuation

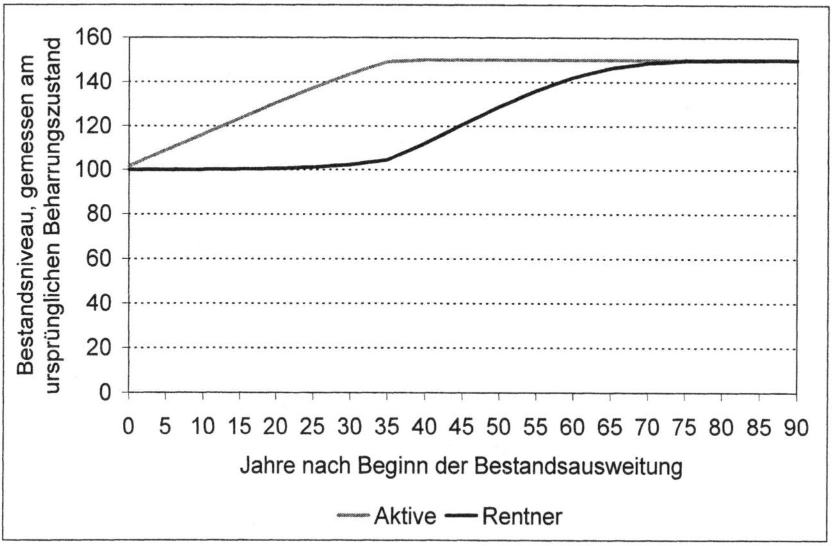

Abbildung 3-8: Bestandsabbau durch Zugangsreduktion um 50 % – ohne Fluktuation

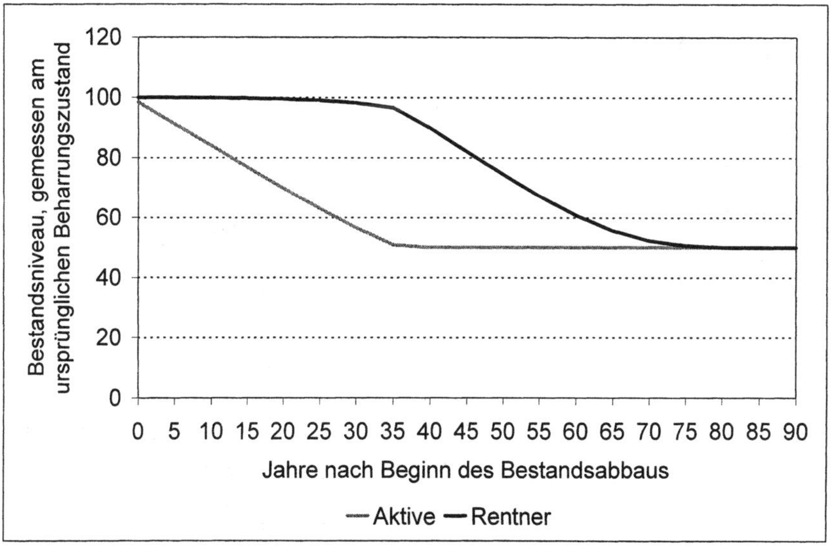

Abbildung 3-9: Bestandsausweitung durch erhöhten Zugang um 50 % – mit Fluktuation

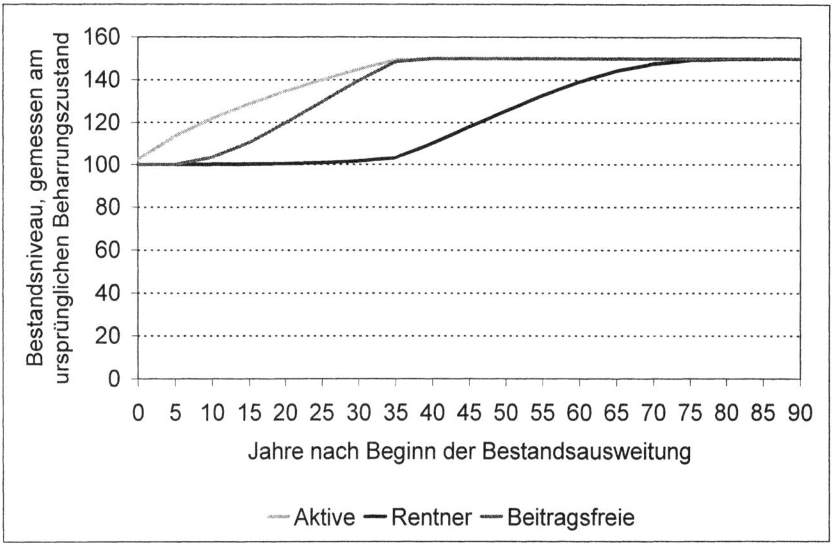

Abbildung 3-10: Bestandsabbau durch Zugangsreduktion um 50 % – mit Fluktuation

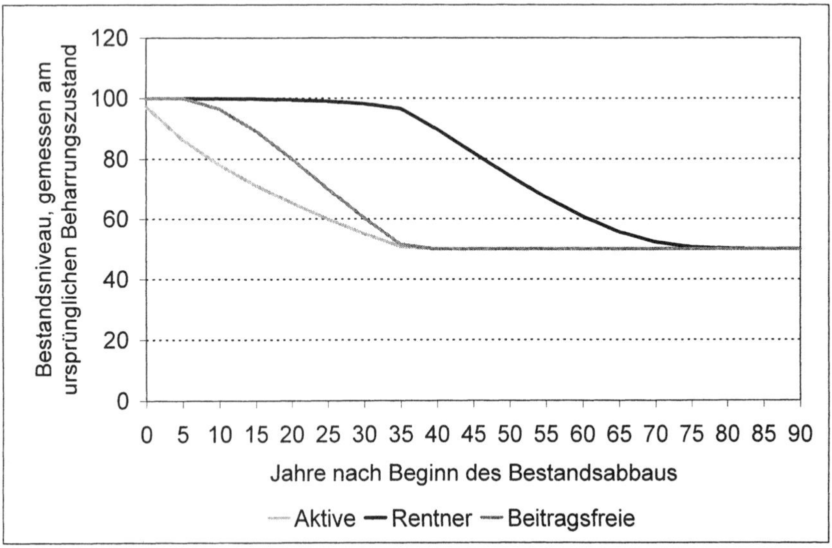

Abbildung 3-11: Wegfall von 50 % des Aktivenbestandes – ohne Fluktuation

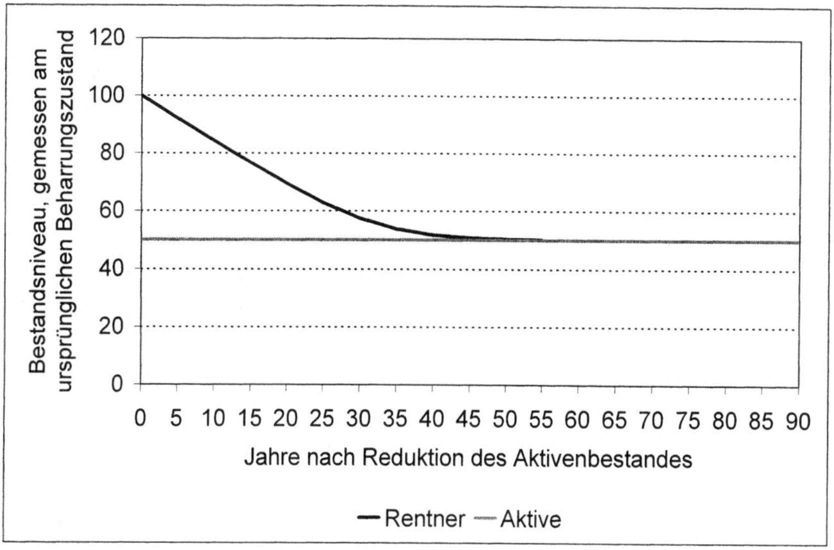

Abbildung 3-12: Wegfall von 50 % des Aktivenbestandes – mit Fluktuation

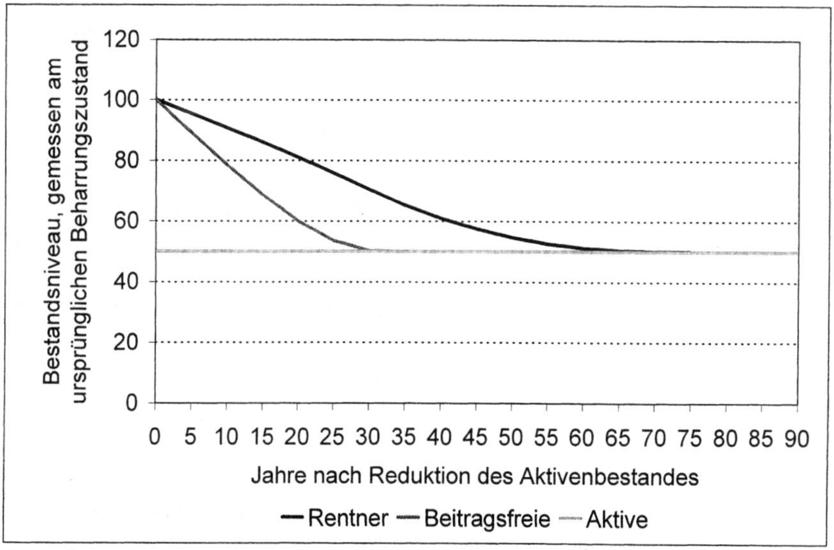

3.1.3 Verlauf bei mehreren Beständen

Wenn mehrere Bestände, d. h. Arbeitgeber, in einer Kasse zusammengeführt werden, so kann dies sehr unterschiedliche Auswirkungen für die Summe der Versorgungsleistungen und damit für den Mittelbedarf der Kasse haben. Entwickeln sich die Bestände in gleicher Weise und in dieselbe Richtung, kommt es zu Verläufen, wie sie in Kapitel 3.1.2 '*Verlauf im Bestand*' beschrieben werden. Kommt es hingegen zu unterschiedlichen Bestandsentwicklungen, so kann dies in der Summe tendenziell zu einem Ausgleich, allerdings auch zu einer Verstärkung der Bedarfsverminderungen oder -erhöhungen führen. Ersteres ist zum Beispiel der Fall, wenn zu einem alternden Bestand ein jüngerer Bestand mit wachsendem Neuzugang hinzukommt. Die letztgenannte Situation verstärkter Bedarfssteigerungen tritt insbesondere dann ein, wenn Jahrzehnte nach Gründung einer Kasse und zwischenzeitlichen Bestandszuwächsen der Neuzugang reduziert wird und noch relativ junge Bestände die Kasse verlassen.

Bei der Gründung der kommunalen und kirchlichen Versorgungseinrichtungen war es erklärtes Ziel, durch die Zusammenfassung von mehreren Beständen, d. h. Arbeitgebern, in einer Kasse einen gewissen Solidarausgleich zwischen den Mitgliedern herbeizuführen. Mit der Festsetzung eines für die Kasse einheitlichen, für alle Teilbestände gleichen (Umlage-)Beitrages sollte erreicht werden, daß sich für keinen der Teilbestände eine vom Durchschnittsverlauf abweichende Beitragsentwicklung nur deshalb einstellte, weil er sich im Zeitablauf anders als die Gesamtheit der Teilbestände in der Kasse veränderte. Im Ergebnis sollte es damit auch zu einem gewissen Ausgleich zwischen den Haushalten der Kassenmitglieder im Hinblick auf die bestandsbedingt unter Umständen unterschiedlichen Belastungen aus der Altersversorgung und zu einer über die Zeit wirkenden Verstetigung der Ausgaben kommen.

Diese Zielvorstellungen bei Kassengründung waren insbesondere insofern gerechtfertigt, als man von einem einheitlichen Leistungssystem für alle Bestände und von zumindest ähnlichen Bestandsstrukturen und -entwicklungen ausgehen konnte. Soweit jedoch die letztgenannten Voraussetzungen nicht mehr gegeben und weitere Verschiebungen zu erwarten sind, können die Kassen die genannten Ausgleichsfunktionen mit einem einheitlichen Umlagebeitrag allein nicht mehr erfüllen. Dies gilt insbesondere und verstärkt dann, wenn die Umlage im wesentlichen nur mit Bezug auf die jeweils zu zahlenden Versorgungsleistungen festgelegt wird und kein Kapitalstock aufgebaut wurde. Anderenfalls besteht die Möglichkeit, durch Beitragsdifferenzierung und/oder auch durch Auf- oder Abbau eines Kapitalstocks auf die unterschiedlichen Bestandsentwicklungen zu reagieren (vgl. hierzu insbesondere Kap. 2.1.2.2 '*Finanzierungstechnik der Zusatzversorgung*' und Kap. 3.3 '*Änderung von Finanzierungsverfahren*').

3.2 Finanzierungsverfahren als Umverteilungsmaßnahme

Für einen Bestand an Versorgungsberechtigten oder eine Versorgungskasse ergibt sich der Mittelbedarf, d. h. die Höhe aller Versorgungsleistungen im Zeitablauf, aus dem Bestand selbst und seiner zeitlichen Entwicklung, aus dem bestehenden Versorgungssystem und aus der wirtschaftlichen Entwicklung. Dieser Mittelbedarf muß finanziert werden; zur Erfüllung der Versorgungsverpflichtungen werden zum richtigen Zeitpunkt Mittel in ausreichender Höhe benötigt.

Da der einzelne Versorgungsberechtigte sinnvollerweise nicht gleichzeitig Mittel bereitstellen und Versorgungsleistungen in Empfang nehmen sollte, sind mit jedem Versorgungssystem grundsätzlich Umverteilungen von Mitteln verbunden. Diese Umverteilung kann eine rein zeitliche und/ oder eine interpersonelle und/oder eine bestandsmäßige Umverteilung sein (vgl. zu den Grundlagen Kap. 3.1 '*Mittelbedarf zur Erfüllung einer Versorgungszusage*').

Zeitliche Umverteilung liegt dann vor, wenn die Mittel zur späteren Erfüllung der Versorgungsverpflichtung bereits vor Fälligkeit der Leistungen bereitgestellt werden. Zeitliche Umverteilung läßt sich als Sparprozeß charakterisieren und ist zwingend mit Kapitalbildung verbunden.

Interpersonelle Umverteilung liegt vor, wenn die von oder für eine Person bereitgestellten Mittel ganz oder teilweise für die Erfüllung von Versorgungsverpflichtungen gegenüber anderen Personen verwendet werden. Beispiele für interpersonelle Umverteilungen sind der versicherungstechnische Risikoausgleich in der Lebensversicherung und der intergenerative Umverteilungsprozeß im Finanzierungsverfahren der gesetzlichen Rentenversicherung.

Zu einer interbestandsmäßigen Umverteilung kann es immer dann kommen, wenn mehrere Bestände in einer Kasse zusammengefaßt sind und der gesamte Mittelbedarf nach einem Schlüssel auf die Bestände umgelegt wird, der nicht dem Verhältnis der in den einzelnen Beständen anfallenden Versorgungsleistungen entspricht.

Die in den Versorgungseinrichtungen des öffentlichen Dienstes praktizierten Finanzierungsverfahren enthalten die genannten Umverteilungseffekte in mehr oder weniger ausgeprägter Form. Deren Auswirkungen im einzelnen und im Zusammenspiel charakterisieren ein bestehendes Finanzierungssystem und erlauben es, das Finanzierungssystem auf seine Eignung für die jeweilige Kasse hin zu überprüfen und es gegebenenfalls zu ändern.

3.2.1 Umverteilung über die Zeit

Soweit Mittel zur Erfüllung der Versorgungsverpflichtungen bereits vor deren Fälligkeit bereitgestellt werden, erfolgt eine Umverteilung über die Zeit. Angesichts der erheblichen Zeiträume vom Eintritt in eine Kasse bis zur Fälligkeit der letzten Rate der Versorgungsleistungen kommt bei der Umverteilung über die Zeit der Nutzung des Kapitals, das sich als Folge des Sparvorganges ergibt, wirtschaftlich eine ganz entscheidende Rolle zu. Die Abbildung 3-13 veranschaulicht, welche Entwicklung ein bereitgestellter Betrag während der Dauer einer Versorgungsverpflichtung in Abhängigkeit vom Zinsertrag nimmt.

Der unterstellte bzw. anfallende (reale) Zinsertrag auf das jeweils angesammelte Versorgungskapital ist eine entscheidende Größe für die Frage, inwieweit es bei der Versorgungslast eines Bestandes zu Umverteilungswirkungen über die Zeit kommt.

Umgekehrt kann man für einen bestimmten unterstellten Zinsertrag erreichen, daß die Ausgaben für einen bestimmten Zeitraum insgesamt zwar den erforderlichen Mittelbedarf decken, während dieser Zeit jedoch einen völlig unterschiedlichen Verlauf nehmen. Abbildung 3-14 zeigt typisierend verschiedene derartige Umverteilungsmaßnahmen, als deren Folge die Ausgaben – abweichend vom natürlichen, bestandsbedingten Verlauf – konstant, degressiv oder gleichmäßig progressiv verlaufen.

Abbildung 3-13: Wirkung der Verzinsung im Zeitablauf

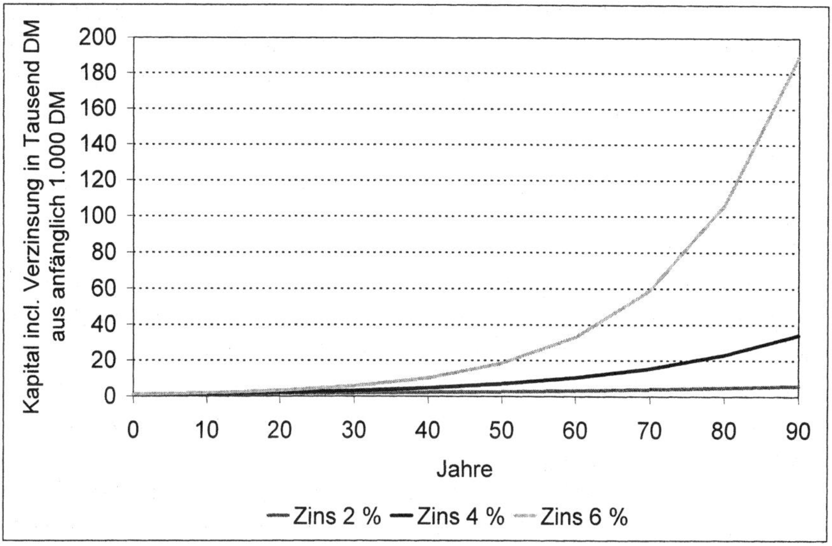

Abbildung 3-14: Ausgaben-Verläufe mit verschiedenen Verteilungen der Ausgaben (bei einer Verzinsung von 6 %)

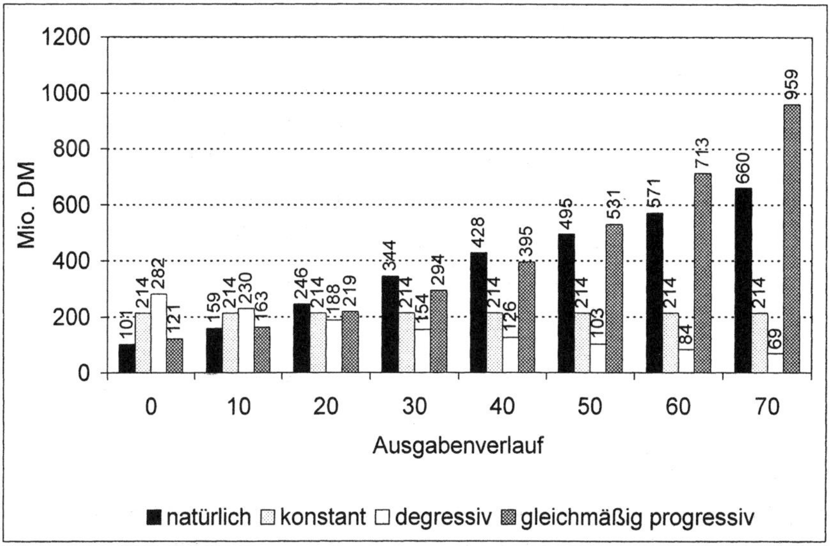

Abbildung 3-14 verdeutlicht, welche höchst unterschiedlichen Ausgabenverläufe aus der Sicht des Jahres 0 unter Annahme eines bestimmten Zinssatzes (hier 6 %) gleichwertig sind. So könnte der natürliche Verlauf mit Werten von anfangs 101 Mio. DM bis 660 Mio. DM nach 70 Jahren beispielsweise wertneutral ersetzt werden durch einen im Beobachtungszeitraum absolut konstanten Verlauf (214 Mio. DM) oder durch einen relativ konstanten, d. h. gleichmäßig progressiven Verlauf oder gar durch einen degressiven Verlauf.

Im allgemeinen dürfte in einem relativ zur Gehaltsentwicklung konstanten Verlauf ein sachgerechter Ansatz gesehen werden, der dem jeweiligen Finanzierungshintergrund am ehesten gerecht wird. In der Abbildung 3-14 bewirkt ein solcher gleichmäßig progressiver Verlauf im Vergleich zur natürlichen Entwicklung anfänglich höhere, dann einige Zeit niedrigere und gegen Ende des Beobachtungszeitraums wieder zunehmend höhere Zahlungen.

Ein von 6 % abweichender Zinssatz liefert andere, zu der natürlichen Ausgabenentwicklung jedoch ebenfalls denkbare, wertgleiche Ausgabenverläufe. Die dem natürlichen Ausgabenverlauf wertgleiche, konstante Ausgabenbelastung ist um so höher, je niedriger der bei der Bewertung zugrunde gelegte Zins ist, wie die folgende Tabelle 3-1 zeigt.

Tabelle 3-1

Zinssatz	**konstante Belastung über 70 Jahre (Beispiel lt. Abb. 3.14) in % der Ausgaben des Jahres 0**
0 %	427
2 %	336
4 %	263
6 %	214
8 %	184

Aus der Tabelle wird insbesondere deutlich, welch erheblichen Einfluß die Höhe des Zinssatzes auf den Mittelbedarf zur Finanzierung von Versorgungsverpflichtungen hat. Bei vollständiger Kapitalabbildung, d. h.

unter der Voraussetzung, daß jede Generation von Versicherten für die durch sie selbst verursachten Leistungen durch Ansammlung von Mitteln mit laufendem, z. B. relativ zu den Aktivenbezügen konstanten Beiträgen einsteht, bewirkt ein um jeweils einen Prozentpunkt erhöhter Zinsertrag ein um etwa 30 % niedrigeres Beitragsniveau.

3.2.2 Interpersonelle Umverteilung

Ein klassisches Beispiel für die Umverteilung im Kollektiv ist der versicherungstechnische Risikoausgleich. Der Beitrag für den einzelnen deckt den Erwartungswert des individuellen Versicherungsrisikos. In einem hinreichend großen Bestand gleichen sich positive und negative Abweichungen vom Erwartungswert aus; ein Teil des Beitrages derjenigen Versicherten, deren Risiko günstiger als erwartet verläuft, wird zur Deckung der Auswirkungen eines ungünstigeren Verlaufs bei anderen Versicherten des Kollektivs verwendet.

Eine weitergehende interpersonelle Umverteilung ergibt sich dann, wenn über den versicherungstechnischen Ausgleich hinaus Unterschiede zum individuell erforderlichen Beitrag gemacht und im Kollektiv ausgeglichen werden. Beispiele hierfür sind Durchschnittsbeiträge, die unabhängig vom Eintrittsalter oder Geschlecht von den Versicherten erhoben werden, oder Beiträge, die trotz unterschiedlicher individueller Leistungshöhe nach einheitlichen Grundsätzen von allen Versicherten erhoben werden.

Noch einen Schritt weiter geht die interpersonelle Umverteilung, wenn die Umverteilung über Generationen hinweg vorgenommen wird. Die von den Beitragszahlern aufgebrachten Beiträge werden zur Erfüllung der Versorgungsverpflichtungen anderer Versichertengenerationen verwendet, beispielsweise für die zur selben Zeit vorhandenen Leistungsempfänger oder für die durch neue Versorgungsfälle eines Jahres ausgelöste Gesamtbelastung oder in irgendeiner anderen Art und Weise.

Zu beachten ist, daß in den meisten Fällen eine interpersonelle Umverteilung in Verbindung zu zeitlichen Umverteilungsmaßnahmen und -wirkungen steht bzw. gar nicht von ihnen zu trennen ist. Dies gilt ebenso für die im folgenden Kapitel kurz behandelte Umverteilung zwischen verschiedenen Beständen innerhalb einer Versorgungseinrichtung.

3.2.3 Umverteilung zwischen Beständen

Sofern innerhalb eines Gesamtkollektivs Teilbestände zu unterscheiden sind, kann die in Kapitel 3.2.2 beschriebene interpersonelle Umverteilung jeweils auf diese einzelnen Teilbestände begrenzt werden oder über Teilbestände hinweg erfolgen oder zumindest zugelassen werden.

Die jeweils festgelegte Abstufung der Umverteilung innerhalb des Finanzierungsverfahrens bestimmt letztlich, in welchem Umfang ein Teilbestand zur Finanzierung der durch ihn bewirkten Ausgabenbelastungen herangezogen wird, oder ob es (temporär oder dauerhaft) zu Umverteilungswirkungen über Teilbestände hinweg kommt.

Hinsichtlich der Umverteilungswirkungen über Teilbestände hinweg ist zu unterscheiden in solche, die sich im Zeitablauf ausgleichen, und solche, bei denen ein derartiger Ausgleich nicht zu erwarten ist, weil die Umverteilungswirkung systematisch einseitig verläuft. Ein Ausgleich im Zeitablauf ist insbesondere bei zufallsabhängigen Sachverhalten, wie z. B. im Rahmen biometrischer Einflüsse (Häufigkeit von vorzeitigen Todes- und Invaliditätsfällen oder Lebenserwartung der Rentenempfänger) zu erwarten. Systematisch einseitige Umverteilungswirkungen können einerseits vorübergehend und andererseits dauerhaft sein. Erstere stellen sich beispielsweise in der Anfangsphase der Zugehörigkeit zu einem Versorgungssystem oder in der Folge von Umstrukturierungen eines Mitgliedsbestandes ein, letztere können die Folge eines systematisch vom Durchschnitt abweichenden wirtschaftlichen oder versicherungstechnischen Risikos eines Teilbestandes sein, beispielsweise durch unterschiedliche Struktur des Neuzuganges und durch unterschiedliches Fluktuationsverhalten in einem Bestand.

Aus versicherungstechnischer Sicht „verträgt“ ein Finanzierungsverfahren Umverteilungswirkungen über Teilbestände hinweg auf Dauer um so eher, je ausgewogener die wirtschaftliche Belastung der einzelnen Teilbestände durch das Verfahren im Zeitablauf erscheint.

3.2.4 Aufbringung der Mittel – Zuordnung auf Beitragszahler

Gesteuert wird die zeitliche und interpersonelle Umverteilung durch die Festlegung des Verfahrens, nach dem der jeweilige Mittelbedarf durch die Gesamtheit der Beitragszahler finanziert wird. Dabei kann jeder einzelne Beitragszahler gleichgewichtig oder proportional zu seinem Einkommen zur Mittelaufbringung herangezogen werden. Auch Differenzierungen der Beiträge nach Alter, Geschlecht, Eintrittsalter oder anderen Merkmalen sind – zumindest theoretisch – möglich.

In Versorgungssystemen, in denen die Beiträge nicht von den einzelnen Versicherten sondern von einem Dritten, z. B. dem Arbeitgeber aufgebracht werden, kann die Finanzierung nach Arbeitgebern differenzierend oder einheitlich über mehrere Teilbestände hinweg erfolgen. Insbesondere bei freiwilligen Mitgliedschaften ist jedoch die Umverteilung über Teilbestände hinweg aus versicherungstechnischen Gründen problematisch, wenn sich dabei bezogen auf die Teilbestände unterschiedliche Belastungen einstellen. In diesen Fällen besteht die Gefahr, daß sich diejenigen, die durch eine derartige Umverteilung belastet werden, dem System möglicherweise entziehen könnten. Diesem Aspekt kann u. a. dadurch Rechnung getragen werden, daß für die einzelnen Teilbestände zusätzlich besondere Mindest- oder Höchstanteile am gesamten Finanzierungsbedarf festgelegt werden.

Alle interpersonellen und bestandsmäßigen Umverteilungsverfahren stehen unter der aus versicherungstechnischer Sicht notwendigen Bedingung, daß keine Bestandsselektion aufgrund des Umverteilungseffektes erfolgt oder erfolgen kann. Diese Voraussetzung kann hilfsweise dadurch erfüllt werden, daß man bei Störungen der Kontinuität im Mitgliedsbestand (z. B. durch Austritt von Mitgliedern) rechtzeitig durch Sanktionen sicherstellt, daß sich für den verbleibenden Bestand keine Nachteile ergeben und die Funktionsfähigkeit der Versorgungseinrichtung gewahrt bleibt. Gelingen solche Maßnahmen nicht, muß das Finanzierungsverfahren gegebenenfalls im Hinblick auf seine Umverteilungseffekte modifiziert werden.

Theoretisch gibt es für die Zuordnung des Mittelbedarfs auf die Beitragszahler innerhalb einer Versorgungseinrichtung eine unendliche Zahl von Möglichkeiten (vgl. Heubeck 1995, 403ff., mit weiteren Nachweisen und Schlußfolgerungen). Ein Blick auf die gebräuchlichsten Finanzierungsverfahren und den Grad ihrer Umverteilungswirkungen zeigt folgendes Bild:

Das reine **Ausgaben-Umlageverfahren** umfaßt in mehrfacher Hinsicht interpersonelle Umverteilungsverteilungswirkungen. Biometrische Risiken werden ebenso wie wirtschaftliche Risiken ausgeglichen; darüber hinaus findet eine vollständige intergenerative Umverteilung statt. Sparprozesse finden weder zwischen den Generationen noch innerhalb jeweils einer Generation statt, das heißt eine zeitliche Umverteilung ist dem Ausgaben-Umlageverfahren fremd.

Demgegenüber kennt das sogenannte **Rentenwert-Deckungsverfahren** auch eine zeitliche Umverteilung. Für die jeweils neue Rentnergeneration wird die gesamte Ausgabenbelastung in das Jahr des Rentenbeginnes vorgezogen. Die daraus folgende Kapitalbildung führt zu einem Vermögen in Höhe des Barwertes der Verpflichtungen gegenüber den Personen, für die der Versorgungsfall eingetreten ist. Die intergenerative Umverteilung ist im Vergleich zum Ausgaben-Umlageverfahren auf einen engeren Zeitraum begrenzt, die anschließenden Versorgungsleistungen werden aus dem gebildeten Kapital und seinen Zinserträgen finanziert.

Finanzierungsverfahren mit **vollständiger Kapitaldeckung** enthalten zwar eine zeitliche Umverteilung, kennen jedoch keine intergenerativen Umverteilungen. Interpersonelle Umverteilungswirkungen bestehen hier lediglich im versicherungstechnischen Risikoausgleich und bei kollektiven Finanzierungsverfahren z. B. auf der Basis von Durchschnittsbeiträgen.

Jedwede interpersonelle Umverteilung fehlt im übrigen bei einem reinen Sparprozeß wie dem "Vorsorgesparen", bei dem der Einzelne Mittel bereitstellt und zur späteren Verwendung ansammelt. Es findet nur eine individuelle zeitliche Umverteilung statt.

Bei der **Individualfinanzierung** etwa der privaten Lebensversicherung fehlt die intergenerative Umverteilung zunächst ebenfalls völlig. Lediglich der biometrische Risikoausgleich bewirkt eine gewisse interpersonelle Umverteilung. Inwieweit durch eine unternehmensspezifische Politik der Überschußverwendung auch in der privaten Lebensversicherung intergenerative Umverteilungswirkungen erzielt werden können, kann hier offen bleiben. Festzuhalten ist jedoch, daß man im Rahmen von Lebensversicherungsverträgen, in bezug auf Umverteilungsmöglichkeiten, deutlich stärker eingeschränkt ist als bei den oben genannten Umlageverfahren oder insbesondere bei Verfahren mit partieller Kapitaldeckung.

Bei dem von den Zusatzversorgungskassen angewandten **Abschnittsdeckungsverfahren** kann es – je nach Ausgestaltung – zu allen Arten und Umfängen von Umverteilungen kommen. Im einzelnen hängt dies davon ab, wie die relevanten Parameter des Verfahrens (Umlagesatz, Länge des Deckungsabschnitts, Deckungsgrad am Abschnittsende, usw.) satzungsgemäß festgelegt sind und bei der Umlagefestsetzung umgesetzt werden. Wird der Umlagesatz beispielsweise am Mindestbedarf für den Deckungsabschnitt orientiert, so hat das Abschnittsdekkungsverfahren ähnliche Umverteilungswirkungen wie das Ausgaben-Umlageverfahren. Wird der Umlagesatz jedoch eher mit Blick auf die im späteren Verlauf erwarteten Mehr- oder Minderbelastungen vorsorglich höher bzw. niedriger festgesetzt, so entsprechen die Folgen eher denjenigen eines kollektiv kapitalgedeckten Systems. Die Satzungen der Zusatzversorgungskassen setzen Mindestnormen durch die Bezugnahme auf den im Deckungsabschnitt erforderlichen Umlagesatz, lassen also eine darüber hinausgehende Festsetzung des Umlagesatzes und damit eine stärkere Kapitalbildung durchaus zu.

Eine Umverteilung zwischen den Beständen wäre grundsätzlich bei allen beschriebenen Verfahren denkbar. Doch gelingt sie in der Regel schlechter, je mehr individuelle oder zumindest zurechenbare Kapitaldeckung das Verfahren enthält. Umgekehrt setzt eine bestandsmäßige Umverteilung voraus, daß auch personelle und zeitliche Umverteilungen möglich sind. Das Abschnittsdeckungsverfahren bietet hierzu im Vergleich zu den anderen genannten Verfahren die günstigsten Voraussetzungen.

Der Vollständigkeit halber zu erwähnen ist noch das bei den berufsständischen Versorgungswerken in der Regel angewandte sogenannte **offene Deckungsplanverfahren**. Als ein kollektives Verfahren mit unvollständiger Kapitaldeckung macht es die Festsetzung und Entwicklung der Leistungen von der Entwicklung der Beiträge und der Kapitalerträge abhängig, ist also nicht direkt vergleichbar mit den genannten Verfahren.

3.2.5 "Anlauf"- und "Einbrucheffekte" in Finanzierungsverfahren mit intergenerativer Umverteilung

Im sogenannten relativen Beharrungszustand (vgl. Thullen 1982, 43ff.) – und nur in diesem – führen intergenerative Umverteilungen zu einer relativen Gleichbelastung aufeinanderfolgender Generationen, da die Bestände der Beitragszahler und Leistungsempfänger in diesem theoreschen Modellzustand in einem dauerhaft stabilen Verhältnis zueinander stehen. Die Verhältnisse und Größenordnungen im Beharrungszustand können unter bestimmten Voraussetzungen als Grenzwerte für die Entwicklung eines Versorgungssystems angesehen werden, die sich bei langfristig konstantem Zugangsverhalten und einheitlichen wirtschaftlichen Rahmendaten einstellen.

Die Abbildungen 3-15 und 3-16 beschreiben die Entwicklung eines Zusatzversorgungssystems von der Gründung bis zum Beharrungszustand. In Abbildung 3-15 ist ein kontinuierlicher jährlicher Zugang ab Gründungsdatum unterstellt, in Abbildung 3-16 ist ein im Gründungszeitpunkt bereits vollständiger Aktivenbestand berücksichtigt. Wenn darüber hinaus bereits bei Gründung laufende Rentenverpflichtungen übernommen worden sind, verkürzt sich die Zeit bis zum Eintritt des Beharrungszustandes weiter. Bei einer "vollständigen" alten Last, wäre die endgültige Ausgabenbelastung relativ zu den Entgelten sofort bei Gründung erreicht.

Abbildung 3-15: Ausgaben-Umlage bei konstantem Zugang ohne Anfangsbestand

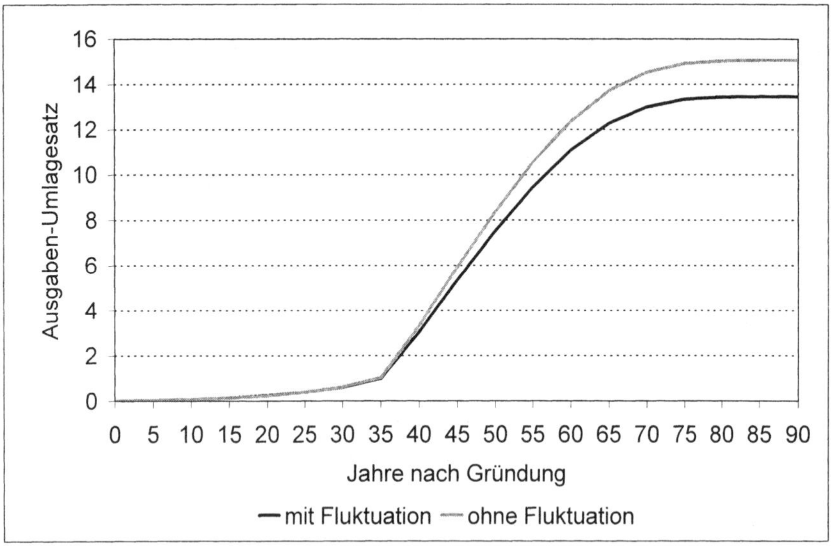

Abbildung 3-16: Ausgaben-Umlage bei konstantem Zugang mit Anfangs-Aktivenbestand

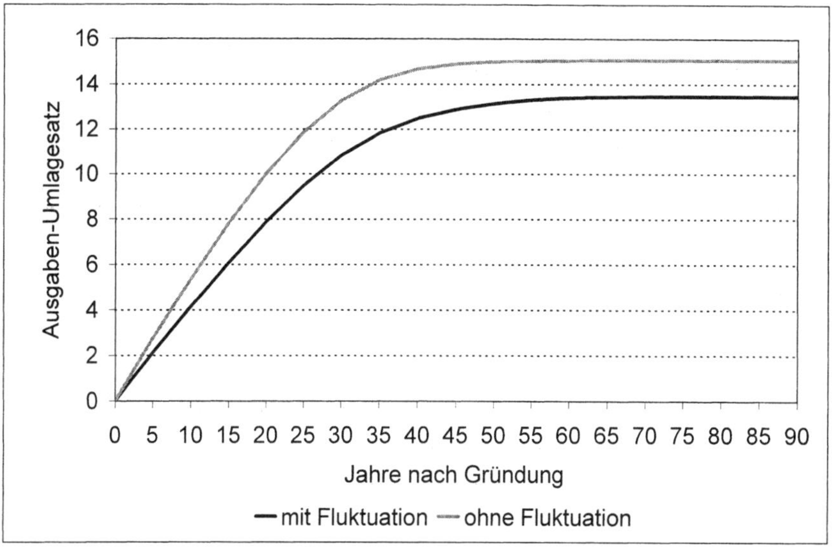

Befindet sich das Versorgungssystem nicht im Beharrungszustand (was in der Regel der Fall ist), führen intergenerative Umverteilungen dementsprechend zu Be- oder Entlastungen einzelner Generationen. Fehlt beispielsweise am Beginn eines Versorgungssystems ganz oder teilweise eine "alte Last", so profitieren davon die Beitragszahler der ersten Generationen dieses Versorgungssystems. Umgekehrt führt ein Bestandsabbau im Bestand der Beitragszahler zu einer Zusatzbelastung der nachfolgenden Beitragszahlergenerationen solange, bis sich der Bestandsabbau in entsprechend reduzierten Beständen der Leistungsempfänger ausdrückt.

Für das Ausgaben-Umlageverfahren beschreiben die Abbildungen 3-17 und 3-18 die relative Ausgaben-Belastung in der Folge einer allmählichen bzw. einmaligen Bestandsreduktion. Wegen der Verringerung des Aktivenbestandes kommt es in diesen Fällen zunächst zu einer langsamen bzw. sofortigen Erhöhung der relativen Belastung durch Ausgaben bis zu dem Zeitpunkt, zu dem auch die Ausgabenseite das niedrigere neue Niveau erreicht hat.

Abbildung 3-17: Ausgaben-Umlage bei Reduktion des Zugangs um 50 %

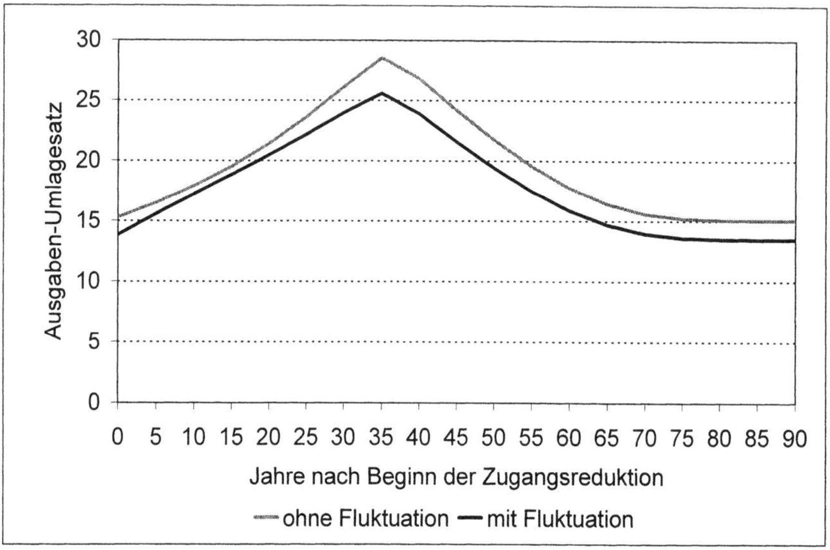

Abbildung 3-18: Ausgaben-Umlage nach Wegfall von 50 % des Aktivenbestandes

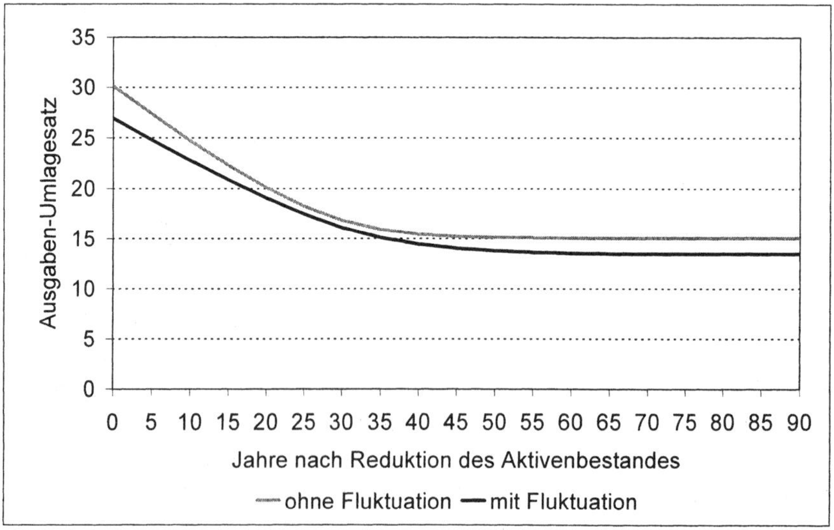

Ähnlich, wenn auch weniger deutlich sind die Auswirkungen von Bestandsreduktionen in Verfahren mit schwächeren Umverteilungselementen.

3.2.6 Kriterien für die Wahl und Ausgestaltung eines Finanzierungsverfahrens

Zur Einrichtung eines Versorgungssystems gehört nicht nur die Definition des Leistungskatalogs, sondern auch die Wahl des Finanzierungssystems. Abhängig von den bestandsmäßigen, den rechtlichen und den wirtschaftlichen Rahmenbedingungen und in Übereinstimmung mit sonstigen Zielvorgaben (etwa zu Umverteilungswirkungen) ist das Finanzierungsverfahren zu wählen, das auf Dauer, also über viele Jahrzehnte hinweg (vgl. Kapitel 3.1 '*Mittelbedarf zur Erfüllung einer Versorgungszusage*') die Erfüllbarkeit der vorgesehenen Leistungen garantiert. Diese Vorgabe führt zu der Forderung nach einer Äquivalenz von Beiträgen und Leistungen, die jedoch nicht für jeden einzelnen und in jedem Jahr gegeben sein muß, sondern – je nach System – auch personen- oder zeitübergreifend definiert werden kann.

Zu jedem Versorgungssystem und der ihm entsprechenden Ausgestaltung des Äquivalenzprinzips (die Gesamtausgaben können nicht größer sein als die Gesamteinnahmen) gibt es ein "richtiges" Finanzierungsverfahren, dessen sachgerechte Anwendung erst die Funktionsfähigkeit des jeweiligen Versorgungssystems garantiert. Entscheidungen über die Finanzierung eines Versorgungssystems bedürfen daher einer versicherungsmathematischen Fundierung, d. h. der Definition des im Rahmen der Zielvorgaben geeigneten Finanzierungsverfahrens sowie der Beschreibung seiner Eigenschaften und Risiken. Nach Einführung des Finanzierungsverfahrens sind regelmäßige Kontrollen des Verlaufs und rechtzeitige Hinweise auf Korrekturbedarf unerläßlich.

Zu prüfen wäre, inwieweit die beschriebenen versicherungsmathematischen Fragestellungen und Notwendigkeiten – gegebenenfalls über die derzeit bestehende satzungsmäßigen Regelungen hinaus – sinnvollerweise deutlicher kodifiziert oder auch institutionalisiert werden sollten.

Eingriffe in ein Versorgungssystem auf der Leistungsseite haben immer auch Auswirkungen auf die Finanzierungsseite und sind daher ausgehend von dem bestehenden Finanzierungssystem unter Beachtung seiner langfristigen Ausrichtung zu beurteilen und umzusetzen.

Eine der Grundfunktionen der Finanzierungsverfahren für Versorgungssysteme ist der Ausgleich biometrischer Risiken. Dieses Element der interpersonellen Umverteilung ist für ein Finanzierungsverfahren daher unabdingbar. Es erfordert ein so großes Kollektiv von versicherten Personen, daß nach den Gesetzen der Statistik der Ausgleich dieser Risiken mit hinreichender Sicherheit erwartet werden kann.

Weitergehende interpersonelle (noch nicht intergenerative) Umverteilungsmechanismen, etwa durch Erhebung von Durchschnittsbeiträgen, setzen einen Konsens der von der Beitragszahlung Betroffenen voraus. Dieser Aspekt tritt in den Hintergrund, wenn der Beitrag für den Einzelnen eher eine rechnerische Größe ist, die wirtschaftlich durch das Mitglied für das gesamte Kollektiv getragen wird. Durch Zusammenfassung zahlreicher Mitglieder wird eine Glättung der schwankenden Belastungen aufgrund jeweils vorübergehender und einzelne Bestände in unterschiedlicher Intensität treffender struktureller Änderungen bewirkt. Die Zusammenfassung von verschiedenen Mitgliedern mit vorübergehend zunehmenden bzw. abnehmenden Beständen führt im Idealfall zu einem Ausgleich der in Kapitel 3.2.5 beschriebenen parallel auftretenden Anlauf- bzw. Einbrucheffekte. Hierin liegt letztlich der Sinn und Zweck der in den Zusatzversorgungskassen realisierten Solidargemeinschaften der Mitglieder. Dieser strukturelle Ausgleich gelingt – wie ausgeführt – um so besser, je verschiedenartiger die einzelnen Mitglieder und die Entwicklung ihrer jeweiligen Bestände sind.

Eine intergenerative Umverteilung setzt zwingend eine Garantie künftiger Beitragseinnahmen voraus. Finanzierungsverfahren mit intergenerativer Umverteilung kommen daher nur in Betracht, wenn und soweit ein dauerhafter Zugang an hinreichend belastbaren Beitragszahlern besteht und eine notwendige Beitragszahlung letztlich erzwungen werden kann.

Soweit zwar auf Dauer mit Beitragszahlern gerechnet werden kann, aber die Höhe der Belastbarkeit begrenzt ist, sind die Voraussetzungen für eine Finanzierung mit intergenerativer Umverteilung nur unvollständig erfüllt. In diesem Falle ist für den Teil der Versorgungsleistungen, die zu einer Überbelastung der künftigen Beitragszahler führen würden, ein intergenerativer Umverteilungsprozeß zu vermeiden.

Abhängig davon, ob die versicherungstechnischen Voraussetzungen für interpersonelle, insbesondere intergenerative Umverteilungen erfüllt sind oder nicht, ergeben sich Mindestanforderungen für die notwendige zeitliche Umverteilung und damit für den Zeitpunkt und den Umfang von Kapitalbildung in einem Finanzierungssystem. Fehlt jedwede Möglichkeit interpersonellen Ausgleichs, bleibt das Individuum auf einen entsprechenden Sparvorgang verwiesen. Fehlt die Voraussetzung für den intergenerativen Ausgleich gänzlich, sind vollständig kapitalgedeckte Finanzierungssysteme zwingend. Im übrigen bleiben Spielräume für Zwischenlösungen, die sogenannten gemischten Systeme.

Die intergenerative Umverteilung macht die Einbeziehung einer "alten Last", d. h. einer dem versicherten Kollektiv vorangehenden Generation mit entsprechenden Leistungsansprüchen bei Gründung der Versorgungseinrichtung auch ohne ein entsprechendes Anfangsvermögen möglich. Im Ausgaben-Umlageverfahren liegt bei einer "vollständigen" alten Last das Belastungsniveau von Anfang an auf dem Zielniveau des Beharrungszustandes. Bei Finanzierung einer alten Last wird letztlich insoweit auf eine Verzinsung der Beiträge (= Umlagen) verzichtet. Bleibt die alte Last am Beginn hinter dem langfristig zu erwartenden Ausgabenniveau der Versorgungseinrichtung zurück, ergibt sich eine im Zeitablauf relativ steigende Ausgabenbelastung. Diese wirtschaftliche Wirkung dieser Phase der Finanzierung am Beginn einer Versorgungseinrichtung wird im folgenden als "Anlaufeffekt" bezeichnet.

Sind die Voraussetzungen für interpersonelle, insbesondere für intergenerative Umverteilung erfüllt, können Ziele wie eine gleichmäßige Belastung der Haushalte der beitragszahlenden Mitglieder, der Generationen der Steuerzahler oder andere Gerechtigkeitsüberlegungen hinzukommen. So kann beispielsweise angestrebt werden, Anlauf- oder Übergangseffekte zu glätten oder längerfristig erwartete Steigerungen der Belastungen (z. B. wegen eines Alterungsprozesses im Bestand) durch vorübergehenden Aufbau von (zusätzlichem) Kapital zu verstetigen.

Soll beispielsweise der Anlaufeffekt in einem Ausgaben-Umlageverfahren vermieden werden, so wäre hierfür ein Beitrag geeignet, der ab sofort auf Dauer und in gleicher (relativer) Höhe zur Finanzierung der Verpflichtungen ausreichen würde ("ewiger Beitragssatz"). Dieser Beitrag ist um so niedriger, je deutlicher der Anlaufeffekt ausfällt und je höher die erwarteten Zinserträge auf das Kapital sind, das aus dem zunächst über den Bedarf für fällige Leistungen hinausgehenden Beitragsaufkommen angesammelt werden kann.

Tabelle 3-2 beschreibt die in diesem Sinne dauerhaften Beitragssätze in Abhängigkeit vom Realzins auf das angesammelte Kapital. Die modellhaften Berechnungen unterstellen ein Rentenniveau im Einzelfall von 20 % der letzten Bruttobezüge und vergleichen die Situation einer Neugründung mit zwei typisierten Szenarien einer alten Last:

Tabelle 3-2

Szenario	Realzins	dauerhafter Beitrag in % der Bemessungsgrundlage
ohne Fluktuation		
mit Rentnerbestand[44]	2 % 3 %	15,05 15,05
mit Aktivenbestand	2 % 3 %	11,03 9,70
nur Neuzugänge	2 % 3 %	7,76 5,79
mit Fluktuation		
mit Rentnerbestand	2 % 3 %	13.46 13,46
mit Aktivenbestand	2 % 3 %	9,41 8,14
nur Neuzugänge	2 % 3 %	6,60 4,81

Die Finanzierung einer alten Last führt demnach zu erheblichen dauerhaften Mehrbelastungen. Soweit man darauf zumindest zum Teil verzichten kann und den beschriebenen Anlaufeffekt zur Vorfinanzierung des Versorgungssystems in späteren Zeiten nutzt, läßt sich, wie Tabelle 3-2 zeigt, der Beitragsbedarf auf Dauer um 30 bis 40 % absenken.

[44] Unter dem Rentnerbestand ist der Bestand an Personen zu verstehen, die sich bei Einführung eines Verfahrens im Rentenalter befinden und über das Verfahren Rentenleistungen beziehen, ohne hierfür während ihrer aktiven Zeit Beiträge entrichtet zu haben.

Dies gilt beispielsweise auch dann, wenn ein Aktivenbestand bei Gründung (z. B. durch Überleitung) übernommen wird. Baut sich der Bestand nur durch Neuzugänge auf, so beträgt die Reduktion langfristig sogar 50 bis 60 %.

Entsprechende Ansätze sind auch möglich, wenn in einer bereits existierenden Versorgungseinrichtung aufgrund des Alterungsprozesses im Bestand mit einer noch weiter (relativ) steigenden Ausgabenlast zu rechnen ist. Hier kann für die Zukunft ein dauerhaft oder sehr langfristig konstanter Beitragssatz angestrebt werden, um eine relative Gleichverteilung der Belastungen über die Generationen hinweg zu erzielen.

Das Ausmaß an Kapitalbildung in einer Versorgungseinrichtung kann nicht willkürlich bestimmt oder herbeigeführt werden. Grenzen ergeben sich einerseits aus dem bestehenden Finanzierungsverfahren und andererseits daraus, inwieweit die Voraussetzungen für interpersonelle Umverteilungen erfüllt sind. Nur wenn Möglichkeiten zu intergenerativen Umverteilungen gegeben sind, kommt aus finanztechnischer Sicht auch eine Kapitalbildung unterhalb einer vollen Kapitaldeckung in Betracht. Rechtliche Zulässigkeit vorausgesetzt, stellt sich die Frage, wie die Spielräume zwischen einem Mindestmaß an Kapitalbildung und einer vollen Kapitaldeckung genutzt werden sollen.

Ein weiteres wesentliches Kriterium ist dann die wirtschaftliche Wirkung des Aufbaus von Kapital auf die Beitragszahler einerseits und den Versorgungsträger andererseits. Die zusätzliche Bereitstellung von Kapital für ein Versorgungssystem führt zu einem entsprechenden Kapitalentzug beim Beitragszahler. Diesen Kapitalentzug kann der Beitragszahler seinerseits durch eine Kreditaufnahme, durch Verschaffung höherer Einnahmen oder durch Einsparungen an anderer Stelle ausgleichen. Die Kosten einer Kreditaufnahme sind unmittelbar an den hierfür zu zahlenden Zinsen zu messen. Die Folgewirkungen höherer Einnahmen (etwa durch höhere Steuern oder Gebühren) sowie von Einsparungen (etwa durch Haushaltskürzungen im Bereich von Infrastrukturmaßnahmen, im kulturellen Bereich, bei Bauvorhaben, in der Sportförderung oder anderen Bereichen) sind zwar erheblich schwieriger zu quantifizieren aber deswegen in der Regel keineswegs zu vernachlässigen.

Meßbarkeit der Kosten für die Bereitstellung des Kapitals vorausgesetzt, erweist sich eine verstärkte zusätzliche Kapitalbildung dann insgesamt als effizient, wenn die Kosten für die Bereitstellung des Kapitals durch den Beitragszahler niedriger sind als der Zinsertrag, den der Versorgungsträger aus dem angesammelten Kapital erwirtschaftet und zur Entlastung des Versorgungssystems nutzt.

Nur am Rande sei in diesem Zusammenhang erwähnt: auch wenn die Kosten vorübergehend nicht niedriger als die Zinserträge sind, kann der Aufbau zusätzlichen Kapitals unter gewissen Voraussetzungen ein System natürlich entlasten, z. B. zur Vorfinanzierung eines Alterungsschubs. Die (kurzfristig mangelnde) wirtschaftliche Effizienz tritt in diesem Fall in direkte Konkurrenz zur Frage der intergenerativen Umverteilung und kann nicht ohne Blick auf die langfristige Effizienz beurteilt werden. Dies gilt in ähnlicher Weise auch für den Fall, daß eine über die volle Kapitaldeckung hinausgehende Ansammlung von Kapital erfolgt und es dadurch zu intergenerativen Umverteilungen zu Lasten der jeweils vorhandenen Beitragszahler kommt.

Die intergenerative Umverteilung bietet, wenn sie denn überhaupt in Betracht kommt, die Möglichkeit, das Ausmaß der Kapitalbildung in einem Versorgungssystem zu begrenzen oder zu variieren. Dies ist dann ein wirtschaftlicher Vorteil im Vergleich zu einer voll kapitalgedeckten Finanzierung, wenn und soweit die Kosten für die vorzeitige Bereitstellung von Kapital dessen Erträge übersteigen. Allerdings bedarf es in einem solchen Fall, da die wirtschaftlichen Beurteilungsmaßstäbe fehlen, klarer Zielvorgaben und Verhaltensnormen für das Finanzierungssystem und seine Handhabung.

3.3 Änderung von Finanzierungsverfahren

Entsprechend der Laufzeit von Versicherungsverhältnissen ist eine sehr langfristige Konzeption des Finanzierungsverfahrens unerläßlich. Gleichwohl kann sich im Zeitablauf Änderungsbedarf einstellen. Die Änderung kann das Verfahren selbst oder die Anwendung des Verfahrens betreffen, z. B. eine von der bisherigen Praxis abweichende Nutzung von bestehenden Freiräumen.

3.3.1 Anlässe und prinzipielle Wirkung

Änderungsbedarf kann sich aus einer Änderung des Leistungsrechtes einer Versorgungseinrichtung ergeben. Hierauf wird im folgenden nicht näher eingegangen. Änderungsbedarf ergibt sich aber auch bei unverändertem Leistungsrecht, und zwar dann, wenn die in Kapitel 3.2.6 '*Kriterien für die Wahl und Ausgestaltung eines Finanzierungsverfahrens*' genannten Kriterien für die Gestaltung des Finanzierungsverfahrens im Zeitablauf unterschiedlich beurteilt werden. Ursachen hierfür können Umstrukturierungen im Bereich der Mitglieder, veränderte Marktsituationen, neue Erkenntnisse über die voraussichtliche künftige Entwicklung der Bestände oder neue Einschätzungen über die verantwortbaren Umverteilungswirkungen sein.

In derartigen Situationen dienen Änderungen einerseits dazu, die Funktionsfähigkeit des Systems zu erhalten oder wiederherzustellen, und andererseits dazu, auf eine gerecht werdende Verteilung der Belastungen hinzuwirken. Eine verspätete oder unterlassene Reaktion auf erkennbaren Änderungsbedarf erschwert (wegen der Langfristwirkungen in der Beitrags-Leistungs-Beziehung) die Realisierung der gegebenen Zielvorstellungen und kann im Extremfall längerfristig zum finanziellen Zusammenbruch eines Versorgungssystems insbesondere dann führen, wenn es mit einem relativ geringen Kapitalpolster ausgestattet ist.

3.3.2 Änderung der Umverteilung

Hier kommt – abgesehen von einer schlichten Änderung des Umlagesatzes mit der Folge einer veränderten zeitlichen Umverteilung – als Eingriffsmöglichkeit eine Änderung der Definition der Umlagebemessungsgrundlage in Betracht. Beispielsweise könnte für Versicherte, die die Wartezeit noch nicht erfüllt haben, die Umlagebemessungsgrundlage reduziert werden. An die Stelle des Entgeltes könnte bei Zusatzversorgungskassen (mit Blick auf das Leistungsprofil) eine Funktion des Entgeltes treten; hierdurch könnten höhere Gehälter mit einem überproportional größerem Gewicht in die Umlagebemessungsgrundlage einbezogen werden. Eine ähnliche Wirkung hätte auch ein Verzicht auf Beitragsbemessungsgrenzen bei Beibehaltung einer Leistungsbemessungsgrenze.

Eine weitere Kategorie von Änderungen, die den Charakter des Umlage-/Abschnittsdeckungsverfahrens zwar im Grundsatz nicht tangieren, inhaltlich und längerfristig jedoch Folgen insbesondere für die Umverteilung und die Gesamtbelastung haben kann, ist die Unterteilung einer bestehenden Umlagegemeinschaft in Teilgesamtheiten. Dieses Verfahren wird bei Beamtenversorgungskassen zum Teil explizit praktiziert. Im Bereich der Zusatzversorgungskassen finden sich derartige Ansätze hinsichtlich der getrennten Festsetzung der Umlage für Versicherte aus den alten und den neuen Bundesländern. Ein derartiges Verfahren entspricht implizit der Aufteilung des gesamten Bestandes aller Versicherten auf einzelne Kassen, die je für sich eine Solidargemeinschaft bilden. Eine derartige Aufgliederung der Solidargemeinschaft kommt unabhängig von versicherungsmathematischen Zusammenhängen dann in Betracht, wenn der Konsens über die solidarische Finanzierung zwischen allen Mitgliedern einer Versorgungseinrichtung nicht mehr besteht oder z. B. angesichts steigender Belastungen gefährdet ist.

Ein versicherungsmathematischer Ansatz für die Bildung getrennter Solidargemeinschaften wäre eine Aufteilung nach der Risikostruktur der jeweiligen Teilbestände, d. h. die Bildung von Risikoklassen. Dabei kommen primär solche Risiken als Differenzierungsmerkmal in Betracht, die unterschiedliche Konsequenzen auf die Festsetzung der Leistungen haben. Unter diesem Aspekt wäre beispielsweise die Fluktuation mit der Folge eines Wegfalles der Leistungsanwartschaft oder der Reduktion der Anwartschaft ein hier relevantes Risiko, nicht jedoch eine gegebenenfalls unterschiedliche Lebenserwartung von Teilbeständen, auf die das Leistungsrecht keinen Bezug nimmt. Derartige Risikoklassen sind letztlich durch ein bestimmtes, auf die Risikostruktur zurückzuführendes Verhältnis von Einzahlungen und Auszahlungen geprägt. In diesem Rahmen erfolgt die Finanzierung solidarisch, d. h. strukturelle oder vorübergehende Abweichungen der Ein- und Auszahlungen aus einem einzelnen Beteiligungsverhältnis würden auch weiterhin ausgeglichen. Weitergehende Folgen solcher Differenzierungen, insbesondere im Hinblick auf etwaige Umverteilungen, sind zu beachten.

Besondere Bedeutung kommt bei versicherungsmathematisch begründbaren Risikoklassifizierungen dem Niveau der Fluktuation zu. Da die Fluktuationsquote eines Bestandes sich letztlich in der Alters-/Dienstaltersstruktur des Bestandes ausdrückt, kommt insbesondere eine Festsetzung des Umlagesatzes nach Maßgabe der Alters- oder Dienstaltersstruktur des Bestandes oder einer Gruppe von Beständen in Betracht. Der auf diese Weise bestandsbezogen festzusetzende Umlagesatz ist für alle Versicherten des jeweiligen Bestandes oder der Bestandsgruppe identisch. Derartige Verfahren haben in der Umsetzung praktische Vorteile, weil die entsprechenden Kriterien bereits in den vorhandenen Bestandsdaten enthalten sind und weil die Fluktuationsrate im allgemeinen eine alters- und/oder dienstaltersabhängige Größe darstellt.

Abbildung 3-19: Altersverteilung eines Aktivenbestandes

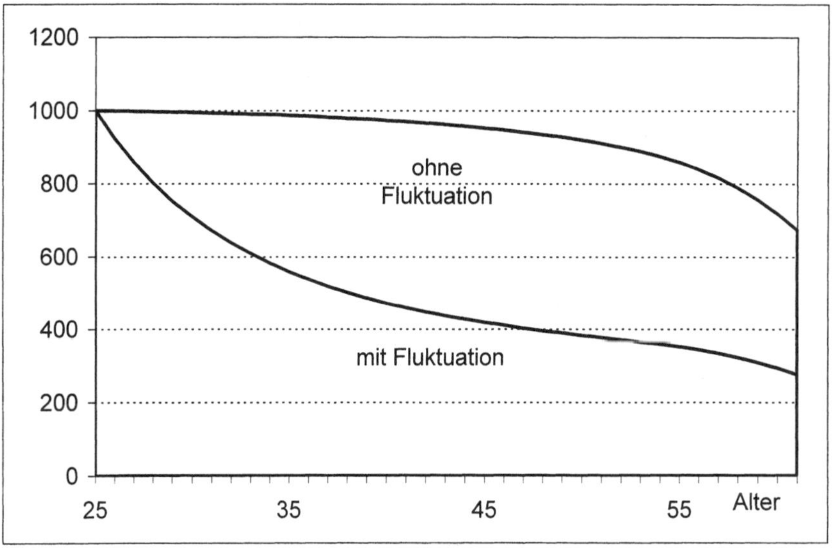

Abbildung 3-19 illustriert die unterschiedliche Altersverteilung in einem Aktivenbestand aufgrund einer beispielhaft angenommenen Fluktuation.

Unterschiedliche Fluktuationsraten in einzelnen Teilbeständen des Versorgungssystems bewirken auf Dauer unterschiedliche Belastungen des Versorgungssystems durch die jeweiligen Teilbestände. Um die spezifische Auswirkung der Fluktuation bei der Umlagefestsetzung zu berücksichtigen, käme beispielsweise folgende Umlagebemessung für jeden einzelnen Teilbestand nach Maßgabe seiner Altersstruktur in Betracht. In einem reinen Ausgaben-Umlageverfahren wären beispielsweise folgende Gewichtungen möglich:

Tabelle 3-3

Altersgruppe	gewichteter Umlagesatz (Version 1)	gewichteter Umlagesatz (Version 2)
unter 30	6,0	6,8
30 bis 34	9,0	6,8
35 bis 39	12,5	14,0
40 bis 44	15,5	14,0
45 bis 49	18,5	21,3
50 und älter	22,0	21,3

Die Staffelung des Umlagesatzes bewirkt, daß für Teilbestände ohne bzw. mit Fluktuation das gesamte Umlageaufkommen jeweils dem Bedarf des Teilbestandes entspricht. Dies ergibt sich daraus, daß in einem Teilbestand mit geringerer Fluktuation wegen des relativ höheren Anteils älterer Versicherter sich ein höherer durchschnittlicher Umlagesatz ergibt als für einen Teilbestand mit höherer Fluktuation und damit höherem Anteil jüngerer Versicherter.

Eine bestandsbezogen differenzierte Festsetzung des Umlagesatzes ändert nichts an dem kollektiven Charakter der Finanzierung, weil es trotz unterschiedlicher individueller Risiken bei einheitlichen Umlagesätzen für alle Versicherten des Bestandes bleibt. Damit ist dieses Verfahren insbesondere deutlich verschieden von der Finanzierung durch Individualprämien in der privaten Lebensversicherung.

Eine Differenzierung der Umlagesätze für bestimmte Klassen von Versicherten oder Teilbestände kann durch Einrichtung sogenannter Abrechnungsverbände mit jeweils separiertem Vermögen erfolgen oder lediglich als "Umlagerabatt" gestaltet werden. Der Umlagerabatt wird unter Bezugnahme auf die Risikoklasse der Versicherung/des Mitgliedes gewährt, ohne daß eine Trennung des Vermögens der Einrichtung erfolgen muß. Der Unterschied in diesen beiden Ansätzen liegt darin, daß bei getrennten Abrechnungsverbänden die durch die differenzierte Umlagefestsetzung bewirkten Mehr- der Minderzahlungen an die Versorgungseinrichtung und die daraus folgenden Konsequenzen für die wirtschaftliche Entwicklung der Versorgungseinrichtung exakt denjenigen Mitgliedern zugeordnet werden, die sie geleistet haben, während bei Umlagerabatten eine derartige Trennung nicht erfolgt.

Beide Verfahren, das Rabattverfahren allerdings in weitaus stärkerem Maße, wahren einerseits das Grundprinzip der solidarischen Finanzierung, vermeiden andererseits jedoch eine dauerhafte Benachteiligung derjenigen Bestände, die aufgrund ihrer Bestandsstruktur das Versorgungssystem in vergleichsweise geringerem Umfang belasten. Auch aus diesen Gründen ist die Einführung von getrennten Abrechnungsverbänden kaum ein geigneter Weg, bestandsbezogene Differenzierungen vorzunehmen.

Soweit das Ausmaß der intergenerativen Umverteilung im Umlageverfahren nicht mehr vertretbar erscheint, ist eine Ergänzung des Verfahrens durch kapitalbildende Elemente erforderlich. Die Kapitalbildung kann dabei kollektiv, d. h. z. B. durch Festsetzung eines allgemein höheren Umlagesatzes, oder mitgliedsbezogen individuell, d. h. unter Separierung des zusätzlich angesammelten Kapitals erfolgen. Eine Stärkung der Kapitalbildung läßt sich jedenfalls nur durch eine Erhöhung der Beiträge oder durch Einschuß von externem Kapital in das Versorgungssystem erreichen.

Die aus dem erhöhten Vermögen erzielbaren zusätzlichen Erträge und/oder das zusätzliche Vermögen selbst können dann zu einem späteren Zeitpunkt entlastend für das Gesamtsystem verwendet werden. Die kollektive Stärkung der Kapitalbildung wahrt den Rahmen der einheitlichen solidarischen Finanzierung. Bei einer Separierung des zusätzlich angesammelten Kapitals kommt demgegenüber die verstärkte Kapitalbildung nur demjenigen zugute, der durch zusätzliche Beiträge zum Aufbau zusätzlichen Kapitals beigetragen hat. Eine individuelle Gestaltung ist insbesondere dann und insoweit angezeigt, wie die Effizienz einer verstärkten Kapitalbildung (vgl. Kap. 3.2.6 '*Kriterien für die Wahl und Ausgestaltung eines Finanzierungsverfahrens*') von den einzelnen Mitgliedern aufgrund der jeweils unterschiedlichen Haushaltslagen unterschiedlich beurteilt wird und daher unterschiedliche Interessenlagen bestehen.

Im Rahmen kollektiver Gestaltungen vorstellbar ist dabei auch eine zweigleisige Lösung mit getrennter Vermögensabrechnung, und zwar in einem Abrechnungsverband ohne verstärkte Kapitalbildung und in einem Abrechnungsverband mit verstärkter Kapitalbildung (vgl. Rhiel 1997, 279). Schließlich ist auch eine Kombination von kollektiver und individueller Stärkung der Kapitalbildung vorstellbar und im Rahmen der hier ausgearbeiteten Kriterien sachgerecht.

3.3.3 Änderungen im Abschnittsdeckungsverfahren

Wesentliche Merkmale des Abschnittsdeckungsverfahrens sind die Länge des Deckungsabschnitts und die Länge des Überhangzeitraumes bzw. der geforderte Mindestdeckungsgrad (Verhältnis von Vermögen zu Ausgaben) am Ende des Deckungsabschnitts.

Eine Verlängerung des Deckungsabschnittes (mit proportionaler Verlängerung des Überhangzeitraumes) führt in den Fällen, in denen mit einer zunehmenden Versorgungslastquote zu rechnen ist, zu einem höheren Mindestumlagesatz (Umlagesatz, der den Finanzbedarf für den Deckungsabschnitt und den Überhangzeitraum gerade noch abdeckt) und damit zu einer verstärkten Kapitalbildung. Nach Einschwingen des Systems in den Beharrungszustand trägt der längere Deckungsabschnitt lediglich zu einer gewissen Verstetigung der Umlage bei. Durch eine Verlängerung des Deckungsabschnitts wird ein etwa vorhandener Anlaufeffekt zeitlich weiter gestreckt, nicht jedoch vollständig beseitigt, wenn die Umlage auch weiterhin entsprechend dem für den Deckungsabschnitt ermittelten Mindestumlagesatz festgesetzt wird. Wollte man, um eine überproportionale Belastung späterer Generationen zu vermeiden, den Anlaufeffekt nutzen, so müßte hierzu der auf Dauer konstante Umlagesatz im Sinne der Ausführungen in Kapitel 3.2.6 '*Kriterien für die Wahl und Ausgestaltung eines Finanzierungsverfahrens*' von Anfang an die Orientierungsgröße für die Umlage sein.

Eine Verlängerung des Überhangzeitraumes führt auf Dauer zu einer verstärkten Kapitalbildung, weil implizit jeweils der Wert der Ausgaben des Überhangzeitraumes vorgehalten wird. Als Alternative zur Verlängerung des Überhangzeitraumes kommt die Vorgabe einer höheren Mindestdeckung, ausgedrückt als Vielfaches der Ausgaben des dem Deckungsabschnitt folgenden Jahres (Mindestdeckungsgrad, in § 71 MS mit dem Begriff Mindestrücklage angesprochen) in Betracht. Durch eine Verlängerung des Überhangzeitraumes bzw. eine Erhöhung des Mindestdeckungsgrades wird der Anlaufeffekt eines Versorgungssystems verringert, aber in der Regel nicht vollständig zur Entlastung künftiger Generationen genutzt.

Umgekehrt führt eine Verkürzung des Deckungsabschnitts und/oder eine überproportionale Kürzung des Überhangzeitraumes oder des Mindestdeckungsgrades zu einem Vermögensabbau und eröffnet Spielräume für eine – meist befristete – Festsetzung der Umlage nach unten.

Wenn die Zielvorstellung dahin geht, daß eine relative Zusatzbelastung künftiger Generationen zu vermeiden ist, muß man den Umlagesatz als den auf Dauer ausreichenden Beitragssatz (sogenannter "ewiger Umlagesatz") festsetzen (vgl. Rhiel 1997, 276). Die im Abschnittsdekkungsverfahren zu ermittelnden Umlagesätze hätten dann nur noch den Charakter von Kontrollwerten und Mindestgrößen. Umgekehrt kommt daher in allen nicht vollständig kapitalgedeckten Versorgungssystemen die Ermittlung des ewigen Umlagesatzes als Orientierungsgröße für die Festsetzung des Umlagesatzes in Betracht.

Die Mustersatzung der Arbeitsgemeinschaft der Zusatzversorgungskassen geht in § 71 Abs. 1 (i. d. F. der 33. Änderung) einen Zwischenweg. Danach soll eine Mindestrücklage am Ende des Deckungsabschnitts gebildet werden, die gewährleistet, daß sich der Umlagesatz auch im übernächsten Deckungsabschnitt in dem vorgegebenen Rahmen hält.

Mit den Stellgrößen „Mindestrücklage" und „vorgegebener Rahmen" in dieser Bestimmung wird letztlich ein Umlagekorridor definiert, der deutlich über den jeweiligen Deckungsabschnitt hinaus gewahrt werden soll. Je nach Ausgangslage der jeweiligen Kasse kann hierdurch eine Verstetigung der Umlagesätze erzielt, eine rechtzeitige Berücksichtigung von absehbar stärkeren Belastungen ermöglicht und/oder einer eventuell voreiligen Senkung des Umlagesatzes entgegengewirkt werden.

Mit der Erweiterung des zeitlichen Horizonts werden in der Regelsituation, in der die Versorgungslasten relativ zur Entgeltsumme steigen, Spielräume für die Festsetzung höherer Umlagen geschaffen, woraus sich eine Stärkung der Kapitalbildung ergibt.

3.3.4 Maßstäbe für die versicherungsmathematisch notwendige Kapitalbildung

Aus versicherungsmathematischer Sicht ergibt sich nach den Ausführungen in Kapitel 3.2.6 '*Kriterien für die Wahl und Ausgestaltung eines*

Finanzierungsverfahrens' folgende Entscheidungsmatrix für den anzustrebenden Grad der Kapitalisierung:

	Erträge der Versorgungseinrichtung höher als Refinanzierungskosten für Beiträge	Erträge der Versorgungseinrichtung niedriger als Refinanzierungskosten der Beiträge
Intergenerative Umverteilung möglich	möglichst hohe, angemessene Kapitaldeckung	möglichst niedrige Kapitaldeckung
Intergenerative Umverteilung nicht möglich	möglichst hohe Kapitaldeckung, mindestens vollständig für alle bereits erworbenen Anwartschaften und Ansprüche	Basiskapitaldeckung für alle erworbenen Anwartschaften und Ansprüche; gegebenenfalls Kapitaldeckung als Puffer

Neben die versicherungsmathematischen Kriterien treten Gerechtigkeitsüberlegungen zur verantwortbaren intergenerativen Umverteilung. Einen absoluten und einheitlichen Maßstab für die schlechthin richtige Höhe des Kapitaldeckungsvolumens gibt es indes nicht (vgl. Heubeck 1998, Abschnitt 3.2).

Zur Kontrolle der Kapitalausstattung bei gegebenem Finanzierungsverfahren ist eine Maßzahl geeignet, die das Volumen der Verpflichtungen der Versorgungseinrichtung sachgerecht abbildet, das ist üblicherweise das fiktive versicherungstechnische Deckungskapital aller Anwartschaften und Ansprüche gegen die Versorgungseinrichtung. Das Verhältnis zwischen dem tatsächlichen Vermögen der Versorgungseinrichtung und diesem fiktiven versicherungstechnischen Deckungskapital gibt den Grad der Kapitalisierung (Kapitalisierungsgrad) der Versorgungseinrichtung an.

Der sogenannte Deckungsgrad einer Versorgungseinrichtung, d. h. das Verhältnis zwischen dem Vermögen und den Jahresausgaben, ist demgegenüber erheblich schwieriger zu interpretieren und – zumindest in der Zeit vor Eintritt des Beharrungszustands – wenig aussagekräftig im Hinblick auf die Angemessenheit des Vermögensstandes und der Finanzierung.

3.3.5 Flexibilität zur Weiterentwicklung

Eine Änderung der Finanzierung kann so angelegt werden, daß sie zwar willkürfrei bleibt, aber dennoch im Zeitablauf den dafür zuständigen Gremien Entscheidungsspielräume und Möglichkeiten zur Reaktion auf veränderte Rahmenbedingungen läßt. Gestaltungselemente hierzu sind die Beschränkung der Regelungen auf Mindest- und Höchstgrenzen, gegebenenfalls die Formulierung und verbindliche Verankerung eines allgemeineren Regelungszieles. Im Rahmen des Abschnittsdeckungsverfahrens kommt in dieser Hinsicht die Vorgabe einer Mindest- und Höchstdeckung als verbindliche Untergrenze (z. B. eine Jahresausgabe) bzw. Obergrenze (z. B. zwanzig Jahresausgaben) für den Umlagesatz und die Vorgabe einer „Zieldeckung" (z. B. zwischen acht und fünfzehn Jahresausgaben) als Orientierungsgröße für die Änderung des Umlagesatzes in Betracht. Dabei könnte als Nebenbedingung vorgegeben werden, daß Senkungen des Umlagesatzes unterbleiben müssen, solange dadurch die „Zieldeckung" nicht mehr erreicht wird.

Die Alternative zu diesem Ansatz ist eine engere Vorgabe von Regeln für die Finanzierung, gegebenenfalls auch formuliert in Abhängigkeit von bestimmten internen oder externen Indikatoren.

3.4 Auswirkungen von Änderungen des Finanzierungsverfahrens

3.4.1 Änderung der Zahlungsströme

Änderungen des Finanzierungsverfahrens bewirken – bei Verzicht auf Änderungen im Leistungssystem – allein Änderungen der Zahlungsströme von den Beitragszahlern an die Versorgungseinrichtung. Die Änderungen können sich auf die Beitragseinnahmen insgesamt im Zeitablauf beziehen, eine Umverteilung eines im wesentlichen unveränderten Beitragsvolumens bewirken oder beide Effekte miteinander verbinden.

Aus Änderungen im Niveau der Beitragseinnahmen ergeben sich veränderte Anforderungen und Vorgaben für die Kapitalanlage. Unter Umständen verbessern oder beeinträchtigen sie die Rendite-Risiko-Struktur der Versorgungseinrichtung und machen damit die Ableitung neuer Kapitalanlagestrategien notwendig.

Veränderte Beitragszahlungsströme haben Konsequenzen auf den Haushalt oder den Jahresabschluß der Beitragszahler. Sprunghafte Entwicklungen in der Beitragsbelastung können hierbei zu Schwierigkeiten führen, die der Beziehung zwischen dem Beitragszahler und der Versorgungseinrichtung abträglich sind. Dies um so mehr, wenn der Grund für eine sprunghafte Änderung der Beitragslast nicht auf einem zwingenden Bedarf, sondern lediglich auf strategischen Überlegungen oder Gerechtigkeitserwägungen beruht, die durchaus kontrovers beurteilt werden können.

Vor diesem Hintergrund bieten sich bei starken Veränderungen Übergangsregelungen an, die das Reformziel zwar nur schrittweise zu erreichen gestatten, jedoch die Akzeptanz erhöhen und Verunsicherungen vermeiden helfen können. Steht beispielsweise eine Veränderung der Struktur der Umlagen an, so kann dies durch schrittweise Änderung des Ausgangssatzes innerhalb eines Zeitraumes von fünf bis zehn Jahren realisiert werden.

3.4.2 Änderung im Umfang der Kapitalbildung

Die Vorgabe eines bestimmten Deckungs- oder Kapitalisierungsgrades setzt eine Orientierung am versicherungsmathematischen Deckungskapital in einem vollständig kapitalgedeckten System voraus, um einerseits nicht eine Überkapitalisierung und damit Überbelastung einer Generation zu bewirken und andererseits die Angemessenheit der angestrebten Kapitalisierung gegenüber den Beitragszahlern transparent machen zu können. In diesem Sinne kann als Orientierungsgröße für die Dimension der Kapitalbildung und den Kapitalisierungsgrad das fiktive Deckungskapital dienen, das sich bei einer gleichmäßig über die aktive Dienstzeit verteilten Finanzierung der Verpflichtungen gegenüber allen Berechtigten ergäbe. In Abhängigkeit von der Realverzinsung (Differenz zwischen Kapitalzins und Lohnsteigerungsrate) erreicht dieses Deckungskapital für ein Rentenniveau von 10 % der letzten Entgelte (ohne Berücksichtigung einer Fluktuation) im Beharrungszustand folgende Größenordnungen in v. H. der Entgelte:

Tabelle 3-4

Realzins in %	1 %	2 %	3 %
Deckungskapital in % der Entgeltsumme	201	156	137

Wollte man für das aktuelle Leistungsniveau in den Zusatzversorgungskassen bzw. in der Beamtenversorgung eine vollständige Kapitaldekkung (einen Kapitalisierungsgrad von 100 %) erreichen, so benötigte man das rund Zweifache bzw. das rund Siebenfache der zugehörigen Entgeltsumme als Kapitalstock in den jeweiligen Einrichtungen. Diese Größenordnungen machen unter anderem den Abstand zwischen einer bestehenden Kapitalbildung und einer Volldeckung deutlich und definieren letztlich auch die Anforderungen an die Verwaltung und Anlage von Mitteln, die sich in einer Kasse ergeben können.

Soweit der Kapitalisierungsgrad einer Kasse hinter einer vollen Kapitaldeckung zurückbleibt und ein Anheben des Kapitalisierungsgrades erfolgen soll, kommt in Betracht, die künftigen Beiträge zumindest so festzusetzen, daß ein einmal erreichter Kapitalisierungsgrad sich nicht verringert. Hilfsweise könnte zumindest die erheblich schwächere Bedingung beachtet werden, daß ein vorhandenes Vermögen nicht angetastet wird. Wenn diese Maßnahmen noch nicht ausreichen, könnte das Verfahren erweitert und der Mindestdeckungsgrad am Ende des Deckungsabschnitts erhöht und/oder der Deckungsabschnitt verlängert werden, um durch höhere Beiträge zu einer Verstärkung der Kapitalbildung zu kommen. Schließlich sollte dabei das vorhandene Vermögen einschließlich der darauf erzielten Erträge über einen bestimmten Zeitraum hinweg natürlich nicht für die Erbringung von Leistungen in Anspruch genommen werden.

3.4.3 Konsequenzen einer Verstärkung der Kapitalbildung für ausscheidende und neue Mitglieder

Eine bestehende Kapitalbildung in einem solidarisch finanzierten Versorgungssystem macht die Versorgungseinrichtung für neue Mitglieder attraktiv, weil sie durch den Beitritt an dem (durch andere) aufgebauten Vermögen partizipieren. Umgekehrt bedeutet sie bei Ausscheiden von

Mitgliedern eine tendeziell geringere Belastung der Versorgungseinrichtung, wenn sie stärker kapitalisiert ist. Es ist also in derartigen Fällen zu prüfen, ob von neuen Mitgliedern ein "Eintrittsgeld" zu fordern ist und ob die Grundsätze zur Ermittlung des bei Beendigung einer Mitgliedschaft zu entrichtenden Ausgleichsbetrages zu modifizieren sind. Ähnliches gilt, wenn ein bestimmter Kapitalisierungsgrad erhöht bzw. herabgesetzt wird.

Soweit ersichtlich, haben derartige Überlegungen trotz unterschiedlicher Kapitalausstattungen einzelner Kassen bislang kaum eine Rolle gespielt. Sie würden möglicherweise thematisiert, wenn innerhalb einer Kasse nebeneinander ein stärker oder schwächer kapitalisierter Abrechnungsverband für die Mitglieder zur Wahl stünde: neue Mitglieder würden den stärker kapitalisierten Teil bevorzugen und aus dem (kollektiv) stärker kapitalisierten Teil austretende Mitglieder würden eine Vergütung "ihres" Beitrages zur Stärkung der Kapitalisierung einfordern. Diese Problematik tritt in den Hintergrund, wenn die Zuordnung zu den beiden Abteilungen nach objektiven Kriterien zwingend erfolgt und nicht von der Entscheidung des Mitgliedes abhängig ist.

Eine Änderung (bzw. Einführung) von Bestimmungen zu den Folgen eines Ausscheidens (bzw. eines Beitritts) von Mitgliedern setzt die Vorgabe von Abrechnungsverfahren voraus; es muß ein geeignetes Maß für die in diesem Zusammenhang auszugleichenden Vor- und Nachteile gefunden werden. Dabei ist insbesondere zu entscheiden, ob ein in der Bestandsstruktur begründeter positiver oder negativer Solidarbeitrag, den das ausscheidende (bzw. das neu eintretende) Mitglied bei Verbleib implizit hätte leisten müssen (bzw. nach seinem Eintritt leisten würde) bei der Bemessung von Vor- und Nachteilen mit einzubeziehen ist oder nicht. Diese Frage ist zu bejahen, wenn das Ziel verfolgt wird, daß die Versorgungseinrichtung durch Zu- und Abgänge von Mitgliedern wirtschaftlich nicht beeinträchtigt werden soll.

Das letztgenannte Problem wird entschärft, wenn durch differenziert festgesetzte Umlagen systematische Über- und Unterbelastungen vermieden oder reduziert werden können.

3.5 Umsetzung in die Praxis

3.5.1 Versicherungsmathematische Vorprüfung und Zielformulierung

Die nachfolgenden Ausführungen beschränken sich auf Fragen der Finanzierung von Versorgungs- und Zusatzversorgungskassen. Änderungen oder auch Differenzierungen der Leistungsseite der Kassen und ihre Auswirkungen auf die Finanzierungsseite werden nicht erörtert.

Gegenstand jedweder Problemanalyse ist zunächst die Prüfung, ob die versicherungstechnischen Voraussetzungen für die jeweils vorgesehene Finanzierung noch erfüllt sind. Diese Überprüfung bezieht sich auf die Frage, ob die biometrischen und die wirtschaftlichen Verhältnisse einer Kasse als geordnet und für die Zukunft als gesichert angesehen werden können, des weiteren aber auch insbesondere darauf, ob und inwieweit interpersonelle Umverteilungen aus versicherungsmathematischer Sicht stattfinden und gegebenenfalls verändert werden können. Hierbei sind die Sanktionen einzubeziehen, die bei Verlassen der Versorgungseinrichtung wirksam werden.

Soll beispielsweise mit Blick auf die wirtschaftliche Effizienz einer verstärkten Kapitalbildung eine Anhebung des Kapitalisierungsgrades vorgenommen werden, so ist des weiteren zu prüfen, welche Konsequenzen eine erhöhte vorzeitige Beitragszahlung im Verhältnis zu den damit langfristig erzielbaren Entlastungen für den Beitragszahler hat.

Als dritter Aspekt der Problemanalyse kommt eine Definition und Spiegelung verschiedener Handlungsstrategien an Gerechtigkeitsüberlegungen und praktischen Haushaltsspielräumen hinzu.

Aus der Problemanalyse können Zielvorgaben für eine Reform oder auch nur für Modifizierungen des Finanzierungssystems abgeleitet werden. Ziele können – je nach dem Ergebnis der Problemanalyse – u. a. sein:

- eine dauerhafte oder eine vorübergehende Stärkung der Kapitalisierung,
- eine andersartige interpersonelle oder intergenerative Umverteilung oder auch
- eine Differenzierung der Finanzierung nach den für einzelne Teilbestände anfallenden Belastungen.

3.5.2 Beachtung der Übergangsproblematik

Zu jedem Reformkonzept oder realistischem Änderungsweg gehört die Berücksichtigung und Integration der bestehenden Ausgangslage. Insbesondere dann, wenn unmittelbar spürbare Umverteilungswirkungen eintreten, kommt in der Regel nur ein gleitender Übergang auf ein neues Verfahren in Betracht. Bei Änderungen, die generell zunächst zu Zusatzbelastungen der Beitragszahler führen, ist – mit Blick auf Planungs- und Haushaltsgestaltungsspielräume der Beitragszahler – zumindest eine angemessene Vorlaufzeit als Übergangsvorschrift, gegebenenfalls auch in Form eines gleitenden Überganges sinnvoll und notwendig. Andererseits kann eine zu große Dauer entsprechender Übergangsregelungen natürlich auch die Effizienz der ins Auge gefaßten Verfahrensänderungen beeinträchtigen.

3.5.3 Rechtliche Flankierung

Da die Satzungen der Versorgungseinrichtungen in der Regel nur Mindestnormen für die Erhebung von Umlagen enthalten, ist eine allgemeine Verstärkung der Kapitalisierung durch Festsetzung entsprechend höherer Umlagesätze satzungsrechtlich ohne weiteres möglich. Durch Satzungsbestimmungen, die für die Festsetzung des Umlagesatzes eine Orientierung am ewigen Umlagesatz oder die Berücksichtigung einer Mindestrücklage vorschreiben (vgl. Kap. 3.3.3 *'Änderungen im Abschnittsdeckungsverfahren'*), kann eine Ausschöpfung dieser Möglichkeit vorgeschrieben oder in verstärktem Maße bewirkt werden. Änderungsbedarf kann sich jedoch ergeben, wenn strukturelle Verschiebungen durch Änderungen der Umlagebemessungsgrundlagen oder durch differenzierte Festsetzungen der Umlagen für einzelne Teilbestände erreicht werden sollen. In diesen Fällen sind Verfahren zur Satzungsänderung einzuleiten.

3.5.4 Information aller Betroffenen

Änderungen im Bereich der Finanzierung bewirken Be- und Entlastungen. Insbesondere gegenüber Versicherten/Mitgliedern, die durch Änderungen belastet werden, ist eine rechtzeitige und ausführliche Information zur Erhöhung der Akzeptanz der Änderung und zur Unterstützung der Maßnahmen hilfreich, damit nicht durch die Änderung zusätzliche Probleme geschaffen werden, die diejenigen übersteigen, zu deren Lösung die Änderung beitragen sollte.

3.6 Beispiele

Die folgenden Beispiele behandeln derzeit typische Szenarien aus den Bereichen der Versorgungs- und Zusatzversorgungskassen. Die Ausgangssituation und der Lösungsansatz werden jeweils nur grob skizziert und erheben nur den Anspruch einer modellhaften und sehr pauschalen Darstellung, die im Einzelfall einer eingehenden Prüfung und Diskussion bedarf.

3.6.1 Versorgungskasse

Die Beamtenversorgungskassen sind derzeit gekennzeichnet durch eine Finanzierung, die nahezu dem Ausgaben-Umlageverfahren entspricht. Der Kapitalisierungsgrad ist sehr gering. Angesichts der zu erwartenden Steigerung der Versorgungslast stellt sich die Frage, inwieweit dieser Entwicklung durch verstärkte Vorsorge begegnet werden kann. Darüber hinaus sind die gesetzlichen Vorschriften zum Aufbau einer Versorgungsrücklage umzusetzen.

Ein weiterer Themenkomplex ist das allgemein akzeptierte Ausmaß des Solidarausgleichs in der Finanzierung. Dieser Aspekt hat im Bereich der Versorgungskassen deshalb besondere Bedeutung, weil die Zuordnung der Versorgungsempfänger zu den einzelnen Mitgliedern unmittelbar ersichtlich ist und die Umlagezahlungen eines Mitgliedes den Versorgungsleistungen für Versorgungsempfänger des Mitgliedes unschwer gegenübergestellt werden können.

Szenario I:

Aufgrund einer vorübergehenden Bestandsausweitung vor etwa 25 Jahren ist in naher Zukunft mit einer vorübergehend ungünstigen Relation aus Versorgungsbestand und Aktivenbestand zu rechnen. Die Kasse ist im übrigen mit einer Versorgungslastquote von 35 % der Summe der Aktivenbezüge noch weit von der endgültigen Versorgungslastquote entfernt.

Als Lösung bietet sich an, zusätzlich zur Bedarfsumlage eine Vermögensreserve aufzubauen, die später zur Verstetigung des Umlagesatzes eingesetzt werden kann. Zum Teil wird dieses Ziel bereits durch die gesetzlich vorgeschriebene Versorgungsrücklage erreicht. Für eine darüber hinausgehende Vermögensbildung ist festzulegen, inwieweit eine allgemeine Vermögensrücklage aufgebaut werden soll oder ob die einzelnen Mitglieder individuell über zusätzliche Beiträge ein mitgliederbezogenes Zusatzvermögen aufbauen, dessen Verwendung sie dann zu gegebener Zeit individuell entscheiden.

Szenario II:

Eine Reihe von Dienstgebern beobachten über Jahre hinaus eine sie belastende Differenz zwischen den durch die Kasse für sie abgewickelten Versorgungsfällen und den hierfür im Umlageverfahren aufzubringenden Mitteln. Da unter bestimmten Bedingungen (freiwillige Mitgliedschaft) die Möglichkeit besteht, die Mitgliedschaft zur Versorgungskasse zu beenden, kann hieraus eine schwierige Lage für die Kasse entstehen.

Eine eher versicherungsmathematisch begründete, aber das Gesamtsystem natürlich tangierende Lösung besteht darin, die nicht zufallsbedingten Teile der Versorgungsleistungen, etwa jenseits des 65. Lebensjahres der Versorgungsempfänger, im Erstattungswege zu verrechnen und nur den restlichen, durch Versorgungsfälle vor dem Alter 65 ausgelösten Teil der Versorgungslast weiterhin im Ausgaben-Umlageverfahren zu finanzieren. Besonderes Augenmerk ist in diesem Zusammenhang auf diejenigen vorzeitigen Versorgungsfälle zu legen, die nicht auf biometrische Einflüsse (d. h. auf Dienstunfähigkeit oder Tod) zurückzuführen sind. Für die Auszahlung der bereits laufenden und/oder der später nach Alter 65 einsetzenden Pensionen könnte man vorsehen, daß sie über die Kasse vorgenommen, aber dem Mitglied in Rechnung gestellt oder – wie vereinzelt bereits praktiziert – vom Mitglied direkt geleistet werden. Denkbar wäre auch eine sofortige, eventuell sukzessive Ausfinanzierung durch das Mitglied an die Kasse, etwa im Sinne einer Rentenwert-Deckung (vgl. Kap. 2.4.3.1 '*Das Rentenwert-Deckungsverfahren*' und Kap. 3.2.4 '*Aufbringung der Mittel – Zuordnung auf Beitragszahler*').

3.6.2 Zusatzversorgungskasse

Die Zusatzversorgungskassen sind in der Regel aufgrund der Bestandsentwicklung in den vergangenen dreißig Jahren durch eine in der Zukunft voraussichtlich steigende Versorgungslastquote gekennzeichnet. Es besteht oft ein Zielkonflikt zwischen der angespannten aktuellen Haushaltslage der Arbeitgeber und der Sorge um die zukünftig anfallenden Belastungen. Je nach dem Finanzierungshintergrund tendieren auch innerhalb einer Kasse die Mitglieder einerseits zu einer möglichst geringen aktuellen Belastung und andererseits zu einer spürbaren Kapitalbildung. Die Diskussion um die angemessene Finanzierung wird zudem überlagert von einer zunehmend kritischen Beurteilung des Belastungsniveaus an sich und der im jeweiligen Finanzierungsverfahren bewirkten Umverteilungen.

Szenario I:

Die Kasse muß mit einem stetigen Zuwachs der Versorgungslastquote (Verhältnis von Leistungen zur Entgeltsumme) rechnen.

Als Lösung bietet sich an, den Umlagesatz möglichst zeitnah so zu erhöhen, daß er auf Dauer konstant gehalten werden kann (ewiger Umlagesatz). Die hierzu notwendige Steigerung des Umlagesatzes wird – nicht zuletzt mit Blick auf künftig mögliche Leistungseinschränkungen – beispielsweise nur zu 80 % realisiert und über einen Zeitraum von zehn Jahren linear verteilt.

Szenario II:

Die Kasse muß damit rechnen, daß einige ihrer Mitglieder, die aufgrund ihrer Bestandsstruktur ein unterdurchschnittliches Verhältnis von Einzahlungen und Auszahlungen erreichen, auf alternative Finanzierungsmöglichkeiten auszuweichen versuchen.

Als Lösung bietet sich an, die Umlage in Abhängigkeit von der Risikostruktur des Mitgliedes festzusetzen. Da die unterschiedliche Risikostruktur im wesentlichen durch das Fluktuationsverhalten gekennzeichnet sein kann und dieses sich wiederum in der Altersstruktur der Bestände des einzelnen Mitgliedes ausdrückt, wird für Mitglieder, deren Bestände eine fluktuationsbedingt günstige Altersstruktur aufweisen, zum Beispiel ein Umlagerabatt gewährt. Um Zufallsergebnisse bei anzahlmäßig kleinen Beständen zu vermeiden (weniger als zehn Versicherte), wird diesen Beständen einheitlich ein mittlerer Rabatt eingeräumt. Eine Separierung des Kassenvermögens erfolgt nicht, so daß die Solidarität in der Finanzierung grundsätzlich gewahrt bleibt und lediglich im Hinblick auf die wirtschaftlichen Auswirkungen des Fluktuationsverhaltens eingeschränkt wird.

4 Schlußfolgerungen

Dieses Gutachten behandelt die Finanzierung der Altersversorgung des öffentlichen Dienstes, die bestehenden Finanzierungsverfahren, ihre zum Teil bestehenden Probleme und Veränderungsmöglichkeiten.

Das Leistungsrecht ist die Grundlage der Versorgungssysteme des öffentlichen Dienstes. Es wird im Rahmen von Kapitel 2 '*Bestandsaufnahme*' zwar kurz beschrieben, in diesem Gutachten jedoch ansonsten nicht weiter untersucht, da es den Versorgungseinrichtungen vorgegeben ist.

Dieses vorgegebene Leistungsrecht bestimmt damit die Finanzierungsseite. Dies unterscheidet die Altersversorgung des öffentlichen Dienstes von den meisten Altersversorgungssystemen in der Privatwirtschaft, wo in aller Regel eine unmittelbare Abstimmung zwischen den zugesagten (späteren) Leistungen und den finanziellen Möglichkeiten der Versorgungsträger erfolgt und auch erfolgen muß.

Gleichwohl ergeben sich auch in den Versorgungssystemen des öffentlichen Dienstes Rückwirkungen und Konsequenzen von der Finanzierungsseite auf das Leistungsrecht. Dies gilt insbesondere dann, wenn notwendige Reformen auf der Finanzierungsseite unterbleiben und so die Tarifpartner oder der Gesetzgeber gezwungen werden, Leistungseinschränkungen vorzunehmen, etwa um die Beitragsbelastung in einem verantwortbaren Rahmen zu halten oder um sonstige Fehlentwicklungen auf der Beitragsseite zu vermeiden. Umgekehrt können rechtzeitig eingeleitete Reformen auf der Finanzierungsseite gegebenenfalls die Aufrechterhaltung des Leistungsgefüges erst möglich machen.

In der Praxis muß man davon ausgehen, daß die Versorgungskassen im öffentlichen Dienst nicht anhand gleicher Beurteilungsmaßstäbe und Einschätzungen seitens der sie tragenden Mitglieder und der jeweils verantwortlichen Politiker beurteilt werden. Die Konsequenzen dessen sind – neben strukturellen Unterschieden – die gegenwärtigen unterschiedlichen finanziellen Ausgangslagen einzelner Kassen und auch, daß in den Kassen z. T. unterschiedliche Strategien im Hinblick auf die Finanzierung verfolgt werden. Die Handlungszwänge und Gestaltungsspielräume sind heute nicht einheitlich und auch die Vorgaben für die Zukunft können – je nach interner Ausgangslage und externer Einbindung und Einflußnahme – deutlich differieren. Wenn – wie bisher – eine Differenzierung des Leistungsrechtes entsprechend der finanziellen Verfassung der einzelnen Versorgungseinrichtungen auszuschließen ist, hat man wenig Alternativen: Entweder richtet man sich darauf ein, daß es zu unterschiedlichen Beitragssätzen kommen kann, oder man organisiert einen Finanzausgleich zwischen den Kassen, der dann allerdings nicht nur vorübergehend sondern auch dauerhafter und mit veränderlichen Vorzeichen und Größenordnungen vorzusehen und abzuwickeln wäre. Fusionen wären wohl nur für kleinere Kassen eine Lösung, Differenzierungen im Leistungsrecht sind vorerst nur ein theoretischer Ausweg.

Die folgenden die Ergebnisse des Gutachtens zusammenfassenden Aussagen lassen derartige Handlungsalternativen bewußt außer acht und konzentrieren sich auf finanztechnische Optionen für das bestehende System. Einer kurzen Beurteilung der Finanzierungssysteme folgt – bewußt allgemein gehalten – die Darstellung von vier unterschiedlichen Zielvorgaben. Sie können von den Kassen einzeln oder gebündelt in Angriff genommen werden, lassen sich wegen der bestehenden Interdependenzen jedoch nie unabhängig voneinander optimieren.

4.1 Beurteilung der bestehenden Finanzierungssysteme

Für die Altersversorgung des öffentlichen Dienstes sind Finanzierungssysteme besonders geeignet, die sowohl Umlageelemente enthalten als auch die finanztechnischen Vorteile einer kollektiven Kapitalansammlung nutzen. Mit der Umlagefinanzierung erreicht man einen gewissen Inflationsschutz und vermeidet frühzeitigen Kapitalentzug, mit der Kapitaldeckung verbilligt man die Finanzierung durch Zinserträge und macht das System sicherer gegen übermäßigen Leistungsausbau und wirtschaftliche und strukturelle Schwankungen.

Unter den in vielfältiger Form vorstellbaren Mischsystemen aus Kapitaldeckung und Umlage ist das bei den meisten Zusatzversorgungskassen verwendete Abschnittsdeckungsverfahren eine sachgerechte und leistungsfähige Finanzierungsmethode. Dieses Verfahren ist in der Lage, zu den Vorgaben von der Leistungsseite her unter den bestehenden organisatorisch-rechtlichen und wirtschaftlichen Rahmenbedingungen die Finanzierung effizient zu gestalten, flexibel zu handhaben und auftauchende Probleme sachgerecht zu lösen.

Im Hinblick auf die unterschiedlichen Ausgangssituationen und die sich abzeichnenden Finanzierungsengpässe verdient dabei jene Klasse von Abschnittsdeckungsverfahren den Vorzug, deren Deckungsabschnitte nicht starr ausgestaltet sind. Die Deckungsabschnitte sollten grundsätzlich nicht nur einen kurzen Zeitraum (weniger als 10 Jahre) betreffen, sondern – zumindest als zweites Kriterium – auch einen längeren Zeitraum erfassen und/oder mit gleitenden und sich überlappenden Zeiträumen arbeiten. Dies erleichtert die Empfehlung und Wertung eines Mindest-Deckungsgrades, der am Ende eines Deckungsabschnittes erreicht sein sollte. Außerdem erlaubt eine solche Vorausschau Aussagen, Empfehlungen und Entscheidungen zu den Umlagesätzen, die sich für die jeweiligen Deckungsabschnitte rein versicherungsmathematisch ergeben.

Mit derartig flexibel gestalteten Abschnittsdeckungsverfahren erhöht man die Transparenz und die Möglichkeiten, auf kassenspezifische oder externe Entwicklungen sachgerecht zu reagieren, ohne den Zwang zu frühzeitigem Entscheiden und Handeln aufzugeben. Die Ermittlung des Umlagesatzes in einem Deckungsabschnitt und darüber hinaus, das Aufzeigen von Korridoren für den Umlagesatz und die Darstellung dessen, was bei unterschiedlichen Entscheidungen mit den Umlagesätzen künftig geschehen wird, sind (in der Praxis anzutreffende) Beispiele dafür, wie ein im genannten Sinne offener gestaltetes Abschnittsdeckungsverfahren in einer Zusatzversorgungskasse zugunsten ihrer Mitglieder und der Versicherten genutzt werden kann.

4.2 Zielvorgabe Risikoausgleich

Aufgabe einer Solidargemeinschaft im Rahmen der Finanzierung von Altersversorgungsleistungen ist es, die Risiken gemeinsam zu tragen, die der einzelne Versicherte oder ein einzelner Arbeit-/Dienstgeber nicht allein auf sich nehmen kann oder möchte. Das bedeutet Risikoausgleich sowohl im Kollektiv als auch in der Zeit und führt im Idealfall dazu, daß sich im Laufe der Zeit für das einzelne Mitglied der Solidargemeinschaft weder Vor- noch Nachteile gegenüber den anderen Mitgliedern ergeben. Deutliche Abweichungen von diesem Grundsatz sind – wie die Erfahrung auch in anderen Versicherungssystemen zeigt – nur durch Leistungs- oder Beitragsdifferenzierungen und allenfalls mittelfristig über Zwangsmaßnahmen durchzustehen. Jede Solidargemeinschaft wird jedoch überstrapaziert, wenn bestimmte Gruppen von Versicherten die Gemeinschaft auf Dauer einseitig be- oder entlasten. Dauerhafte Belastungen durch Gruppen mit größerem Finanzierungsbedarf können den Zugang zu einer Kasse beeinträchtigen und im Extremfall die Abwanderung der belasteten Gruppen aus der Versorgungseinrichtung zur Folge haben.

Ein (eher theoretischer) Ausweg aus einer solchen Situation besteht darin, den Risikoausgleich auf einer anderen, d. h. engeren oder weiteren Ebene zu organisieren, das hieße ihn in kleineren oder größeren Kassen als Solidargemeinschaften vorzunehmen. Eine andere Lösung des Problems besteht darin, die Finanzierungslast risikogerechter zu verteilen. Hierzu können für bestimmte Gruppen von Versicherten/Mitgliedern sogenannte Abrechnungsverbände gebildet werden, oder man schafft eine gewisse Annäherung an die abweichende Risikostruktur oder das Leistungsprofil einzelner Bestände dadurch, daß man Beitragszu- oder abschläge einführt. Das erstgenannte Verfahren hat – abgesehen von seiner aufwendigen Handhabung – allerdings den grundsätzlichen Nachteil, daß es den Solidarausgleich insgesamt auf einen Ausgleich innerhalb der einzelnen Gruppen reduziert. Demgegenüber haben Beitragsrabatte den Vorteil, eine differenzierte, risikogerechte Belastung der einzelnen Gruppe zu erzeugen und dennoch das Solidarprinzip insgesamt aufrechtzuerhalten.

In den Umlage-Gemeinschaften der Zusatzversorgungskassen kommt es zu einem weiteren, über das Versicherungstechnische hinausgehenden Risiko- und Solidarausgleich dadurch, daß hier vielfach Mitglieder aus unterschiedlichen Branchen und mit unterschiedlichen Beständen zusammengefaßt sind. Deren für die Altersversorgung relevante Risikostruktur, die Entwicklung ihrer Versichertenbestände und ihre wirtschaftlichen Entwicklungen können durchaus gleichgerichtet sein und sollten dann für Fragen des Risikoausgleichs kein Problem darstellen.

Sie können sich jedoch auch divergierend entwickeln und dann die anfänglichen Zielsetzungen des Solidarausgleichs zunehmend in Frage stellen. Da man vom Grundsatz her nicht von einem langfristigen Ausgleich oder von automatischen Glättungseffekten ausgehen kann, bleibt vom finanztechnischen Ansatz her in einer solchen Situation nur die

Möglichkeit, die Risiko- und Solidargemeinschaft neu zu strukturieren und ihre Austritts- und Eintrittsbedingungen den veränderten Verhältnissen anzupassen. Je größer das Umlageelement in der Finanzierung ist, desto mehr sind die Kassen daher gezwungen, den Strukturveränderungen bei ihren Mitgliedern zu folgen. Solange keine Differenzierungen im Leistungsrecht vorgenommen, d. h. unterschiedliche Tarife angeboten werden können, haben die betroffenen Kassen nur wenige Möglichkeiten zu reagieren: Ausfinanzierung und Schließung, eine vollständige Neuausrichtung oder die Fusion mit anderen Kassen sind Optionen, die nur in wenigen Fällen praktikabel und durchsetzbar sind.

4.3 Zielvorgabe Effizienzsteigerung durch Stärkung der Kapitalbildung

Ziel jeder Zusatzversorgungskasse soll es sein, die Effizienz der Finanzierung zu erhöhen. Dieses Ziel kann innerhalb der Kasse durch eine Verstärkung der Kapitalbildung erreicht werden, dies allerdings nur dann, wenn bestimmte Bedingungen erfüllt sind. Maßstab ist hier die Höhe des Beitrages bzw. des Beitragssatzes. Eine zusätzliche Kapitalbildung erfordert in der Aufbauphase einen erhöhten Beitrag und hat in der Zukunft einen geringeren Finanzierungsbedarf zur Folge bzw. kann helfen einen entwicklungsbedingt steigenden Bedarf zu reduzieren oder sogar gänzlich zu vermeiden.

Eine solche Verschiebung der Belastung gelingt um so leichter, je höher der zusätzliche Beitrag und der damit aufgebaute zusätzliche Kapitalstock verzinst wird. Doch ist daraus nicht schon zu folgern, daß jedwede zusätzliche Beitragszahlung die Effizienz der Finanzierung erhöht. Zwar kann man (wegen der relativ geringen Volumina der Zusatzversorgungskassen insgesamt) die langfristigen und prinzipiell positiven volkswirtschaftlichen Auswirkungen einer gesteigerten Kapitalbildung in der Zusatzversorgung vernachlässigen. Doch können im Einzelfall die Rückwirkungen auf das beitragszahlende Mitglied, d. h. eventuelle Opportunitätskosten beim Träger der Kasse, die Effizienzsteigerungen in der Kasse selbst auch beeinträchtigen.

Eine Umlagesatzerhöhung zum Zwecke eines Kapitalstockaufbaus kann bei einer angespannten Haushaltslage unmittelbar zu Finanzierungsproblemen beim Mitglied führen. Deren Ausmaß soll das folgende Beispiel verdeutlichen. Eine mittlere Großstadt mit einem Gesamthaushaltsvolumen von 700 Mio. DM führt zur Finanzierung der Zusatzversorgung ihrer Arbeiter und Angestellten 4 Mio. DM an die zuständige Zusatzversorgungskasse ab. Diese erhebt einen Umlagesatz von 4 %. Erhöht sie diesen Umlagesatz zum Aufbau eines Kapitalstocks nur um einen Prozentpunkt, steigen die Kosten der Zusatzversorgung für die Stadt um 1 Mio. DM, erhöht sie den Umlagesatz auf insgesamt 8 % verdoppeln sich die Abgaben der Stadt an die Kasse auf insgesamt 8 Mio. DM (vgl. Tabelle 4-1).

Tabelle 4-1: Beispiel 1: mittlere Großstadt – Auswirkungen einer Umlagesatzerhöhung auf den Gesamthaushalt

Gesamthaushalt [DM]	Umlagesatz [%]	Ausgaben Zusatzversorgung [DM]	Anteil Ausgaben Zusatzversorgung am Gesamthaushalt
700.000.000	4	4.000.000	0,57 %
	4,5	4.500.000	0,64 %
	5	5.000.000	0,71 %
	6	6.000.000	0,86 %
	7	7.000.000	1,00 %
	8	8.000.000	1,14 %
	9	9.000.000	1,29 %
	10	10.000.000	1,43 %
	11	11.000.000	1,57 %
	12	12.000.000	1,71 %
	13	13.000.000	1,86 %
	14	14.000.000	2,00 %
	15	15.000.000	2,14 %

Zusätzliche Belastungen in solchen Größenordnungen wären derzeit in vielen Fällen weder durch Einsparungen an anderer Stelle des Gesamthaushaltes aufzufangen noch ist ein Mengenzuwachs bei den Steuereinnahmen in absehbarer Zeit zu erwarten. Eine derartige Aussage läßt sich auch auf kleinere bzw. größere Kommunen übertragen, wie der

Vergleich der Anteile der Ausgaben für die Zusatzversorgung an den jeweiligen Gesamthaushalten zeigt (vgl. Tabellen 4-2 und 4-3).

Tabelle 4-2: Beispiel 2: Kleinstadt – Auswirkungen einer Umlagesatzerhöhung auf den Gesamthaushalt

Gesamthaushalt [DM]	**Umlagesatz [%]**	**Ausgaben ZVK [DM]**	**Anteil Ausgaben ZVK am Gesamthaushalt**
50.000.000	4	300.000	0,60 %
	4,5	337.500	0,68 %
	5	375.000	0,75 %
	6	450.000	0,90 %
	7	525.000	1,05 %
	8	600.000	1,20 %

Tabelle 4-3: Beispiel 3: Großstadt – Auswirkungen einer Umlagesatzerhöhung auf den Gesamthaushalt

Gesamthaushalt [DM]	**Umlagesatz [%]**	**Ausgaben ZVK [DM]**	**Anteil Ausgaben ZVK am Gesamthaushalt**
9.000.000.000	4	70.000.000	0,78 %
	4,5	78.750.000	0,88 %
	5	87.500.000	0,97 %
	6	105.000.000	1,17 %
	7	122.500.000	1,36 %
	8	140.000.000	1,56 %

Entscheidend ist, welche Belastungen und Belastungsverschiebungen für den Beitragszahler durch eine anfangs erhöhte Beitragszahlung im Zeitablauf entstehen und wie spätere Entlastungen auf ihn wirken. Die Effizienz wird nur dann verbessert, wenn beim Beitragszahler durch die zusätzlichen Belastungen ein geringerer Zinsverlust entsteht, als die Versorgungseinrichtung an Zinserträgen aus dem zusätzlich entrichteten Beitrag erzielt. Diese Bedingung ist aus derzeitiger Sicht allerdings in aller Regel erfüllbar, insbesondere nämlich dann, wenn die Refinanzierungskosten der Beitragszahler (z. B. durch Aufnahme von Kommunaldarlehen) niedriger sind als die Kapitalerträge, die eine Versorgungseinrichtung aus der Kapitalanlage in einem gemischten Portefolio erzielen kann.

Mit jeder Kapitalbildung ist die Anlage am externen Markt und damit naturgemäß auch ein gewisses Anlagerisiko verbunden. Der Preis für eine höhere Effizienz durch verstärkte Kapitalbildung ist daher ein höheres Anlagerisiko, das bewußt eingegangen werden muß, das aber auch sachgerecht behandelt und gestaltet werden kann, um den Besonderheiten der Versorgungseinrichtungen und ihren langfristigen Entwicklungen weitestgehend Rechnung zu tragen. Die Praxis bietet hier Gesetze (wie das Versicherungsaufsichtsgesetz), Richtlinien und Hinweise zur Vermögensanlage, die den Verantwortlichen eine fachbezogene und sachgerechte Unterstützung in dieser dem öffentlichen Dienst an sich ungewohnten Wirtschaftsumgebung geben.

Ein grundsätzlich positiver Effekt der Kapitalbildung in einer Versorgungseinrichtung ergibt sich dann, wenn durch Bündelung von zusätzlichen Beiträgen vieler Beteiligter ein Anlagevolumen erreicht wird, das im Vergleich zu einer Eigenanlage ein geringeres Risiko und eine höhere Rendite gestattet.

Eine Verstärkung der Kapitalbildung kann sowohl einheitlich kollektiv in einer Kasse oder sogar für mehrere Versorgungseinrichtungen gebündelt realisiert werden. Sie kann theoretisch aber auch individuell für ein einzelnen Versicherten für Teilbestände oder einzelne Mitglieder erfolgen. Im erstgenannten Fall bleibt man dabei im Rahmen des bestehenden Finanzierungssystems und erhöht in der Regel den Deckungsgrad durch Ausbau des kollektiven Kapitalstocks. In den zweitgenannten Fällen wird das bestehende Finanzierungssystem um eine (zusätzliche) Sparkomponente ergänzt, die nur dann neutral auf die bestehende Risikogemeinschaft wirkt, wenn eine vollständige Zurechnung des zusätzlich angesammelten Kapitals (und der damit verbunden Kosten) auf die jeweiligen Einzahler erfolgt. Unter diesen Voraussetzungen kann auch der Weg einer „individuell" verstärkten Kapitalbildung sowohl für die Kasse als auch für das beitragszahlende Mitglied von Vorteil sein und zur Glättung seiner Beitragsbelastung und zur Effizienzsteigerung beitragen.

4.4 Zielvorgabe Glättung der Beitragsbelastung

Abgesehen von einem langfristig steigenden Beitragsbedarf kommt auf die meisten Kassen das insbesondere durch Einstellungsschübe in der Vergangenheit verursachte Problem zu, daß die Belastungen in naher Zukunft deutlich überproportional steigen. Um solchen drohenden vorübergehenden Belastungsspitzen zu begegnen, bieten sich vorübergehende Beitragserhöhungen an. Das dabei rechtzeitig angesammelte Kapital kann in späteren Zeiten mit einem höheren Finanzbedarf eingesetzt werden, um die dann ansonsten notwendigen Beiträge zu reduzieren. Man spricht hier von einer „Untertunnelung" der Belastungsspitze.

Derartige Maßnahmen setzen eine Feinabstimmung mit der finanziellen Entwicklung der jeweiligen Versorgungseinrichtung voraus, da die Zeiten mit relativ geringem bzw. höherem Finanzbedarf von Einrichtung zu Einrichtung sehr unterschiedlich ausfallen können. Es ist demnach im Hinblick auf eine angestrebte Glättung der Beitragsbelastung nicht zielführend, einrichtungsübergreifend einheitliche Zeitspannen und Ausmaße zum Ansammeln und Einsetzen von Versorgungskapital vorzugeben. Die oben (in Kap. 4.3) angesprochene mitgliedsbezogene zusätzliche Kapitalansammlung ist eine weitere Möglichkeit, hier selbst innerhalb der Kassen noch differenzierend vorzugehen.

4.5 Zielvorgabe ausgewogene Belastung über die Zeit

Eine Glättung der Beitragsbelastung herbeizuführen, kann nicht Selbstzweck sein, sondern liegt im allgemeinen im Interesse der Mitglieder, ihrer Haushaltspolitik und der Kassen selbst. Das dabei unter anderem zum Ausdruck kommende Ziel einer verbesserten Kalkulierbarkeit besteht jedoch nicht nur kurz- und mittelfristig, sondern muß über Haushalts- und Wahlperioden hinweg auch langfristig eine gewisse Bedeutung haben. Der künftige Beitragsbedarf einer Kasse muß finanziert werden aus den künftigen Haushalten ihrer Mitglieder, und nur in Ausnahmefällen wird es dabei zu parallelen Entwicklungen kommen.

Von einem garantierten Einnahmewachstum kann man dabei ebensowenig ausgehen wie von Ausfallgarantien durch andere Körperschaften oder externe Finanztöpfe, so daß ein steigender Beitragsbedarf die künftigen Haushalte überproportional belastet. Dies gilt insbesondere dann, wenn künftig das Steueraufkommen und die allgemeine Leistungsfähigkeit der Volkswirtschaft bei fehlendem Wachstum auch durch die sonstigen umlagefinanzierten Sozialversicherungssysteme zusätzlich geschwächt wird.

Die Untersuchungen zum Anlaufeffekt des Umlageverfahrens machen insbesondere deutlich, daß eine Finanzierung nach dem Ausgaben-Umlageverfahren eindeutig zu Lasten künftiger Generationen geht, wenn und soweit der Anfangsgeneration nicht die Finanzierung einer sogenannten alten Last auferlegt worden ist oder wenn und soweit der Anfangsgeneration nicht vergleichsweise geringere Leistungen gewährt werden.

Unter der Zielvorgabe „Generationengerechtigkeit" empfiehlt sich an sich ein Finanzierungssystem, das von Anfang an den sogenannten „ewigen" Beitrag erhebt, d. h. denjenigen Beitrag, der voraussichtlich auf Dauer ausreicht, um die in Aussicht gestellten Versorgungsleistungen auch langfristig zu erfüllen. Jede Versorgungseinrichtung, die Beiträge erhebt, die unter diesem ewigen Beitragssatz liegen, belastet künftige Haushalte tendenziell, d. h. man muß in diesem Fall systembedingt mit höheren Beiträgen oder niedrigeren Leistungen allein deshalb rechnen, weil anfänglich die Haushalte zu gering belastet wurden.

In der Praxis findet sich der Anlaufeffekt in abgemildeter Form, wenn am Anfang ein gewisser Kapitalstock vorhanden war und nicht im reinen Ausgaben-Umlageverfahren finanziert wurde, ebenso, wenn bereits in der Anlaufphase eine gewisse, aber unvollständige Kapitalansammlung vorgenommen worden ist. Eine dem geschilderten Anlaufeffekt ähnliche, in ihrem Ausmaß jedoch noch deutlich stärkere Beitragssteigerung ergibt allerdings dann, wenn ein bestehender Kapitalstock vor Erreichen des Beharrungszustandes aufgelöst worden ist, beispielsweise zur zwischenzeitlichen Senkung des Beitragssatzes.

In allen genannten Fällen können der Aufbau eines Kapitalstocks, die Verstärkung bzw. die erneute Intensivierung der Kapitalbildung das Ziel einer längerfristigen Verstetigung der Belastungen zum Teil unterstützen bzw. eine weitere Entfernung von ihm verhindern helfen.

4.6 Realisierung der Reformmöglichkeiten

Die beschriebenen Reformansätze sind ohne einschneidende satzungsändernde Maßnahmen in den bestehenden Zusatzversorgungskassen grundsätzlich, im Einzelfall natürlich die besonderen Gegebenheiten berücksichtigend und auf die speziellen Aufgaben zugeschnitten realisierbar. Die in den Satzungen verankerten Finanzierungsverfahren (Abschnittsdeckungsverfahren) erlauben ein entsprechendes Vorgehen und bedürfen zum Teil lediglich ergänzender Vorschriften, nicht jedoch einer durchgreifenden Systemänderung. Dabei kann man sich für die überwiegend durch Umlagen finanzierten Zusatzversorgungskassen vorstellen, daß ihre Effizienz und Zielerreichungsmöglichkeiten durch den Aufbau von kollektiven Kapitalstöcken innerhalb des Systems deutlich verbessert werden könnten.

Bei den für die Beamtenversorgung zuständigen Versorgungskassen ist die Situation aus finanztechnischer Sicht insofern nicht voll vergleichbar, als sie praktisch nach dem Ausgaben-Umlageverfahren finanziert werden und allenfalls eine sehr geringe Kapitalausstattung aufweisen. Unterschiede bestehen des weiteren in der Definition der Bemessungsgrundlagen für die Umlagen, so daß die Umlagesätze zwischen den Kassen nur schwer zu beurteilen und nur bedingt vergleichbar sind.

Eine Modifikation des Finanzierungsverfahrens hat sich jedoch durch die gesetzliche Verpflichtung zum Aufbau einer Versorgungsrücklage ergeben. Sie besteht jedenfalls dann, wenn diese Rücklage innerhalb der Beamtenversorgungskasse als mitgliedsbezogene Rücklage aufgebaut und verwaltet wird. Darüber hinausgehend stünden allerdings von finanztechnischem Standpunkt aus auch den Beamtenversorgungskassen die für die Zusatzversorgungskassen beschriebenen Wege kollektiver und mitgliedsbezogen individueller Kapitalbildung offen. Sie könnten in analoger Form die Möglichkeiten verstärkter Kapitalbildung nutzen und damit z. B. eine andere zeitliche Verteilung der absehbaren Belastung erzielen.

Hinsichtlich des Solidarausgleichs kennen einige Beamtenversorgungskassen derzeit schon eine Separierung in verschiedene Umlagegemeinschaften. Maßgebend für die Einteilung in derartige Umlagegemeinschaften ist der Status des Dienstgebers. Darüber hinaus sind die Umlagezahlungen eines Mitgliedes in einzelnen Kassen durch Höchst-

oder Mindestgrenzen von der Summe der für ein Mitglied jeweils erbrachten Versorgungsleistungen abhängig.

Eine noch weitergehende Modifikation könnte darin bestehen, die Finanzierung in Richtung auf ein Erstattungsverfahren weiterzuentwickeln, wobei lediglich die Risiken aus vorzeitigen Versorgungsfällen innerhalb der Solidargemeinschaft verbleiben würden. Derartige Modifikationen kommen insbesondere bei Kassen mit freiwilliger Mitgliedschaft in Betracht, wenn sie ein Abwandern von Mitgliedern mit einem Ungleichgewicht von Einzahlungen und Auszahlungen zu verhindern wollen.

Sowohl die Zusatzversorgungskassen als auch die Beamtenversorgungskassen zeichnen sich also durch Finanzierungsverfahren aus, die den Anforderungen an diese Einrichtungen gerecht werden. Während derzeit bei den Zusatzversorgungskassen die Kapitalbildung weiter fortgeschritten ist, sind die Beamtenversorgungskassen durch eine differenziertere Definition der Risikogemeinschaften gekennzeichnet. Die jeweils praktizierten Finanzierungsverfahren sind jedoch so flexibel, das bestehende Reformmöglichkeiten im Hinblick auf die mit der Finanzierung verbundene Umverteilung über die Zeit und über Bestände hinweg jeweils ohne systemverändernde Eingriffe realisiert werden können.

5 Finanzierung der Altersversorgung des öffentlichen Dienstes

5.1 Zusammenfassung und Empfehlungen

Auf die öffentlich-rechtliche Zusatzversorgung und die Beamtenversorgung kommen erhebliche Ausgabenlasten zu. Das Gutachten dient dazu, die finanzielle Situation der mit der Durchführung betrauten Kassen und Wechselwirkungen mit den sie tragenden Mitgliedern zu analysieren, Grundzusammenhänge darzustellen und Ansätze für eine Weiterentwicklung aufzuzeigen. Dabei zeigt sich, daß die in der Zusatzversorgung praktizierten Finanzierungsverfahren sachgerecht und effizient sind. Sie bieten viele interne Adaptionsmöglichkeiten, um zukunftssicher zu bleiben. Ein Systemwechsel in der Finanzierung ist daher nicht erforderlich, er wäre vielmehr eher kontraproduktiv.

Das Gutachten beschäftigt sich nicht mit Inhalt und Niveau des Leistungsrechtes. Gleichwohl wird nicht verkannt, daß Änderungen des Leistungsrechtes oder externe Einflüsse auf die Höhe der Leistungen sich direkt auf das Finanzierungsverfahren auswirken. Umgekehrt können Analysen der Finanzierungsseite auch die Notwendigkeit zu Änderungen des Leistungsrechts offenbaren. Auch wenn diese außerhalb der Regelungskompetenz der Kassen oder ihrer einzelnen Mitglieder liegen, muß die Finanzierungsseite doch entsprechende Signale und Entscheidungshilfen für einen gegebenenfalls bestehenden Änderungsbedarf liefern. Die bestehenden Finanzierungsverfahren bieten diese Möglichkeit.

Das zu erwartende Belastungsniveau ist beträchtlich. Bei unverändertem Leistungsrecht wird die öffentlich-rechtliche Zusatzversorgung bei einer ganzen Reihe von Kassen langfristig zu einer Versorgungslastquote (Verhältnis von Leistungsausgaben zu Entgeltsumme) von deutlich über 10 % führen, bei im Vergleich zur Beamtenversorgung sinkenden Leistungen der Rentenversicherung würde sie weiter steigen. In der Beamtenversorgung beträgt diese Quote langfristig annähernd 50 % der Aktivenentgelte. Nur durch eine rechtzeitige Vorsorge kann verhindert werden, daß die Umlagesätze in diese Größenordnungen steigen müssen.

5.2 Die Situation der Mitglieder

Für die Mitglieder, d. h. die in den Zusatzversorgungskassen zusammengeführten Arbeitgeber, führt das Finanzierungsverfahren zu einer zeitlichen Verteilung der Belastungen aus der Altersversorgung ihrer versicherten Arbeitnehmer und zum Ausgleich versicherungstechnischer und struktureller Risiken. Ein Vorziehen von künftigen Belastungen durch einen verstärkten Aufbau von Kapital in der Zusatzversorgungskasse belastet zunächst die Mitglieder durch entsprechend höhere Umlagen. Die hierzu notwendigen Mittel können entweder durch Einsparungen an anderer Stelle, durch höhere Einnahmen oder durch eine höhere Verschuldung aufgebracht werden. Die vor diesem Hintergrund bei den einzelnen Mitgliedern in der Regel entstehenden Zielkonflikte bedürfen individueller, d. h. mitgliedsbezogener Lösungen und Entscheidungen. Eine Verstärkung der Kapitaldeckung kann im Einzelfall sinnvoll, ja sogar erforderlich, braucht im anderen Fall aber weder vorteilhaft noch finanztechnisch geboten zu sein. So ist insbesondere nicht erkennbar, daß eine möglichst vollständig kapitalgedeckte Finanzierung der Zusatzversorgung eine realistische und überhaupt eine allgemein sinnvolle und angemessene Lösung darstellt.

Die Ausgangssituation der Mitglieder ist eine wesentlich andere als diejenige von privatwirtschaftlichen Unternehmen, bei denen aus betriebswirtschaftlichen und handelsrechtlichen Gründen eine Zuordnung der Versorgungsbelastungen zwingend auf die Zeiträume notwendig ist, in denen der Versorgungsberechtigte als aktiver Arbeitnehmer die zur Finanzierung notwendigen Beträge mit erwirtschaftet. Hier ist eine weitgehende Kapitaldeckung schon deshalb erforderlich, weil die Existenz des Unternehmens nicht durch nachträgliche Belastungen aus früheren Arbeitsverhältnissen gefährdet werden darf.

Das Erscheinungsbild des Mitgliederbereichs vieler Zusatzversorgungskassen hat sich durch Personalabbau, Auslagerung und Privatisierung verändert. Die Homogenität der Mitglieder im öffentlichen und kirchlichen Bereich hat deutlich abgenommen. Hinzu kommen Veränderungen in den Bestimmungen zur Weiterbelastung der Umlagen z. B. im Bereich von Krankenhäusern, die – ob sachgererecht oder nicht – die Möglichkeiten der Mitglieder zur Beitragszahlung beeinträchtigen. Derartige Änderungen sind – bereits erkennbar – nicht ohne Auswirkungen auf die Bereitschaft und Fähigkeit einzelner Mitglieder geblieben, die Zusatzversorgung solidarisch weiterzuführen, dieser Trend wird sich vermutlich fortsetzen. Doch bietet das in der Zusatzversorgung verwendete Finanzierungsverfahren eine Reihe von Möglichkeiten, auf derartige Herausforderungen sach- und systemgerecht zu reagieren.

5.3 Die Situation der Kassen

Die Zusatzversorgungskassen praktizieren ein Finanzierungsverfahren, das einerseits „kollektiv-solidarisch" angelegt ist und andererseits eine von Kasse zu Kasse zum Teil recht unterschiedliche Kapitalisierung aufweist. Dieses Finanzierungsverfahren, das sogenannte Abschnittsdeckungsverfahren, unterscheidet sich zum einen von dem reinen Ausgaben-Umlageverfahren der gesetzlichen Rentenversicherung, bei dem keine nennenswerte Kapitalbildung erfolgt, und zum anderen von dem individuellen Finanzierungsverfahren der privaten Versicherungswirtschaft, bei dem für jeden Versicherten das zur Erfüllung der Verpflichtungen benötigte Kapital systematisch aufgebaut und vorgehalten wird. Die unterschiedlichen Risikosituationen bei den einzelnen Versicherten einerseits, unterschiedliche Bestandsstrukturen und -entwicklungen bei den Mitgliedern andererseits und nicht zuletzt das Risiko der Wertsicherung werden innerhalb einer Zusatzversorgungskasse ausgeglichen und solidarisch getragen. Vorhandenes Kapital steht der Zusatzversorgungskasse insgesamt zu, eine Individualisierung auf einzelne Mitglieder oder gar einzelne Versicherte ist den praktizierten Finanzierungsverfahren fremd.

Die Finanzierung im Rahmen der Solidargemeinschaft dient sowohl der angemessenen Absicherung des einzelnen Versicherten als auch der Verstetigung der Belastungen für die Mitglieder und ist damit ein Garant für die Funktionalität und Akzeptanz eines einheitlichen Zusatzversorgungssystems im öffentlichen und kirchlichen Dienst. Je effizienter die Finanzierung, desto eher kann sie auch ihre Aufgaben und die in sie gesetzten Erwartungen erfüllen.

In den letzten Jahren hat sich das Umfeld für die Zusatzversorgungskassen in mehrfacher Hinsicht geändert. Man registriert allgemein eine gestiegene Aufmerksamkeit gegenüber künftig steigenden Belastungen, der Kostendruck für die Beitragszahler wächst zunehmend, und für eine Reihe von Mitgliedern der Kassen entsteht eine veränderte Ausgangslage dadurch, daß sie eher „am Rande“ des öffentlichen und kirchlichen Bereichs unter Wettbewerbsbedingungen tätig sind und damit sowohl von Leistungs- als auch von der Kosten-, d. h. Beitragsseite her einer veränderten Konkurrenzsituation ausgesetzt sind. Für die betroffenen Kassen bedeutet dies, daß sie versuchen müssen, neuen Interessenlagen gerecht zu werden und diese mit den möglicherweise anderen Interessen der sonstigen Mitglieder zu vereinbaren. So werden beispielsweise Möglichkeiten gesucht, eine zeitliche Vorverlagerung künftiger Belastungen und damit eine periodengerechtere Zuordnung von Kosten und Leistungen zu erreichen. In anderen oder auch den gleichen Fällen soll nach den Vorstellungen der Mitglieder den etwa bestehenden oder systematischen dauerhaften Unterschieden im Leistungsspektrum ihrer Versicherten in irgendeiner Form Rechnung getragen werden. Die Kassen müssen auf derartige Anforderungen sach- und systemgerecht reagieren können. Die praktizierten Finanzierungsverfahren bieten hierzu eine Reihe, aber nicht jede beliebige Art von Gestaltungsmöglichkeiten.

5.4 Gestaltungsmöglichkeiten bei Änderungsbedarf

Wenn im Rahmen der existierenden Finanzierungsverfahren Modifikationen vorgenommen werden, so betreffen sie einerseits den Grad der Kapitalisierung der Kassen, d. h. den Grad der Umverteilung von Belastungen über die Zeit hinweg, andererseits den Grad der Umverteilung innerhalb von Versicherten- oder Mitgliedergruppen im Rahmen des Solidarausgleichs.

Der Aufbau von Deckungsvermögen liefert der Kasse Zinserträge aus der Anlage des Kapitals. Diese Erträge führen im Zeitablauf zu Entlastungen und damit zu einer Begrenzung des künftigen Umlagebedarfs. Die Entlastungswirkung kann bei entsprechender Ertragskraft der Kapitalanlagen zu einer Reduktion des langfristigen Umlagebedarfs um bis zu 50 % führen, wenn eine vollständige Kapitaldeckung erreicht wird. Eine solche Entlastungswirkung hat allerdings ihren Preis, nämlich die zeitgerechte Bereitstellung entsprechender Mittel und damit eine frühzeitige, jedoch geringere Belastung für die Mitglieder. Kapitalbildung ist aus rein wirtschaftlichen Erwägungen daher nicht schlechthin, sondern nur dann sinnvoll, wenn die zu erwartenden Kapitalerträge bei der Kasse den Preis, d. h. die dem Mitglied entstehenden Opportunitätskosten, hierfür rechtfertigen. Neben diesem rein wirtschaftlichen Aspekt können allerdings auch andere Motive für eine verstärkte Kapitalbildung sprechen, etwa das Ziel einer Verstetigung der Belastungen in der Zeit oder die Absicht, den Beitragsbedarf möglichst in Einklang mit dem Haushalt des Mitglieds oder der Entwicklung der Entgelte zu halten.

Bereits auf der Basis der bestehenden Satzungsvorschriften ist in der Regel eine Stärkung des Kapitalisierungsgrades durch Festsetzung entsprechend höherer Umlagesätze möglich. Von einer derartigen Maßnahme wären jedoch alle Mitglieder in gleicher Weise betroffen. Angesichts der unterschiedlichen Ausgangslagen der einzelnen Mitglieder ist dieser Weg oft weder möglich noch zweckmäßig. Eine Gestaltungsoption besteht darin, den Mitgliedern die Möglichkeit einzuräumen, die zeitliche Verteilung der auf sie entfallenden Finanzierungslasten flexibler zu gestalten. Hierzu können zusätzlich zu der Regelumlage mitgliedsbezogene Zusatzumlagen erhoben werden, die in einem separaten Kapitalstock verzinslich angesammelt und zu gegebener Zeit entlastend für das jeweilige Mitglied eingesetzt werden. Bei diesem Verfahren kann die strukturelle und versicherungstechnische Risikogemeinschaft erhalten werden, ohne daß es zu einer Aufgabe des bestehenden Finanzierungssystems kommen muß.

Durch eine Ausweitung der Kapitalisierung ist es insbesondere möglich, ein – gemessen an den jeweiligen Beständen der aktiven versicherten Arbeitnehmer – überproportionales Anwachsen der Belastungen im Zeitablauf zu vermeiden. Dieses Ziel, nicht auf Kosten künftiger Generationen, Haushalte oder Steuerzahler zu leben, wäre theoretisch allerdings nur bei vollständiger Kapitalbildung und dann mit anderweitigen Risiken und Nachteilen erreichbar. Man wird daher in der Praxis sinnvollerweise eher einen Kompromiß suchen und darauf abzielen, einen für die Kasse und ihre Mitglieder „angemessenen" Kapitalisierungsgrad herbeizuführen. Dies kann im Einzelfall zu einer vorübergehenden Verstärkung der Kapitalbildung führen, wie sie etwa mit sogenannten Untertunnelungsstrategien für den Alterungsgipfel angestrebt werden. In anderen Fällen kann ein nachhaltiger Ausbau der Kapitalbildung angezeigt sein, und unter gewissen, zur Zeit allerdings nicht aktuellen Fällen wäre sogar auch das Abschmelzen eines vorhandenen Kapitalstocks zweckmäßig.

Festzuhalten bleibt, daß mit der Größe des in einer Kasse gebildeten Kapitalstocks nicht nur ihre Anfälligkeit gegenüber externen Schwankungen zurückgeht, sondern auch ihre Handlungsspielräume steigen. Ein Mehr an Kapitalbasis erscheint daher in aller Regel vom finanztechnischen Standpunkt aus günstiger als ein Weniger.

Im übrigen ist nicht erkennbar, daß eine Verstärkung der Kapitalbildung im Bereich der Finanzierung der öffentlichen Zusatzversorgung einen nennenswerten (positiven oder negativen) volkswirtschaftlichen Einfluß hätte, der zusätzlich in die Entscheidungsfindung einzubeziehen wäre.

Im gesamten Bereich der Zusatzversorgung erfolgt ein gewisser Risiko-, Struktur- und Solidarausgleich gegenwärtig dadurch, daß bestimmte Arbeitgeber als Mitglieder in jeweils bestimmten Kassen zusammengefaßt sind. Bei Bedarf läßt sich dies ändern, z. B. durch die Fusion von Kassen, durch Ausgliederung oder Aufspaltung. Doch muß man sich dabei darüber im klaren sein, daß damit auch die Solidaritäts- und Ausgleichsfunktion der Kassen verändert und ihre finanzielle Funktionsfähigkeit beeinträchtigt werden kann. Sorgfältige Analysen auch der Auswirkungen für die Zukunft sind daher vor einem solchen Schritt unumgänglich.

In aller Regel werden Mitglieder vom Bestand her keine nachhaltig andere Risikostruktur aufweisen als der Durchschnitt einer Kasse. Wenn solche Abweichungen jedoch von der Leistungsseite her gegeben sind oder sich auf der Leistungsseite auf Dauer niederschlagen, muß man über Wege nachdenken, die für diese atypischen Risikostrukturen eine Lösung bieten.

Von besonderer Bedeutung in diesem Zusammenhang ist die Fluktuation von Arbeitnehmern mit der Folge der Beendigung der Pflichtversicherung. Die damit verbundene Umwandlung der Versicherung in eine beitragsfreie Versicherung hat für den Einzelnen erhebliche Auswirkungen und vermindert, wenn sie bei einem Mitglied in größerem Umfang auftritt, die ihm aus der Kasse zufließenden Gesamtleistungen unter Umständen deutlich. Es liegt daher nahe, derartige Einflüsse auf die Leistungsseite durch eine geeignete Modifizierung der Umlagen auf der Einnahmeseite zu berücksichtigen.

Eine Lösung kann in solchen Fällen darin bestehen, den einzelnen Mitgliedern einen Umlagerabatt, z. B. in Abhängigkeit von der langfristigen Fluktuationsrate des versicherten Bestandes zu gewähren. Bei geeigneter Klassifizierung der Beteiligten im Hinblick auf die langfristige Fluktuationsrate wäre dies ein Weg, dauerhafte Ungleichgewichte in den wirtschaftlichen Konsequenzen einer Kassenmitgliedschaft zu beseitigen, ohne im übrigen das Prinzip der solidarischen kollektiven Finanzierung aufzugeben.

Erheblich weitergehende Folgen hätte die Einrichtung von sogenannten Abrechnungsverbänden oder separaten Umlagegemeinschaften, die den Solidarausgleich insgesamt auf die jeweilige abgegrenzte Einheit beschränken. Hier würden sämtliche Ein- und Auszahlungen getrennt geführt werden müssen, gegebenenfalls sogar bis hin zu einer Separierung der Kapitalanlagen, ein Weg, der mit einer ganzen Reihe von Risiken und Nachteilen verbunden, unter Umständen jedoch notwendig ist.

Der Extremfall einer Finanzierung nach privatrechtlichen Grundsätzen würde den Solidarausgleich auf den versicherungstechnischen Risikoausgleich beschränken und zudem im Hinblick auf die Kapitaldeckung eine durch das Mitglied nicht beeinflußbare und in der Regel nicht gewollte und aus Sicht des Mitgliedes nicht unbedingt sinnvolle temporäre Verteilung der Belastung bewirken. Eine derartige Finanzierung ist daher nur dann angebracht, wenn auch das Altersversorgungssystem und die Rechtsform seiner Träger vollständig nach Grundsätzen der Privatwirtschaft organisiert und geführt sind.

Dies ist im öffentlichen Dienst weder der Fall noch zu erwarten. Daher bietet das gegenwärtige Finanzierungssystem für die Altersversorgung des öffentlichen Dienstes mit seiner Mischung aus Umlage- und Kapitaldeckung in seinen Zusatzversorgungskassen eine geeignete Grundlage für die effiziente Finanzierung der Versorgungsverpflichtungen, aber auch ausreichend Variationsmöglichkeiten, sich auf aktuelle und künftige Herausforderungen rechtzeitig einzustellen.

Anhang

A Betroffene Personenkreise, Beitragsniveaus, Haushaltsbelastungen – Status quo und Prognosen

Die Leistungen der Alterssicherungssysteme des öffentlichen Dienstes werden Beamten, Richtern, Berufssoldaten sowie den im öffentlichen Dienst beschäftigten Angestellten und Arbeitern gewährt. Darüber hinaus erhalten ehemalige Bedienstete des Deutschen Reiches und deren Hinterbliebene Versorgungsleistungen, sofern sie unter die Bestimmungen des Art. 131 GG fallen. Näheres regelt das Gesetz zur Regelung der Rechtsverhältnisse der unter Art. 131 des Grundgesetzes fallenden Personen (G 131). Die Versorgung der Beamten und Richter regelt das Beamtenversorgungsgesetz. Berufssoldaten erhalten ihre Versorgungsleistungen nach den Bestimmungen des Soldatenversorgungsgesetzes. Versorgungsträger ist hierbei der Bund.

Gegenstand des Gutachtens sind die 47 kommunalen und kirchlichen Versorgungs- und Zusatzversorgungskassen. Deren Bestandsdaten sind nicht deckungsgleich mit den Daten des Statistischen Bundesamtes über die Gemeinden, Gemeindeverbänden und kommunalen Zweckverbänden. So waren beispielsweise zum 30. Juni 1998 nach den Angaben des Statistischen Bundesamtes knapp 180.000 Beamte im kommunalen Bereich im aktiven Dienst (vgl. Statistisches Bundesamt 1998a, 18). Die 20 in der AKA organisierten Versorgungskassen zählten zum 31. Dezember 1998 jedoch nur weniger als 127.500 aktive Beamte (vgl. Tabelle 1-2, S. 5). Bei den Arbeitern und Angestellten sind die Diskrepanzen unter umgekehrten Vorzeichen noch deutlicher. Während nach den Statistiken des Statistischen Bundesamtes zum 30. Juni 1998 nur etwa 1,47 Millionen Arbeitnehmer im öffentlichen Dienst auf kommunaler Ebene beschäftigt waren, kamen die Zusatzversorgungskassen der AKA zum 31. Dezember 1998 allein auf knapp 2,8 Millionen pflichtversicherte Arbeitnehmer. Um die Gesamtzahl der Arbeitnehmer zu ermitteln, müssen zu den Pflichtversicherten die versicherungsfreien Arbeitnehmer addiert werden, deren Anzahl den Zusatzversorgungskassen jedoch nicht bekannt ist. Weil jedoch die Mehrheit der Arbeitnehmer die Voraussetzungen zur Versicherungspflicht erfüllt, kann die Anzahl der Pflichtversicherten als Näherung für die Gesamtzahl der Arbeitnehmer bei den Mitgliedern der Zusatzversorgungskassen verstanden werden.

Die Differenz im Bereich der Zusatzversorgung zwischen den 1,47 Millionen Arbeitnehmern laut Statistischem Bundesamt und den 2,8 Millionen laut AKA ergibt sich aufgrund der in den Statistiken des Bundesamtes nicht berücksichtigten knapp 700.000 Arbeitnehmern der Kirchen sowie den ebenfalls dort nicht aufgeführten Arbeitnehmern der privatrechtlichen Arbeitgeber, die Mitglied einer Zusatzversorgungskasse sind.

Bei den Beamten liegt die Angabe der AKA mit weniger als 127.500 Beamten im aktiven Dienst unter der des Statistischen Bundesamtes mit 180.000 Aktiven. Der niedrige Erfassungsgrad der Versorgungskassen der AKA entsteht, weil nicht alle kommunalen Dienstherrn verpflichtet sind, die Mitgliedschaft einer Versorgungskasse zu erwerben (vgl. Kap. 2.1.1.3 '*Mitgliedschaft bei einer Versorgungskasse*'). Insbesondere große Städte, deren Personalbestände eine ausreichende Risikostreuung garantieren, tragen die Versorgung ihrer Ruhestandsbeamten alleine. Die drei Kirchenkassen können mit ihren Personalbeständen an beamtenrechtsähnlichen Beschäftigten diese Untererfassung nicht kompensieren.

Trotz der bestehenden Unterschiede in der Datenerhebung, werden nachfolgend die amtlichen Statistiken des Versorgungsberichts, des Alterssicherungsberichts sowie des Statistischen Bundesamtes aufgeführt und durch Daten aus den vorliegenden Geschäftsberichten der Versorgungs- und Zusatzversorgungskassen ergänzt.

Im Fokus dieses Gutachtens steht der kommunale Bereich der Altersversorgung des öffentlichen Dienstes. Die Daten über die aktuellen und zukünftigen Versorgungsaufwendungen von Bund und Ländern dienen nachfolgend der Information und dem Vergleich. Die aktuellen und zukünftigen Versorgungsleistungen zugunsten der im Ruhestand befindlichen Post- und Bahnbeamten sind wegen der vollzogenen Privatisierung nicht Teil der weiteren Ausführungen.

A.1 Status quo

A.1.1 Aktive

Am 30. Juni 1998 beschäftigten die Dienstherrn im öffentlichen Dienst über fünf Millionen Personen. Sie setzten sich aus einem Drittel Beamten und Richter und knapp zwei Dritteln Arbeitnehmern – 47,8 % Angestellte und 14,7 % Arbeiter – zusammen. Die restlichen 3,7 % waren Berufssoldaten (vgl. Statistisches Bundesamt 1998a, 18). Im kommunalen Bereich – Gemeinden, Gemeindeverbände und kommunale Zweckverbände – liegt der Anteil der Beamten nur bei 10,8 %, während die Angestellten mit über 62 % und die Arbeiter mit 27 % prozentual stärker als in den anderen Gebietskörperschaften vertreten sind (vgl. Statistisches Bundesamt 1998a, 18). Die Entwicklungen des Personalstandes kommunaler Arbeitgeber verdeutlichen die beiden folgenden Abbildungen A-1 und A-2.

Abbildung A-1: Entwicklung des Personalstandes kommunaler Arbeitgeber – 1950-1990

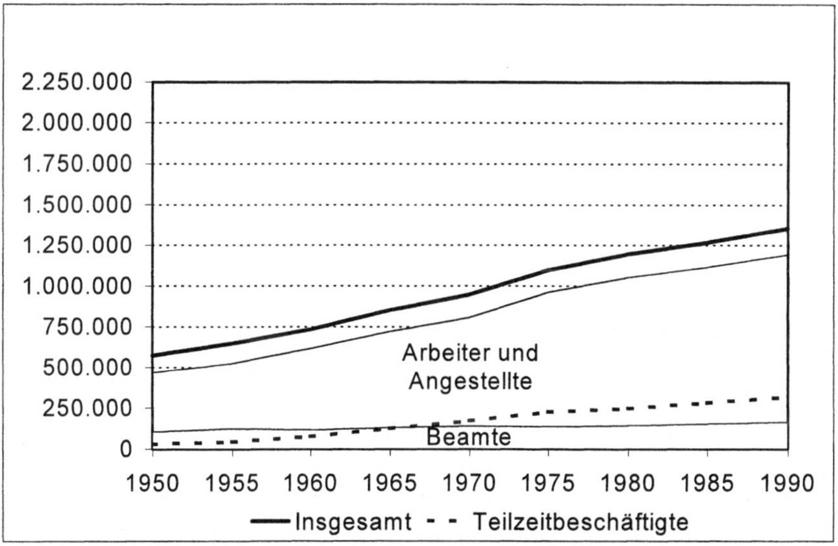

Quelle: Statistisches Bundesamt 1997b, 179, 181

Der Sprung der Beschäftigtenzahl von 1,36 Millionen im Jahr 1990 auf 2,05 Millionen im Jahr 1991 ist auf den Beitritt der neuen Länder zum Bundesgebiet zurückzuführen. Die anschließende Abnahme auf 1,68 Millionen Beschäftigte im Jahr 1997 resultiert zu drei Vierteln aus dem Beschäftigtenabbau in den neuen Ländern seit der Wiedervereinigung. Auffallend ist der relativ geringe Zuwachs an aktiven Beamten seit 1950. Gegenüber 1950 waren 1997 etwa 70 % mehr Beamte bedienstet, während sich der Bestand an Arbeitnehmern im gleichen Zeitraum mehr als verdreifachte.

Abbildung A-2: Entwicklung des Personalstandes kommunaler Arbeitgeber – 1991-1998

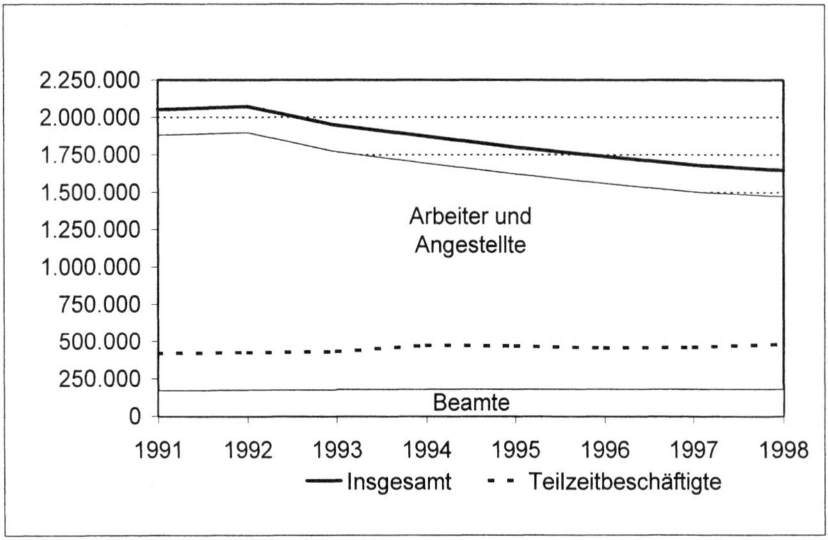

Quelle: Statistisches Bundesamt 1998a, 185, 187

Von den über fünf Millionen Beschäftigten im öffentlichen Dienst gingen 1998 22 % einer Teilzeitbeschäftigung nach. Im kommunalen Bereich lag der Anteil der Teilzeitbeschäftigten mit über 29 % über dem Durchschnitt aller Gebietskörperschaften (vgl. Statistisches Bundesamt 1998a, 185, 187). Waren 1950 bei kommunalen Arbeitgebern und Dienstherrn noch 30.800 Arbeitnehmer und Beamte teilzeitbeschäftigt (5,37 % aller Beschäftigten), so stieg ihre Anzahl auf 316.000 (23,27 %) im Jahr 1990 und 482.100 (29,24 %) im Jahr 1998. Die beiden folgenden Abbildungen A-3 und A-4 verdeutlichen diesen Anstieg.

Abbildung A-3: Teilzeitbeschäftigte im kommunalen Bereich – 1950-1990

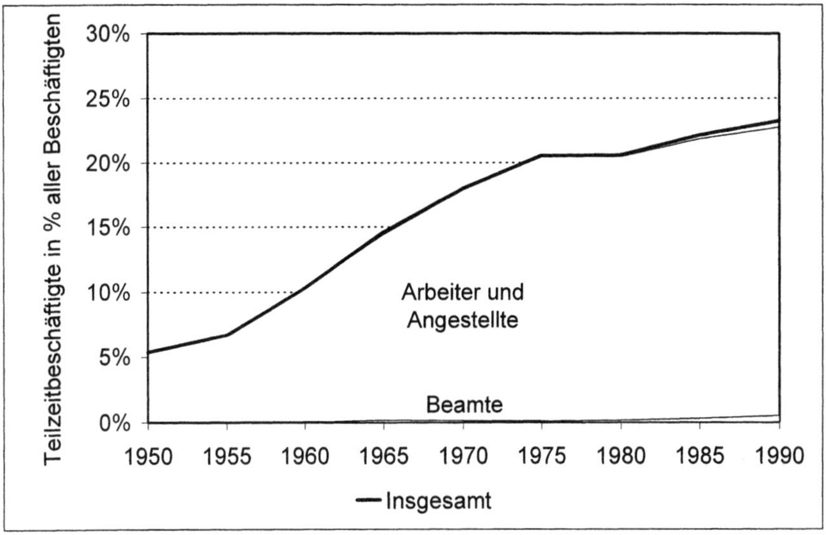

Quelle: Statistisches Bundesamt 1997b, 179, 181

Abbildung A-4: Teilzeitbeschäftigte im kommunalen Bereich – 1991-1998

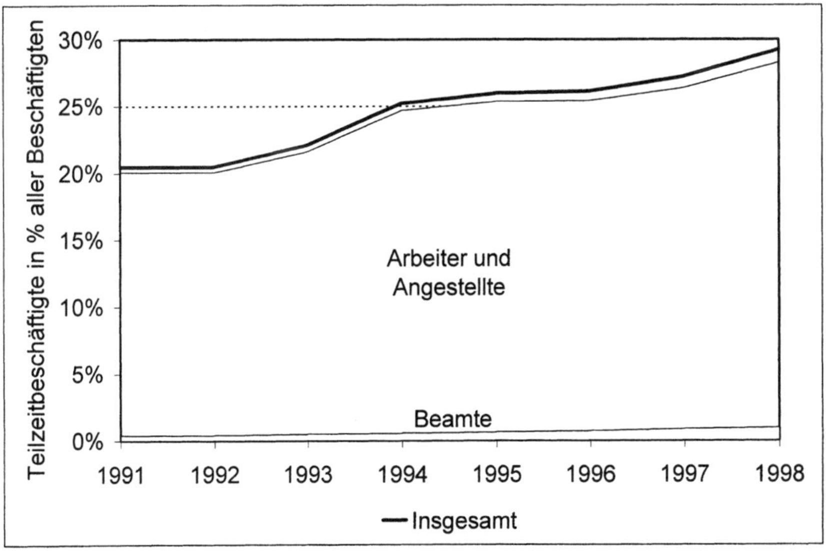

Quelle: Statistisches Bundesamt 1998a, 185, 187

Abbildung A-5: Teilzeitbeschäftigte im kommunalen Bereich – 1950-1990

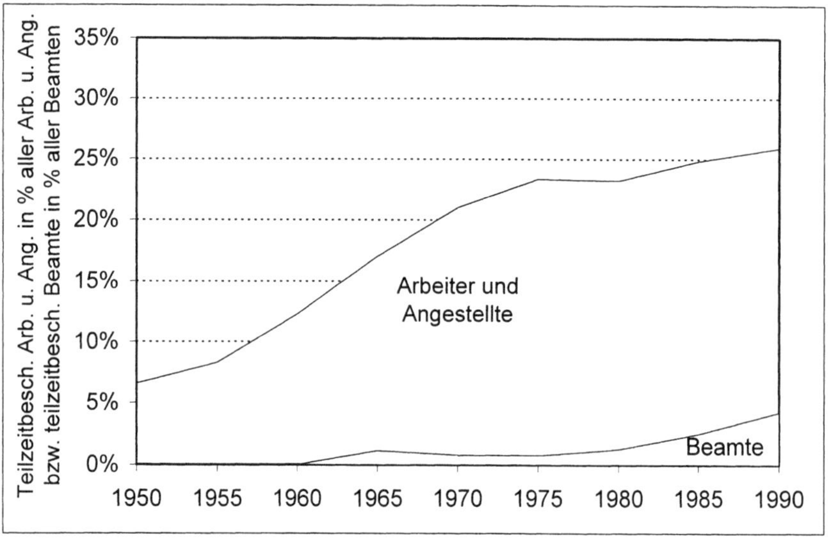

Quelle: Statistisches Bundesamt 1997b, 179, 181

Abbildung A-6: Teilzeitbeschäftigte im kommunalen Bereich – 1991-1998

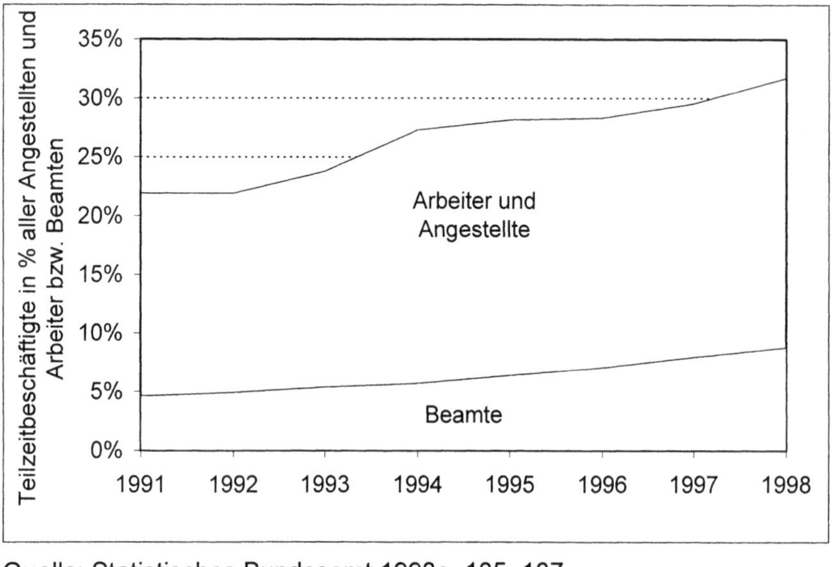

Quelle: Statistisches Bundesamt 1998a, 185, 187

Der Anteil der teilzeitbeschäftigten Kommunalbeamten an allen Beschäftigten des öffentlichen Dienstes im kommunalen Bereich ist gering. Obwohl dieser Anteil seit 1980 kontinuierlich steigt, betrug er 1998 nur 0,95 %. Der Zuwachs der Teilzeitbeschäftigung unter Kommunalbeamten wird in den beiden Abbildungen A-5 und A-6 deutlicher. Während die Abbildungen A-3 und A-4 das Verhältnis von teilzeitbeschäftigten Beamten bzw. Arbeitern und Angestellten zu allen Beschäftigten des kommunalen öffentlichen Dienstes zeigen, stellen die Abbildungen A-5 und A-6 das Verhältnis zwischen teilzeit- und vollzeitbeschäftigten Beamten bzw. Arbeitern und Angestellten dar. Waren 1980 nur 1,26 % aller Kommunalbeamten teilzeitbeschäftigt, stieg deren Anteil über 4,24 % im Jahre 1990 auf knapp 9 % im Jahre 1998.

A.1.2 Versorgungsempfänger

Beamtenversorgung

Insgesamt bezogen am 01. Januar 1999 in den Gebietskörperschaften 756.000 Personen Versorgungsleistungen nach dem Beamten- und Soldatenversorgungsrecht. Hiervon entfallen zwei Drittel auf die Länder, ein Fünftel auf den Bund und etwa 14 % auf die Gemeinden und gemeindeverbände (vgl. Tabelle A-1).

Kommunale und kirchliche Versorgungskassen

Die kommunalen und kirchlichen Versorgungskassen betreuen unterschiedlich viele Mitglieder, Aktive und Versorgungsempfänger. Die Mehrheit der 20 Versorgungskassen verwaltet zwischen 1.000 bis 5.000 gemeldete Stellen[45] (vgl. Tabelle A-2).

[45] Die Umlage wird anhand der Anzahl der umlagebelasteten Stellen berechnet, ungeachtet, ob jede dieser Stellen auch besetzt ist. Deswegen liegt die Anzahl der gemeldeten Stellen etwas oberhalb der Anzahl der Aktiven. Des weiteren wird bei einer Versorgungskasse kein Stellenbeitrag erhoben, so daß sich die Angaben in dieser Spalte nur auf 19 Versorgungskassen beziehen.

Kommunale und kirchliche Zusatzversorgungskassen

Die kommunalen und kirchlichen Zusatzversorgungskassen betreuten Ende 1998 mehr als 38.000 Mitglieder mit mehr als 4,6 Millionen Versicherten. Hiervon waren allerdings nur knapp 2,8 Millionen pflichtversichert mit Anspruch auf eine dynamische Versorgungsrente.

Die Zusatzversorgungskassen zahlten 1998 insgesamt knapp 790.000 Versicherungsleistungen über mehr als 5 Milliarden DM aus. Fast 90 % der Leistungen waren Versorgungsrenten, die knapp 97 % der ausgezahlten Gelder beanspruchten. Dieses Verhältnis verdeutlicht das vergleichbar hohe Leistungsniveau einer Versorgungsrente gegenüber den anderen Versicherungsarten, insbesondere den Versicherungsrenten (vgl. Tabelle A-3).

Tabelle A-1: Versorgungsempfänger am 01.01.1999

Bund	152.000	20,1 %
Länder	501.000	66,3 %
Gemeinden	103.000	13,6 %
insgesamt	756.000	100,0 %

Quelle: Statistisches Bundesamt

Tabelle A-2: Mitglieder, gemeldete umlagebelastete Stellen und Versorgungsfälle der Versorgungskassen 1998

Mitglieder		gemeldete Stellen[46]		Versorgungsfälle	
bis 100	5	unter 1.000	0	unter 1.000	5
100-500	9	1.000-5.000	13	1.000-5.000	9
500-1.000	4	5.000-10.000	1	5.000-10.000	4
über 1.000	2	über 10.000	5	über 10.000	2
insgesamt	11.272		131.893		82.043

Quelle: Statistik der AKA – Fachvereinigung Beamtenversorgung 1999

[46] Vgl. Fußnote 45, S. 153

Tabelle A-3: Mitglieder, Versicherte und Leistungen der kommunalen und kirchlichen Zusatzversorgungskassen, Stand 31. Dezember 1998

Mitglieder	insgesamt		38.297	
Versicherte	insgesamt		4.664.191	100 %
davon:	Pflichtversicherte		2.783.559	59,68 %
	freiwillig Weiterversicherte		448	0,01 %
	beitragsfrei Versicherte		1.880.184	40,31 %
Leistungen	insgesamt	Anzahl	781.869	100 %
		DM	5.070.468.097	100 %
davon:	Versorgungsrenten	Anzahl	703.505	89,98 %
		DM	4.916.892.929	96,97 %
	Versicherungsrenten	Anzahl	53.668	6,86 %
		DM	70.479.968	1,39 %
	Sterbegelder	Anzahl	20.605	2,64 %
		DM	44.719.721	0,88 %
	Abfindungen	Anzahl	4.091	0,52 %
		DM	38.375.479	0,76 %

Quelle: AKA 1999

A.2 Prognosen

A.2.1 Determinanten

Die Entwicklung der Versorgungs- und Zusatzversorgungsausgaben bei Bund, Ländern und Gemeinden wird bis zum Jahr 2040 entscheidend von den beiden folgenden Trends geprägt werden (vgl. Färber 1998, 974; Heubeck 1998, 17ff. und Enquete-Kommission 1998, 205):

1. Die Zahl der Versorgungs- und Zusatzrentenempfänger wird überdurchschnittlich steigen, wenn die in den 60er und 70er Jahren eingestellten Dienst- und Arbeitnehmer die Altersgrenze zum Ruhestand erreichen.
2. Als Folge der demographischen Entwicklung der deutschen Bevölkerung werden auch die Ruhestandsbeamten und Rentner des öffentlichen Dienstes immer älter.

Die Auswirkungen beider Tendenzen werden die Alterssicherungssysteme des öffentlichen Dienstes finanziell zunehmend belasten, wobei die Folgen der Stellenpolitik in den 60er und 70er Jahren stärker zu gewichten sind als die steigenden Versorgungskosten aufgrund der Zunahme der Restlebenserwartung (vgl. Enquete-Kommission 1998, 205).

Einen erheblichen Einfluß auf die zukünftigen Bestände der Pensionäre bzw. Rentner des öffentlichen Dienstes wird auch die **Personalpolitik** der Dienstherrn bzw. Arbeitgeber im öffentlichen Dienst ausüben. Die Versorgungs- und Zusatzversorgungskassen erheben zur Finanzierung der Versorgungsleistungen eine Umlage, deren Bemessungsgrundlage die versorgungsumlagepflichtigen Dienstbezüge bzw. das zusatzversorgungspflichtige Entgelt der aktiven Beamten bzw. Arbeitnehmer ist. Wenn die Dienstherrn bzw. Arbeitgeber im öffentlichen Dienst Stellen kürzen, so entlastet das zwar einerseits die Personalhaushalte der entsprechenden Dienstherrn bzw. Arbeitgeber, belastet jedoch andererseits – je nach Umfang ihres Kapitalisierungsgrades – die Versorgungs- und Zusatzversorgungskassen.

Prognosen über die zukünftige Personalpolitik sind von einer hohen Unsicherheit behaftet. Angesichts der aktuellen Finanzlage der öffentlichen Haushalte erscheint jedoch eine Umkehr von der in den letzten knapp zehn Jahren zu beobachtenden rückläufigen Bestandsentwicklung unwahrscheinlich (vgl. Kap. A.1 '*Status quo*').

Weiterhin besitzt das **Pensions-** bzw. **Renteneintrittsalter** der Beschäftigten einen nicht unerheblichen Effekt für die Finanzierung der Alterssicherungssysteme des öffentlichen Dienstes (von Puskás 1998a, 247 und Heubeck 1998, 18).

Schließlich wirken durch die Gesetzgeber bzw. die Tarifpartner induzierte Veränderungen der **Versorgungsleistungen** auch auf die Finanzierung der Alterssicherungssysteme des öffentlichen Dienstes (Heubeck 1998, 17). Die Arten der Versorgungsleistungen sind seit Einführung des Beamtenversorgungsgesetzes bzw. des Versorgungstarifvertrages für alle im öffentlichen Dienst Beschäftigten einheitlich geregelt. Deren Höhe orientiert sich an der Entwicklung der Bezüge der aktiven Beamten bzw. Arbeitnehmer. Werden diese allgemein erhöht oder vermindert, so ändern sich die Versorgungsbezüge entsprechend (§ 70 BeamtVG, § 34 VersTV-G). Etwaige Änderungen auf der Leistungsseite – sei es hinsichtlich der Höhe oder der Art der Versorgung – betreffen einheitlich alle Beschäftigten im öffentlichen Dienst, unabhängig davon, ob sie auf kommunaler, Bundes- oder Länderebene beschäftigt sind. Jedoch bestehen zwischen Versorgungswerken von Bund und Ländern einerseits und von Kommunen und Kirchen andererseits finanztechnische und organisatorische Unterschiede (vgl. Kap. 2.1 '*Organisation der Altersversorgung im öffentlichen Dienst*'). Aufgrund der Einheitlichkeit der Versorgungsleistungen wirken sich Leistungskürzungen, die beispielsweise durch Finanzierungsprobleme des Bundes und der Länder hervorgerufen wurden, ebenfalls auf die Finanzierung der kommunalen Versorgungs- und Zusatzversorgungskassen aus. Aus diesem Grund enthalten die folgenden Prognosen auch Angaben über die Entwicklung der Versorgungslasten von Bund und Ländern.

Darüber hinaus stellt die gesetzliche Rentenversicherung für die Zusatzversorgung des öffentlichen Dienstes eine weitere exogene Größe dar, deren eventuelle Leistungskürzungen ebenfalls nicht ohne Effekt für die Finanzierung der Zusatzversorgungskassen bleiben.

A.2.2 Beamtenversorgung

Als Grundlage für die Prognose der Versorgungslasten der kommunalen Versorgungskassen werden zwei Quellen herangezogen. Der Versorgungsbericht der Bundesregierung sowie die Daten und Schlußfolgerungen zum Entwurf des Versorgungsberichts des Bundesministeriums des Innern von 1996 verdeutlichen ebenso wie die Modellrechnungen von Färber den Handlungsbedarf aufgrund der Alterslast im öffentlichen Dienst (vgl. Deutscher Bundestag 1996; BMI 1996 und Färber 1995, 1997 und 1998). Die Untersuchung von Färber basiert zwar auf älteren Daten als der Versorgungsbericht, hat jedoch noch nicht an Aktualität verloren. Sie stellt aufgrund ihrer Annahmen eine Art 'Worst-case-Szenario' dar (vgl. Färber 1998, 976).

Versorgungsempfänger

Beide Untersuchungen – der Versorgungsbericht und die Modellrechnung von Färber – prognostizieren, daß die Zahl der Versorgungsempfänger in den Gemeinden erst nach dem Jahr 2025 ihr Maximum erreicht. Jedoch liegt das Maximum nach der Analyse von Färber rund 17,5 % über dem Maximalwert des Versorgungsberichtes.

Tabelle A-4: Entwicklung der Anzahl der Versorgungsempfänger der Gebietskörperschaften 1993 bis 2040

	Bund[47]	Länder	Gemeinden	insgesamt
	Versorgungsempfänger in Tsd.			
1993	244	461	104	809
1995	239	466	103	808
2000	222	524	102	848
2005	208	615	104	927
2010	193	735	113	1.041
2015	187	854	121	1.162
2020	188	952	130	1.270
2025	182	952	137	1.271
2030	176	882	135	1.193
2035	171	817	135	1.123
2040	167	762	131	1.060

Quelle: Deutscher Bundestag 1996, 11 und 172ff.

Tabelle A-5: Entwicklung der Zahl der Versorgungsempfänger der Gebietskörperschaften 1986 bis 2040

	Bund[47]	Länder	Gemeinden	insgesamt
	Versorgungsempfänger in Tsd.			
1986	278	430	114	822
1990	258	444	109	811
1995	230	512	109	851
2000	198	598	122	918
2005	150	705	137	992
2010	158	862	133	1.153
2015	159	981	140	1.280
2020	161	1.014	144	1.319
2025	162	999	156	1.317
2030	161	1.010	161	1.332
2035	161	1.010	161	1.332
2040	161	1.010	161	1.332

Quelle: Färber 1995, 98

[47] ohne Bahn und Post, jedoch inklusive Soldatenversorgung und G 131,

Versorgungsausgaben

Die Versorgungsausgaben steigen im kommunalen Bereich sowohl nach den Prognosen des Versorgungsberichtes als auch nach der Modellrechnung von Färber kontinuierlich bis ins Jahr 2040 an. Ähnlich wie schon bei der Prognose der Anzahl der Versorgungsempfänger liegt Färber mit ihren Schätzungen deutlich – etwa 33 % – über den Werten des Versorgungsberichtes (vgl. Tabellen A-6 bis A-8).

Tabelle A-6: Entwicklung der Versorgungsausgaben der Gebietskörperschaften (Versorgungsbericht)

	1994	2008			
	Versorgungsausgaben in Mrd.DM				
		Variante 0	Variante 1	Variante 2	Variante 3
Bund	2,76	3,99	5,30	5,51	5,73
Länder	21,78	34,81	46,26	48,10	50,01
Gemeinden	4,31	4,68	6,22	6,47	6,72
insgesamt	28,85	43,48	57,77	60,08	62,47

Variante 0: ohne Besoldungsanstieg

Variante 1 bis 3: jährlicher Besoldungsanstieg um 1,5 v. H. im Zeitraum von 1996 bis 2000, danach (von 2001 bis 2008) jährlicher Besoldungsanstieg um 2 v. H. (Variante 1), um 2,5 v. H. (Variante 2) bzw. um 3 v. H. (Variante 3)

Quelle: Deutscher Bundestag 1996, 66ff.

A.2.3 Zusatzversorgung

Der 1996 veröffentlichte Versorgungsbericht der Bundesregierung trifft hinsichtlich der Entwicklung der Rentnerbestände sowie der voraussichtlichen Versorgungsausgaben der kommunalen und kirchlichen Zusatzversorgungskassen lediglich Aussagen über den Zeitraum bis 2008 (vgl. Tabellen A-9 und A-10). Die Prognosen in den vom Bundesministerium des Innern veröffentlichten Daten und Schlußfolgerungen zum Entwurf des Versorgungsberichtes (vgl. BMI 1996) reichen zwar bis zum Jahr 2040, sind jedoch hinsichtlich der kommunalen und kirchlichen Zusatzversorgungskassen wenig aussagekräftig, da sie diese Kassen mit der VBL zusammenfassen.

Tabelle A-7: Entwicklung der Versorgungsausgaben der Gebietskörperschaften 1993 bis 2040 bei einem jährlichen Besoldungsanstieg von 2 v. H. ab 2001 – Variante 2 (Versorgungsbericht)

	Bund[48]	Länder	Gemeinden	insgesamt
	Versorgungsausgaben in Mrd. DM			
1993	8,51	21,26	4,32	34,09
1995	9,02	22,98	4,45	36,45
2000	9,84	29,15	4,93	43,92
2005	11,19	39,79	5,78	56,76
2010	12	55	8	75
2020	16	91	11	118
2030	19	105	15	139
2040	23	118	20	161

Quelle: Deutscher Bundestag 1996, 23 und 35

Tabelle A-8: Entwicklung der Versorgungsausgaben der Gebietskörperschaften 1986 bis 2040

	Bund[48]	Länder	Gemeinden	insgesamt
	Versorgungsausgaben in Mrd. DM			
1986	9,68	14,88	3,60	28,16
1990	10,07	18,27	4,18	32,52
1995	10,25	24,13	4,81	39,19
2000	11,23	32,31	6,15	49,69
2005	11,05	43,61	7,92	62,12
2010	12,49	61,02	8,78	82,29
2015	14,32	79,58	10,56	104,47
2020	16,52	94,24	12,51	123,26
2025	19,54	109,17	15,90	144,61
2030	22,83	129,85	19,28	171,96
2035	26,86	152,74	22,67	202,27
2040	31,59	179,66	26,67	237,92

Quelle: Färber 1995, 104

[48] ohne Bahn und Post, jedoch inklusive Soldatenversorgung und G 131,

Tabelle A-9: Entwicklung der Rentnerbestände der VBL und der AGZVK

Rentnerbestände	1994	Zuwachs		2008
	in Tsd.	in Tsd.	in v. H.	in Tsd.
VBL	759,5	415,6	*54,7*	1.175,1
AGZVK[49] (ohne kirchliche ZVK)	511,1	365,5	*71,5*	876,6
AGZVK (mit kirchlichen ZVK)	616,0	440,6	*71,5*	1.056,7
insgesamt	1.375,5	856,2	*62,60*	2.231,7

Quelle: Deutscher Bundestag 1996, 99

Tabelle A-10: Entwicklung der Versorgungsleistungen bei der AGZVK bei unterschiedlichen Einkommenstrends

Versorgungsleistungen		1996 bis 2000 einheitlich 1,5 v. H. ab 2001:		
	in Mio. DM			
	0 v. H.	2,0 v. H.	2,5 v. H.	3,0 v. H.
1993	3.364,8	3.364,8	3.364,8	3.364,8
2000	4.475,7	4.835,2	4.835,2	4.835,2
2005	5.436,9	6.391,9	6.557,6	6.713,8
2008	5.786,5	7.156,5	7.457,5	7.741,3

Quelle: Deutscher Bundestag 1996, 104

Um das Ausmaß der zukünftigen Versorgungslasten über das Jahr 2008 hinaus zu skizzieren, wurde anhand der Geschäftsberichte der Zusatzversorgungskassen eine Alterspyramide der Pflichtversicherten erstellt, aus der zumindest die Anzahl der zukünftigen Versorgungsrentner geschätzt werden kann. Der Erfassungsgrad der Pflichtversicherten beträgt jedoch nur knapp über 50 %, weil nicht jede Zusatzversorgungskasse altersbezogene Daten erhebt. Zum Vergleich folgt zunächst die Alterspyramide der sozialversicherungspflichtig Beschäftigten in Deutschland vom 30. Juni 1997 (vgl. Abbildungen A-7 und A-8).

[49] AGZVK: Arbeitsgemeinschaft der kommunalen und kirchlichen Zusatzversorgungskassen, seit Sommer 1998 Zusammenschluß mit den kommunalen Versorgungskassen der Beamten in der AKA

Abbildung A-7: Alterspyramide der sozialversicherungspflichtig Beschäftigten in Deutschland zum 30. Juni 1997

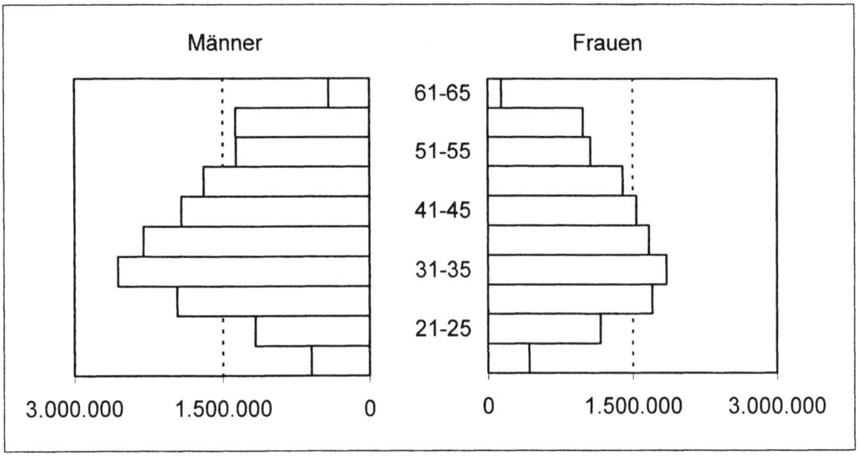

Quelle: Statistisches Bundesamt 1997a, 199ff.

Abbildung A-8: Alterspyramide der Pflichtversicherten der kommunalen und kirchlichen Zusatzversorgungskassen im Jahr 1997

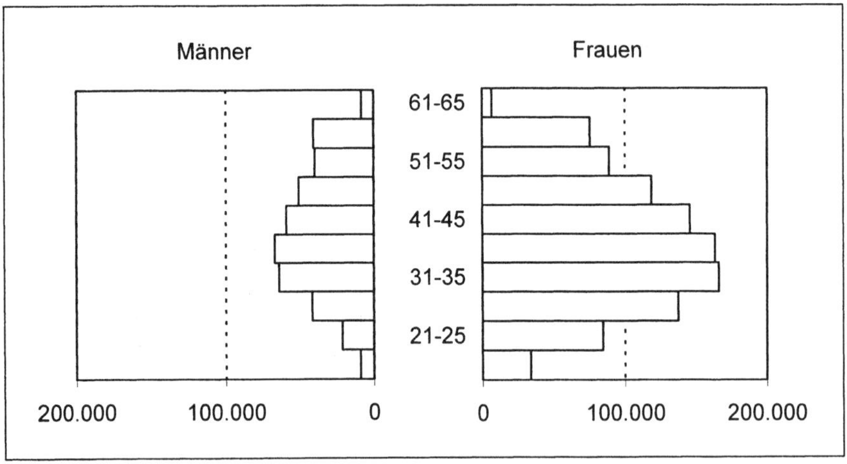

Quelle: Geschäftsberichte der kommunalen und kirchlichen Zusatzversorgungskassen

Der Vergleich der beiden Alterspyramiden zeigt in allen Altersstufen – mit Ausnahme der über 60jährigen – einen deutlichen Überhang an weiblichen Pflichtversicherten gegenüber den sozialversicherungspflichtig beschäftigten Frauen. Die nachfolgende Tabelle A-11 verdeutlicht diesen Tatbestand. Die zweite Tabellenspalte beinhaltet das Verhältnis zwischen pflichtversicherten Frauen und pflichtversicherten Männern. Lediglich in der Altersgruppe der über 60jährigen befinden sich die männlichen Pflichtversicherten in der Mehrheit. In allen anderen Altersgruppen gibt es mehr Frauen als Männer. Im Durchschnitt stehen einem pflichtversicherten Mann 2,55 Frauen gegenüber (letzte Zeile). Die dritte Spalte enthält schließlich die prozentuale Abweichung jeder Altersgruppe von diesem Durchschnitt. Insbesondere in der Gruppe der unter 30jährigen ist der Frauenüberhang besonders deutlich.

Tabelle A-11: Frauenüberhang bei den Pflichtversicherten der kommunalen Zusatzversorgungskassen

Altersgruppe	Verhältnis Frauen zu Männern	Abweichung vom Durchschnitt
61-65	0,83	-67,21 %
56-60	1,86	-27,00 %
51-55	2,24	-12,04 %
46-50	2,34	-7,96 %
41-45	2,46	-3,46 %
36-40	2,44	-4,25 %
31-35	2,59	+1,70 %
26-30	3,30	+29,82 %
21-25	4,01	+57,75 %
16-20	3,84	+51,05 %
Durchschnitt	2,55	

Quelle: Geschäftsberichte kommunaler Zusatzversorgungskassen

B Podiumsdiskussion

Teilnehmer	**Funktion**
Egbert Biermann	DGB-Bundesvorstandssekretär; Leiter der Abteilung öffentlicher Dienst/Beamte
Christian Fieberg	Ministerialdirigent im Bundesministerium des Innern
Erhard Geyer	Bundesvorsitzender des Deutschen Beamtenbundes
Prof. Dr. Klaus Heubeck	Versicherungsmathematischer Sachverständiger für Altersversorgung
Gernot Mittler	Minister der Finanzen des Landes Rheinland-Pfalz
Prof. Dr. Dr. h.c. Bert Rürup	Technische Universität Darmstadt; Fachgebiet Finanzwissenschaft
Michael Schöneich	Beigeordneter des Deutschen Städtetages
Moderation:	
Géza von Puskás	Vorsitzender der Arbeitsgemeinschaft kommunale und kirchliche Altersversorgung (AKA) e. V. und Leiter der Fachvereinigung Zusatzversorgung

Die Diskussion

Herr von Puskás:

Sehr geehrter Herr Prof. Rürup und Herr Prof. Heubeck. In Ihrem Gutachten haben Sie uns viele Stichworte für die Diskussion gegeben. Sie haben betont, daß Sie sich in Ihrem Gutachten auf die Einnahmeseite beschränkt haben. Nun ist das, was wir zu finanzieren haben – nämlich die Leistungen – auch Maßstab für den Aufwand. Unser Aufwand wird also sowohl durch die Einnahmen- als auch durch die Ausgabenseite bestimmt. Sie haben mehr die Einnahmenseite betrachtet. Das Podium ist so besetzt, daß wir sicherlich noch die eine oder andere Frage hinsichtlich der Ausgabenseite stellen können. Lassen Sie uns aber mit der Einnahmenseite beginnen.

Frage 1:

Wenn wir die Botschaft von Ihnen auf einen Punkt bringen, dann plädieren Sie für ein Mischsystem, d. h. einen angemessenen Kapitalanteil. Sie haben uns dazu einige Fingerzeige gegeben. Aber: Was ist angemessen? Wie setzen wir die Angemessenheit am besten um?

Herr Prof. Rürup:

Angemessen – denke ich – ist ein Beitragspfad, der sich innerhalb eines Korridors befindet, der festzulegen wäre. Oder die zweite, allerdings sehr viel anspruchsvollere Interpretation ist ein an den Zukunftsbelastungen ausgerichteter, "ewig gleichbleibender" Umlagesatz. Das sind die beiden Möglichkeiten, die das Spektrum der Angemessenheit repräsentieren können. Ich würde dem Beitragspfad innerhalb eines Korridors den Vorzug geben, da die zweite Interpretation mir für eine Vielzahl von Kassen nur schwer umsetzbar erscheint, wenngleich konzeptionell der ewige Umlagesatz selbstverständlich vorzuziehen wäre.

Herr von Puskás:

Der ewige Umlagesatz ist sozusagen die Richtgröße. Gibt es für dieses Verhalten Mechanismen und praktische Erfahrungen?

Herr Prof. Heubeck:

Mit unseren Berechnungen ermitteln wir den gegenwärtig notwendigen Beitragssatz, können den Bestand und seine voraussichtliche Entwicklung aufzeigen und auf dieser Grundlage den ewig gleichbleibenden Umlagesatz kalkulieren. Bei diesen Rechenoperationen haben wir mit den bisherigen Erfahrungsbeständen Zeithorizonte von 30 bis 60 Jahren zu berücksichtigen. Der Mechanismus besteht also in Rechenoperationen im Finanzierungsverfahren, mit Hilfe der Definition einerseits des Deckungsabschnittes oder der Deckungsabschnitte; mit diesen Methoden ist es möglich zu bestimmen, wie man sich diesem Umlagesatz nähert oder sich von ihm entfernt. Die angestrebten Ziele können durch geeignete Eingriffe im System automatisch gesteuert werden. Diese Steuerung kann durch das Ausmaß der Kapitalbildung erfolgen. Herr Rürup sprach an, daß die Veränderung innerhalb eines Korridors erfolgen kann. So kann z. B. ein Deckungsgrad für den Schluß des Dekkungsabschnittes vorgegeben werden. Als Zielgröße kann man also einen Deckungsgrad festlegen, der innerhalb bestimmter Zeithorizonte (d. h. Deckungsabschnitte) variabel sein kann.

Ziel sollte es allerdings sein, daß in diesen Zeiträumen etwas Vernünftiges herauskommt, was die Beitragssätze bis hin zum ewigen Umlagesatz und die Höhe der Deckungskapitalien angeht. Das kann je nach den Verhältnissen einzelner Kassen heißen: mehr oder weniger schneller Kapitalaufbau in den nächsten Jahren. Das kann in 20, 30 Jahren auch heißen: Abbau von Kapital. Dafür kann man keine allgemeine Regel geben. Das kommt auf die jeweiligen Bestände an. Aber die generelle Tendenz sollte ein schneller Kapitalaufbau sein. Der Kapitalstock sollte stehen bleiben und könnte später wieder partiell aufgelöst werden.

Frage 2:

Herr von Puskás:

Schöne Modelle sind gut, aber ein Wolkenkuckucksheim nutzt uns nichts. Deshalb jetzt einige Fragen an diejenigen, die bezahlen müssen, was an Kapital aufgebaut werden soll. Eine Verstärkung der Kapitaldekke erfordert, daß man heute etwas mehr Geld für morgen auf die hohe

Kante legen muß. Und sehr viele unter uns kennen aus eigener Erfahrung die engen finanziellen Spielräume bei der gegenwärtigen Haushaltslage der öffentlichen Hand. Ist es angesichts dieser Situation realistisch und politisch vermittelbar, mit einer solchen Forderung an die Mitglieder der Kassen heranzugehen?

Herr Schöneich:

Ja, ich finde das, was bislang dargelegt worden ist, begründet die Brisanz und die Dramatik der Situation immer noch nicht hinreichend. Hier könnte man ruhig nach diesen Molltönen etwas dramatischere Töne anklingen lassen; denn sonst wird nicht deutlich, in welcher Situation wir uns gegenwärtig bereits befinden. Und nur, wenn diese kritische Situation hinreichend deutlich gemacht wird, findet sich auch die Bereitschaft, mehr zu tun oder etwas anderes zu tun als bisher; denn Geld zuviel hat, so weit ich das sehe, bei den öffentlichen Gebietskörperschaften keiner.

Also noch mal: meines Erachtens hat die Veranstaltung hier den alleinigen Zweck, auf eine höchst brisante Situation und Entwicklung aufmerksam zu machen und dann mit einem Aufruf eine Diskussion zu verstärken, die lautet: wir müssen unbedingt auf allen Ebenen mehr Vorsorge treffen und nach neuen Wegen bei der Altersversorgung, Beamtenversorgung und Zusatzversorgung Ausschau halten. Angesichts einer solchen von mir angenommenen Didaktik muß man doch noch einmal ganz deutlich machen, warum denn da im Jahr 2010 etwas Ungeheuerliches passiert, was sich im Moment noch nicht so recht erkennen läßt. Da bleibt heute noch zu vieles im Nebel. Das Statistische Bundesamt hat vor kurzem wieder mal veröffentlicht, der Bund versorgt zur Zeit 152.000 Pensionäre und Hinterbliebene – das war eine Steigerung zum Vorjahr von 2 % –, die Länder versorgen 501.000 Pensionäre, auch plus 2 %, und die Kommunen nur 105.000, plus 1,9 %. Das sind eigentlich ganz gemütliche Zahlen. Da kann man sich wieder zurücklehnen und sagen: wenn das so weitergeht, hält sich ja alles im Bereich der Inflationsrate, da muß ich mich nicht umorientieren.

Meine Damen und Herren, Kurt Biedenkopf hat zu Recht festgestellt, Reformen und grundsätzliche Verhaltensveränderungen passieren nicht aus Einsicht, sondern erst aus der Krise. Und daß wir bereits in einer solchen Krise stecken, das ist die Botschaft, die in dem durchsichtigen Streit um die Rentenreform, der derzeit abgeht, in unserem Bereich noch nicht hinreichend deutlich geworden ist. Und wir sollten deswegen jetzt bei dieser Veranstaltung begreifen, daß wir zur Zeit bei der Altersversorgung eben mehr oder weniger von der Hand in den Mund leben.

Aber das muß noch genauer unterlegt werden, zumal – zweite Bemerkung – die Betroffenheit der Ebenen doch sehr unterschiedlich ist. Wenn ich eben die Zahlen des Statistischen Bundesamtes nannte, so könnten sich bei den Beamten, bei der Beamtenversorgung, die Kommunen eigentlich erst einmal in Sicherheit wähnen, nach dem Motto: in den Rathäusern, Stadtverwaltungen und Landratsämtern landauf, landab befinden sich 12 % Beamte, in den Rathäusern der neuen Ländern vielleicht nur 3 oder 4 %. Zu deutsch: da ist die Betroffenheit vielleicht gar nicht so groß, während bei den Ländern sowie beim Bund ganz andere Beamten-Bataillone existieren und von daher die Probleme auch im Versorgungsbereich größer werden. Nur muß man sich vielleicht auch die Frage stellen, ob im kommunalen Bereich nicht der Beamtenquotient, der Altersquotient bereits jetzt schon Sprengkraft übernommen hat und wir von daher auch sehr bald ganz heftig gekniffen sind. Oder man muß sich deutlich machen, daß sich bei dem Thema Zusatzversorgung die kommunale Seite wieder sozusagen im vordersten Schützengraben befindet. All diese Betroffenheit muß von der abstrakten Ebene auf eine mehr individuelle und sozusagen körperschaftsbezogene Ebene heruntergebrochen und konkretisiert werden. Und deswegen stellt sich für mich noch mal die Frage: kann man diese Dramatik, diese Brisanz hinreichend ausdrücken, damit jetzt sozusagen ein Ruck durch die Landschaft geht und die Alarmglocken wirklich läuten?

Frage 3:

Herr von Puskás:

Vielen Dank, Herr Schöneich. In der Tat lautet die Botschaft von Herrn Prof. Rürup und Herrn Prof. Heubeck: Baut Kapital auf; denn wenn Ihr die künftigen Versorgungslasten vor Euch herschiebt, müßt Ihr sie morgen doppelt bezahlen. Die Versorgungslasten, die auf uns zukommen, stammen aus einer Personalpolitik der Vergangenheit. Betroffen von den Auswirkungen der steigenden Lasten sind nicht nur diejenigen, die sie zu finanzieren haben, sondern die Beamten, denen man eine Versorgung versprochen hat. Sehen Sie, Herr Geyer, auch unter diesem Aspekt die Notwendigkeit, deutlich zu machen, etwas für die Zukunft zu tun?

Herr Geyer:

Ich möchte noch einmal auf die Personalpolitik der vergangenen Jahre eingehen. Die Personalpolitik war doch Ausdruck der gesellschaftlichen Forderungen. Wir wollen Bildung. Wir wollen innere Sicherheit. All dies muß auch durch Personal geleistet werden, und das Personal muß bezahlt werden. Dies brauchen wir nicht zu beweinen. Ich denke, wir sollten uns an den Versorgungsreformbericht erinnern, den der damalige Innenminister Manfred Kanter vorgelegt hat. Darin wird aufgezeigt, wie sich die Versorgungsentwicklung im Beamtenbereich darstellen wird. Es ist also nicht zutreffend, wenn man heute sagt, man könne nicht in die Zukunft hinein projiziert berechnen, nicht ermitteln. Das ist – wie bei der Rentenfrage – ermittelbar. Und insofern müssen wir auf dieser Grundlage im System bleiben. Wir sollten nicht glauben, das Heil läge darin, alle Systeme zusammenzuwerfen und aus dem eigenständigen System herauszugehen.

Der richtige Ansatz ist in dem Versorgungsreformgesetz gemacht, das auch durch die neue Bundesregierung nicht zurückgenommen worden ist. Wir müssen erkennen, daß nach dem Jahr 2025 die Versorgungsleistungen – ich vermeide das Wort 'Versorgungslast' – zurückgeht. Und eben für diese Phase – rund 2014 bis 2025 – muß eine zusätzliche Vorsorge getroffen werden. Das ist mit dem Versorgungsreformgesetz geschehen. Diesen Weg sind wir sehr aktiv mitgegangen, weil wir eben erkannt haben, daß wir einen Versorgungsberg haben, der untertunnelt werden muß, um später die Versorgung der Beamten und der Pensionäre zu sichern.

Bund und Länder haben hierfür bereits entsprechende gesetzliche Vorgaben gemacht. Insofern ist hier von der gesetzlichen Ebene im Hinblick auf den beamteten Bereich entsprechend gehandelt worden.

Herr von Puskás:

Nur eine Anmerkung zu der Höhe der Versorgungsrücklage. Wir haben berechnet, daß bei der Versorgungsrücklage – wenn man das auf die Kassen herunterbricht – insgesamt bis zum Jahre 2013 noch nicht einmal eine Jahresausgabe zusammenkommt. Von daher sind wir noch weit weg von der Wirkung, daß wir hiermit die Beitragssätze in der Beamtenversorgung langfristig stabil halten können.

Herr Biermann:

Die Veranstaltung kommt genau zur richtigen Zeit, weil wir in Deutschland die Altersversorgung gerade wieder neu diskutieren, und in dieser ganzen Debatte wird immer deutlicher, daß die betriebliche Altersversorgung, also die Zusatzversorgung, ein neues Gewicht bekommen wird. In der Politik diskutiert man über die Altersversorgung dahingehend, daß versucht werden soll, im Rentenbereich das Niveau zu halten, wobei Alterssicherung, Zusatzversorgung und private Vorsorge immer wichtiger werden. Dabei spielt die Frage der Zusatzversorgung im öffentlichen Dienst eine besondere Rolle, weil dieses System, wie wir gehört haben, ein gutes System ist. Es ist erstens ein tarifvertraglich geregeltes System, d. h. Arbeitgeber und Arbeitnehmer haben hier gemeinsam die Spielregeln verabredet, und das ist immer – denke ich – besser als einseitige Festlegungen. Zum anderen haben wir auch gehört – und das ist in der bisherigen Diskussion meines Erachtens immer noch zu wenig beleuchtet worden –, daß diese Mischform der Finanzierung, also zum einen Umlage- und zum anderen Kapitaldeckung, eigentlich ein sehr gutes System ist. Das sollte man all denen ins Stammbuch schreiben, die das hohe Lied der kapitalgedeckten Alterssicherung reden, weil eben da ähnliche Probleme sind, wie bei der Umlagefinanzierung. Wir können nur, wenn wir ein gemischtes System stabilisieren, letztlich die langfristigen Veränderungen vernünftig in den Griff bekommen. Und da würde ich schon sagen, daß wir die Frage einer stärkeren Kapitaldeckung weiter vorantreiben sollten. Das müssen dann die jeweiligen Entscheidungsträger verabreden und mit ihren jeweiligen Haushaltslagen in Übereinstimmung bringen.

Der zweite Punkt: Ich denke, auch in der Beamtenversorgung werden wir nicht umhin kommen, über neue Modelle nachzudenken. Der DGB hat jedenfalls eher konstruktiv die Versorgungsrücklage begleitet, aber einige systematische Bedenken geäußert; nämlich erstens, daß die Frage des Beitrags hier nicht ausgewiesen wird, zweitens, daß die Mitbestimmung in den entsprechenden Gremien der Versorgungsrücklage zu gering ist, und drittens, daß wir langfristig eigentlich zu einer völligen Umgestaltung kommen sollten. Zumindest für die neu einzustellenden

Beamtinnen und Beamten müßte man ein neues System finden, weil wir nicht an der Tatsache vorbei kommen, daß die Menschen heute fragen, wo denn die Leistungen der Beamtinnen und Beamten zu ihrer Altersversorgung sind. Und dann muß man das auch ausweisen. Und ich glaube, die Mehrheit der Bevölkerung weiß noch nicht einmal, daß es hier eine entsprechende Rücklage gibt. Die Beamtinnen und Beamten haben große Schwierigkeiten, in den Debatten mit Arbeitern und Angestellten darzustellen, daß sie auch einen Beitrag zu ihrer Versorgung leisten. Aber das erfordert natürlich einen wirklich positiven Reformansatz.

Frage 4:

Herr von Puskás:

Der Gedanke, die Altersversorgung für neu eingestellte Beamte ein wenig anders zu finanzieren, ist nicht neu. In Rheinland-Pfalz haben wir bereits ein System, bei dem für neu eingestellte Beamte Pensionsrückstellungen gebildet werden. Das ist auch eine Form der Kapitalbildung. Das ist, sehr geehrter Herr Mittler, ein sehr interessanter Ansatz. Wir können festhalten, bei Ihnen wird bei der Altersversorgung mit der Haushaltsfinanzierung ein Element der Kapitalfinanzierung verknüpft. Werden dadurch die öffentlichen Finanzen überfordert? Gibt es auf andere Weise Einspareffekte, so daß sich dieser Weg der Kapitalbildung sogar für Rheinland-Pfalz lohnt? Welches sind Ihre Erfahrungen mit diesem System?

Herr Mittler:

Der Erfahrungszeitraum ist noch zu kurz, um das umfassend bewerten zu können. Seit dem 01. Oktober 1996 zahlen wir allmonatlich für die seit dem 01.10.96 neu in den Landesdienst eintretenden Beamtinnen und Beamten eine nach versicherungsmathematischen Grundsätzen errechnete Rücklage in einen Pensionsfonds ein. Damit haben wir den Einstieg in das Kapitaldeckungsverfahren gemacht. Die Frage ist ganz einfach – Herr Schöneich hat völlig recht –, ob uns die Dramatik, vor der wir stehen, eigentlich bewußt ist. Wir haben zur Zeit in Rheinland-Pfalz 28.000 Versorgungsempfänger. Im Jahr 2020 werden es 52.000 sein. Wir haben zum 31.12.1995 den Barwert aller Pensionsansprüche, also der Anwartschaften und der Ansprüche der Beamten und Versorgungsempfänger, nach versicherungsmathematischen Grundsätzen ermitteln lassen. Der Gegenwert beträgt DM 40 Mrd. bei einem Haushaltsvolumen im Jahr 1995 von knapp 20 Mrd., und das übrigens noch bei einem Zinssatz von 7 % brutto; das heißt, einem Realzins von 3,8 %. Das ist aber nicht ungewöhnlich, weil in einer Reihe von Vergleichsrechnungen – Bayern, Baden-Württemberg, auch Bundesrechnungshof – auch jeweils 7 %, zum Teil noch höhere Sätze, angesetzt wurden. Man kann allerdings im Hinblick auf das heutige Kapitalmarktniveau nicht daran vorbeisehen, daß dies ein durchaus üppiger Zins ist. Wenn der Zinssatz niedriger veranschlagt wäre, dann wäre der Barwert noch entsprechend höher.

Ich sage das, nicht um einen technischen Hinweis zu geben, sondern um die Dramatik zu beschreiben, vor der wir stehen. Und natürlich geht es uns in Rheinland-Pfalz nicht besser als anderen Ländern auch. Die Frage ist nur, ob dies dazu berechtigt, weiterhin die Augen zu verschließen. Dadurch, daß wir jedem Ressort zum Zeitpunkt der Einstellung einer Beamtin, eines Beamten die tatsächlichen, allmonatlich entstehenden Kosten vor Augen führen, verändern wir auch das Bewußtsein. Die Blickrichtung wird verändert. Das ist das erste, was wir brauchen. Und zweitens kommen wir damit auch zu einer Vergleichbarkeit der Kosten von Beamten und Angestellten. Eine Diskussion, die ohnehin in hohem Maße interessengeleitet und ideologisch befrachtet ist, von beiden Seiten, je nach Einstellung. Deswegen sage ich auch immer mit dazu: Daß in der Vergangenheit Risikovorsorge nicht getroffen wurde, war eine politische Entscheidung, die man im nachhinein den Betroffenen nicht zur Last legen kann in dem Sinne, daß man aus Betroffenen noch Sündenböcke macht. In der öffentlichen Diskussion lege ich darauf immer sehr großen Wert. Die öffentliche Diskussion, die wir in diesem Zusammenhang führen, darf nicht gegen die Betroffenen, also die Beamtinnen und die Beamten, instrumentalisiert werden.

Eine zweite Bemerkung, was die Untertunnelung angeht. Also, durch diesen Tunnel kriegen Sie noch nicht einmal eine Maus. Im Jahr 2013 – am Ende des 15-Jahresabschnitts, über den wir alljährlich die 0,2 % ansammeln – haben wir eine Rücklage, die die Pensionslasten des Jahres 2014 gerade einmal zu zwei Drittel abfedern könnte! Nun weiß ich ja auch, daß dies nicht so vorgesehen ist, sondern daß die Entnahme über einen längeren Zeitraum erfolgen soll. Aber wer sich die auch über das Jahr 2013 – in den Ländern jedenfalls bis zum Jahr 2020 – dramatisch ansteigende Last ansieht, der weiß, daß diese Untertunnelung wirklich nur ein Tropfen auf den heißen Stein ist. Aber unabhängig von seiner Wirkung hat das Gesetz einen Vorteil, daß ein Einstieg gemacht worden ist. Und wer etwa davon ausgeht, damit hätte es sein Bewenden, der lügt sich etwas in die Tasche. Oder ist hier etwa ein vernünftiger Mensch im Raum, der davon ausgeht, daß man bei den Renten eine Absenkung des Niveaus vornehmen könnte und nähme den öffentlichen Dienst davon aus. Deswegen sage ich: wer die Frage heute nicht aufwirft und heute über Lösungen nachdenkt, der wird dies spätestens in drei Jahren tun. Nur ist dann alles noch viel schlimmer. Deswegen wird es Zeit, daß wir sagen: Es wird bei diesem Versorgungsniveau nicht bleiben können, weder bei den Beamten, noch bei den Angestellten im Öffentlichen Dienst. Und wenn wir dies nicht sagen, dann sind wir unser Geld nicht wert in den Führungsfunktionen. Dann gilt wirklich das umgekehrte Christus-Wort: Denn sie tun nicht, was sie wissen.

Herr von Puskás:

Vielleicht können wir, wenn wir jetzt ein Fazit aus dieser Runde ziehen, den Konsens feststellen: für die Zukunft ist Risikovorsorge zu treffen. Diese Botschaft müssen wir gemeinsam hinüberbringen und zwar von den Vertretern der öffentlichen Arbeitgeber, die das zu finanzieren haben, und den Gewerkschaften des öffentlichen Dienstes. Um dieses Ziel zu erreichen, muß sich in den Köpfen der Betroffenen und der Verantwortlichen etwas ändern. Und wenn alle dabei mithelfen, Bewußtsein zu verändern, sollte es gelingen, diese Voraussetzungen zu schaffen.

Frage 5:

Herr von Puskás:

Wir haben schon darauf hingewiesen, daß die Versorgungsrücklage nur weniger als eine Jahresausgabe deckt und schrittweise über eine lange Strecke abgebaut werden soll. Da schließt sich zwanglos die Frage an: Ist die "Eigenbeteiligung" der Beamten nur ein Einstieg? Geht es auf diesem Weg noch weiter? Eine ähnliche Frage läßt sich auch für die Zusatzversorgung stellen, bei der die Eigenbeteiligung oberhalb von 5,2 % Umlage einsetzt.

Herr Fieberg:

Ich glaube, einige der Antworten ergeben sich bereits aus dem, was Herr Prof. Rürup und Herr Prof. Heubeck gesagt haben. Ich begrüße ausdrücklich, daß in beiden Referaten Wege aufgezeigt wurden, die Finanzierbarkeit der Versorgungssysteme durch systemimmanente Veränderungen zu verbessern oder herzustellen. Die Feststellung, daß ein völliger Umstieg auf ein anderes Verfahren nicht empfohlen wird, entspricht sicherlich auch der Machbarkeit und der Realität.

Sie haben die Frage der Versorgungsrücklage angesprochen. Mit der Versorgungsrücklage, über deren Ausmaß man diskutieren kann, ist ein Schritt getan worden weg von dem sehr alten und sehr bewährten Prinzip, daß der Staat seine Ausgaben aus den laufenden Einnahmen bestreitet, und zwar ausschließlich daraus. Und dies gilt natürlich für die Personalkosten ganz besonders, und die Versorgungskosten sind nichts anderes als ein Teil der Personalkosten. Es geht in der Tat nicht an, daß man Versäumnisse der Vergangenheit hier auf dem Rücken der Betroffenen austrägt. Der Versorgungsbericht der Bundesregierung hat, wie ich hoffe, doch gezeigt, wie die Dinge sich entwickeln werden. Er hat es gezeigt für alle Bereiche, den Bereich des Bundes, der Länder und der Gemeinden. Und diese Analyse wird in Kürze auf den neuesten Stand gebracht werden durch den weiteren Versorgungsbericht, den die Bundesregierung im Jahr 2001 aufgrund der dann aktuellen Daten vorlegen wird und der auch den künftigen Handlungsbedarf deutlicher und korrekter noch umschreiben kann, als er uns jetzt vor Augen steht.

Bei der Einführung eines neuen Finanzierungsinstruments, wie hier der Versorgungsrücklage, kann man dessen weiteres Schicksal, dessen weitere Entwicklung nie mit Sicherheit vorherbestimmen. Man kann auch nicht im ersten gesetzgeberischen Ansatz sämtliche Fragen lösen, die damit verbunden sind, von der Anlageform, vom Umfang, von der Verwaltung solcher Rücklagen her. Insofern ist es eine Entscheidung eines aus der Sicht des Jahres 1999 bereits historischen Gesetzgebers des Jahres 1998. Wie die Gesetzgebung hier weitergehen wird, wird man sehen müssen. Ich darf aber einen Punkt gerade im Hinblick auf den kommunalen Sektor hervorheben. Es ist immer verdeutlicht worden, daß diese Versorgungsrücklage nicht etwa zusätzliche Finanzierungsinitiativen bei den kommunalen Beamtenversorgungskassen hindern soll – Initiativen, die entweder schon in der Verwirklichung sind oder die in Zukunft angedacht werden –, sondern daß diese Rücklagenlösung eine Basis darstellt, die je nach den Bedürfnissen und Möglichkeiten der einzelnen Kasse und der einzelnen Dienstherren ergänzt und erweitert werden kann.

Herr von Puskás:

Wenn ich Sie recht verstanden habe, dann können wir davon ausgehen, daß vorerst die Bundesregierung jedenfalls keinen Handlungsbedarf sieht, um an der Schraube der Eigenbeteiligung der Beamten zu drehen, sondern daß zunächst einmal die Aktualisierung des Versorgungsberichts abgewartet wird. Wie stellen Sie sich, meine Herren, zu diesen Perspektiven?

Herr Geyer:

Wie schon gesagt, haben wir uns bei der Diskussion um das Versorgungsreformgesetz nicht beiseite gestellt und nicht ablehnend verhalten. Gerade weil wir die Notwendigkeit und die Entwicklung gesehen haben, haben wir Handlungsmöglichkeiten mitdiskutiert. Hier muß auch hervorgehoben werden, daß bei der Versorgungsrücklage die Aktiven und die Ruheständler – im Unterschied zu den Renten – ihren Teil mit beitragen. Aber wir haben auch die Überlegung angestellt, Versorgung und aktive Bezüge statt dessen um genau 3 % zu reduzieren, um damit dann eine schnellere Anlage und eine schnellere Kapitalbildung zu haben. Aber wichtig ist – und dies ist mit dem Versorgungsreformgesetz geschehen –, daß es hier zu einer Fondsbildung kommt und nachher das Geld auch zur Verfügung stehen muß. Über die Frage der Höhe sollte man die Entwicklung abwarten. Der angekündigte Versorgungsbericht 2001 wird hier eine wesentliche Grundlage für eine dann sicher einsetzende Diskussion sein, ob das ausreicht, was man getan hat. Und wir bedienen uns z. B. auch hier der versicherungsmathematischen Ebene. Ich meine, wir können nicht einfach pauschaliert sagen: also hier ist ein Tunnel, aber es paßt höchstens eine Maus durch und kein ICE. Da würde ich dann schon wissen wollen, was wirklich benötigt wird, und da sollten wir uns schon der versicherungsmathematischen Wissenschaft bedienen.

Herr Mittler:

Wir wissen doch alles, was benötigt wird und wie die Zahlen sich entwikkeln werden. Wir wissen, wieviele Pensionäre, wieviele Versorgungsempfänger wir im Jahr 2020 haben werden. Das ist doch alles bekannt. Und wenn wir bestimmte Prognosen hinsichtlich der künftigen Einkommensentwicklung und auch hinsichtlich der Versorgungsbezüge zugrunde legen, dann wissen wir auch, wie das im Jahr 2020 aussehen wird. Heute beträgt der Anteil der Versorgungsausgaben im Land Rheinland-Pfalz 19 % gemessen an den gesamten Personalausgaben. Im Jahr 2020 werden es 30 bis 32 % sein. Das weiß ich heute schon. Da brauche ich keinen neuen Bericht mehr. Die Frage ist doch nur, ob wir mit dem Abwarten auf solche Berichte weiterhin Zeit dahin laufen lassen, oder ob wir sehen, daß die Zeit fürs Handeln gekommen ist.

Noch eine Anmerkung zu der Absicht der Bundesregierung, die ich hier nicht zu vertreten habe. Nur, den Hinweis möchte ich schon geben, daß in der Koalitionsvereinbarung steht, daß die gesetzliche Rentenversicherung und die Beamtenversorgung im Einklang fortzuentwickeln sind. Beide Systeme parallel, was bedeutet das? Also, ich wundere mich übrigens auch über die Gewerkschaften – nicht über den Beamtenbund, das ist völlig klar: denn es ist nicht die Aufgabe des Deutschen Beamtenbundes, auf Schieflagen zugunsten der Beamten hinzuweisen. Aber ich wundere mich, daß beispielsweise bisher auf die Frage der ungleichen Entwicklung im Versorgungsbereich im Öffentlichen Dienst und in der Rentenversicherung nicht aufmerksam gemacht wird, daß dies bisher nicht thematisiert wird. Wenn man die Dinge nüchtern betrachtet, ist doch absehbar: Es hält doch überhaupt keine Gesellschaft aus, daß sich die Systeme in einem solchen Maße auseinander entwickeln, das beitragsfinanzierte System und das steuerfinanzierte System.

Lassen Sie mich noch eine Bemerkung zum Rentenversicherungsbericht machen. Er enthält die Forderung nach einem umfassenden Verteilungsbericht. Damit ist eine kontinuierliche Darstellung der Verteilungswirkungen zwischen den Generationen gemeint. Das halte ich für außerordentlich wichtig.

Meine Damen und Herren, dieses System, das Umlagesystem, ist ein Wechsel auf die Zukunft. Nur der Hauptbetroffene, der Bezogene, hat nicht unterschrieben: Das ist nämlich die nächste Generation. Daher wird dieses System nur so lange tragfähig sein, wie es von den Jüngeren akzeptiert wird.

Deswegen sage ich: Ich bin gespannt darauf, wie die Diskussion weitergeht im Hinblick auf die ungleiche Entwicklung der Versorgungssysteme, die nicht zu halten sein wird. Und da hilft uns der Verweis auf das Erscheinen des Versorgungsberichtes, des Ergänzungsberichtes A, B, C, D oder in welchem Jahr auch immer, keinen Schritt weiter.

Herr Fieberg:

Ihre Schlußfolgerung aus meinen Ausführungen, daß vor Erscheinen des Versorgungsberichts nichts geschehen werde, ist so sicher nicht richtig. Ob vorher etwas geschehen wird, wird zu entscheiden sein. Der Hinweis von Herrn Minister Mittler, daß natürlich im Zuge der anstehenden Rentenreform Folgerungen für parallele Entwicklungen in der Beamtenversorgung gezogen werden, ist selbstverständlich richtig. Diese Folgerungen beziehen sich keineswegs auf das Thema, das wir eigentlich diskutieren wollten, nämlich die Versorgungsrücklage, sondern auf die gesamten Rahmenbedingungen unserer Versorgungssysteme. Da müssen wir in der Tat unser Augenmerk darauf richten, daß wir bei der Altersversorgung des öffentlichen Dienstes kein einnahmeorientiertes System haben; das gilt für Beamtenversorgung und Zusatzversorgung gleichermaßen. Wir richten uns nicht nach den Einnahmen, sondern umgekehrt: wir richten uns nach den Ausgaben. Wir müssen Einnahmen erzielen, die die Ausgaben decken. Und also ist es zweifellos ganz zwangsläufig, daß man auf der Ausgabenseite ansetzt. Die maßgeblichen Determinanten sind in ihrer Grundstruktur im wesentlichen bekannt. In den Ländern, bezogen auf deren Population im öffentlichen Dienst, natürlich noch prägnanter als für die Gesamtheit in Deutschland. Wir wissen, daß wir den Versorgungsberg haben werden, bei den einen etwas früher, bei den anderen etwas später. Wir werden die Folgerungen haben, einfach aus der längeren Rentenlaufzeit und Versorgungslaufzeit. Nicht nur nach hinten durch die Demographie der Mitarbeiter des öffentlichen Sektors, sondern schlicht und ergreifend auch aus dem Eintritt in die Versorgung. Wir haben den Befund aus dem letzten Versorgungsbericht, daß nämlich immer weniger Mitarbeiter erst mit 65 ihre Versorgung oder Rente in Anspruch nehmen, aus neueren Daten noch verschärft vorgefunden. Wir haben im Jahr 1997 ganze 7,2% der Beamten, die erst mit 65 in den Ruhestand gehen, und wenn man einmal die Statistiken der Zusatzversorgung ansieht, dann sieht es dort noch grauer aus. Da sind die Prozentsätze nämlich noch weitaus niedriger. Alles das wird hier bei der weiteren Entwicklung bedacht werden müssen, und demgegenüber wird auch reagiert werden müssen.

Frage 6:

Herr von Puskás:

Bevor die Runde zu diesen Fragen weiter Stellung nimmt, eine vielleicht etwas provokante Zwischenbemerkung. Die Beamtenversorgung ist im kommunalen Bereich ein umlagefinanziertes, beim Bund ein haushaltsfinanziertes System: ein Wechsel auf die Zukunft, wie Sie gesagt haben. In der Vergangenheit hat man die Brisanz nicht so gesehen. Man hat Versprechen in die Welt gesetzt. Jetzt realisiert man, daß diese Versprechen eingelöst werden sollen, und jetzt kommt die Erkenntnis: das wird teuer. Ändern wir also die Versprechen?

Herr Biermann:

Ich wollte dabei zuerst auf eine konkrete Vorhaltung von Herrn Mittler eingehen, der meinte, wir würden bestimmte Dinge in den Gewerkschaften nicht diskutieren. Also, wir haben in den Gewerkschaften des Deutschen Gewerkschaftsbundes sehr wohl Beamtenpolitiker, wir haben Rentenpolitiker, Tarifpolitiker. Und man diskutiert natürlich miteinander über die Frage Renten- und Beamtenversorgung. Und man kann auch das eine oder andere miteinander vergleichen. Aber trotzdem sind die Systeme nicht identisch. Und dabei ist natürlich wichtig, auch die Koalitionsvereinbarung gänzlich zu zitieren. Darin steht zwar, daß die Beamtenversorgung und Rentenreform im Gleichklang entwickelt werden sollen. Es steht aber weiter vorne auch sehr deutlich, daß die Frage der zusätzlichen Alterssicherung durch betriebliche Alterssicherungssysteme und private Vorsorge erhöht, stabilisiert und gestärkt werden soll. Wenn wir uns hier über die Zusatzversorgung für die Tarifbeschäftigten unterhalten, dann ist das eben genau ein System, das stabilisiert werden soll. Je mehr es in der Rentenreform zu Kürzungen käme, um so wichtiger wird die Sicherung des Alters.

Genau das ist die Schwierigkeit, in der wir stehen. Bei der Beamtenversorgung haben wir das im Grunde genommen in einem System. Wir haben sowohl die Regelalterssicherung als auch die Zusatzsicherung. Und wir haben natürlich noch das Problem, daß wir einen Zusammenhang haben zwischen der aktiven Besoldung und der Versorgung im Ruhestand. Es kann ja nun nicht angehen, daß die Arbeitgeber erst die niedrige Besoldung einkassieren, dort die Vorteile haben und nachher auch noch dann, wenn die Beamtinnen und Beamten auf ihren Alterslohn warten, sagen, den rasieren wir euch auch noch weg. Das, denke ich, kann man nicht machen. Das ist das Problem dieses Systems. Das geht auch nicht bei der tariflich geregelten Zusatzversorgung, weil natürlich die Menschen zuerst in den Öffentlichen Dienst als Arbeiter, Angestellte oder Beamte eingetreten sind unter dem Petitum, daß sie zwar im aktiven Dienst nicht so viel verdienen wie in der Privatwirtschaft, aber dafür im Alter entsprechend gut ausgestattet sind, um vernünftig weiterleben und ihren Lebensunterhalt bestreiten zu können. Wenn man dieses Versprechen aufkündigt, sozusagen für die bisher schon Vorhandenen, muß man auch sehen, wo die Glaubwürdigkeitslücke ist.

Anders herum haben wir immer wieder gesagt als Deutscher Gewerkschaftsbund: Laßt uns doch darüber nachdenken, was wir für die künftigen Beamtinnen und Beamten machen können. Durch die Eingriffe 1989, 1994 – und wann immer Veränderungen gemacht worden sind – haben wir mittlerweile ein unlesbares Übergangsrecht, sowohl in der Beamtenversorgung – wenn ich das richtig sehe –, als auch in der Zusatzversorgung, das immer komplizierter wird. Dann laßt uns doch wirklich überlegen, wie es mit der künftigen Ausgestaltung der Alterssicherungssysteme im öffentlichen Dienst und in der Beamtenversorgung gehalten werden soll. Und aus unserer Sicht ist genau die Frage der Leistungsseite, sowohl im letzten Versorgungsbericht wie auch jetzt im Grunde genommen außen vor geblieben. Nämlich Leistung heißt doch, was haben die Menschen zur Verfügung – und wir als Gewerkschaften organisieren ja die Menschen und machen uns natürlich auch Sorgen, ob sie mit dem Geld dann auch noch auskommen.

Die Folgen werden nie berücksichtigt und bedacht. Ich habe einen wirtschaftlichen Versorgungsbericht, der z. B. eine Versorgungsquote festlegt, die heute niedriger ist als in den 70er oder 80er Jahren, und rechne hoch, daß sie irgendwann zwar nicht so hoch sein wird wie in den 80er Jahren, aber trotzdem höher als heute. Und daraus schließe ich dann wiederum bestimmte Veränderungen im Leistungsrecht, die aber im Grunde genommen mit ihren Wirkungen dann nicht mehr richtig kontrolliert werden. Also, ich ändere z. B. die Frage der Zurechnungszeit bei Dienstunfähigkeit. Ob ich eine positive oder negative Wirkung habe, wird gar nicht untersucht. Oder, ich weiß gar nicht, warum werden Menschen frühzeitig in den Ruhestand versetzt. Welche Erkrankungen sind eigentlich da? Und müßte ich nicht an den Erkrankungen und den Ursachen für die Erkrankungen arbeiten? Als Arbeitgeber muß ich mir dieses vor Augen führen und nicht immer nur das materielle Recht kürzen. Vielmehr gilt es, nach positiven Elementen suchen: wie kann ich die Arbeitsbedingungen so gestalten, daß Menschen länger arbeiten können. Da, denke ich, könnten die Arbeitgeber noch mehr tun.

Herr Schöneich:

Zu Herrn Biermann sei nur gesagt: Verlassen Sie sich nicht zu sehr auf die Glaubwürdigkeitslücke. Wenn auf einmal das System nicht mehr finanzierbar ist, dann hilft Ihnen das nicht weiter. Um das zu verhindern, muß man eben früher ansetzen – und zwar mit einer realistischen Herangehensweise. Ich greife den diskreten Hinweis von Herrn Fieberg auf, der gesagt hat, die Einführung der Versorgungsrücklage beim Bund, die jetzt inzwischen für alle drei öffentlichen Ebenen gilt, sollte nicht hindern, mehr zu tun, insbesondere im kommunalen Bereich. Für mich ist angesichts dieses Hinweises, angesichts dieses Appells die Gretchenfrage: Wie schafft man dies praktisch? Wie kommt man zu der Bereitschaft, mehr zu tun, als gesetzlich geboten ist, damit man anschließend über diesen berüchtigten Versorgungsberg am Anfang des nächsten Jahrhunderts kommt?

Eine Antwort ist – ich wiederhole mich: entweder der Gesetzgeber zieht hier schärfere Manschetten ein nach dem Motto, mit der Versorgungsrücklage haben wir einen Einstieg genommen, und diese Verpflichtung bauen wir jetzt mal vehement aus. Das wäre der eine Weg.

Ein anderer Weg wäre das Vorgehen von Rheinland-Pfalz. Das wäre sozusagen ein Handeln aus Einsicht. Das finde ich prima, muß aber nicht das allein seligmachende Modell sein. Ein anderer Weg auch aus Einsicht und freiwillig zum gegenwärtigen Zeitpunkt wäre der Vorschlag von Herrn Rürup: maßvolle Hinwendung zu mehr Kapitalbildung, keine Systemumstellung, Mischung aus Umlage- und Kapitaldeckung. Ob man es bei der maßvollen Hinwendung bewenden lassen kann, weiß ich nicht. Da muß vielleicht doch ein bißchen mehr auf die Tube gedrückt werden. All das kann man machen. Aber, wie gesagt, entweder zwingt uns der Gesetzgeber, oder wir handeln aus Einsicht. Und dann eine letzte Frage, die ich mir immer stelle: Was passiert eigentlich, wenn nichts passiert? Dann sehe ich das Szenario ebenso, wie Sie, Herr Minister, es gerade beschrieben haben. Dann findet irgendwann in wenigen Jahren ein großes Wehklagen statt. Man stellt fest, daß beide Systeme nicht mehr finanzierbar sind, und es werden panische Abhilfemaßnahmen in die Wege geleitet – Kürzungen, Heraufsetzen der Altersgrenzen, und das Ganze begleitet von einer lautstarken Schelte gegenüber dem öffentlichen Dienst nach dem Motto: Das haben wir doch schon immer gewußt, diese Staatsdiener und Versorgungsempfänger fressen unser ganzes Bruttosozialprodukt auf. Zahlen aus Rheinland-Pfalz, wie sich das entwickeln kann und entwickeln wird, haben wir gerade gehört. Also, wer das alles nicht will, diesen Rieseneklat, der uns da ins Haus steht, wer das alles nicht will, der muß jetzt handeln und jetzt Vorsorge treffen auf einem der angeklungenen Wege und jetzt Vorsorge treffen, indem er Geld auf die hohe Kante legt.

Frage 7:

Herr von Puskás:

Über den kommunalen Bereich ist heute schon vieles gesagt worden. Hier haben wir Einrichtungen und Strukturen. Im Bund-Länder-Bereich sieht das allerdings anders aus. Und da stellt sich dann schon die Frage, wie soll es eigentlich z. B. beim Bund weitergehen? Reichen Maßnahmen aus, wie sie jetzt mit der Versorgungsrücklage des Bundes angedacht sind? Auf der Leistungsseite einhaken zu müssen, weil man das Geld nicht hat, erzeugt die Glaubwürdigkeitslücke. Sind auch strukturelle

Maßnahmen angedacht, die Beamtenversorgung im Bundesbereich zukunftsfester zu machen? Ein Modell ist Rheinland-Pfalz, ein anderes Modell wären Strukturen einer Art Bundespensionseinrichtung, wie sie im Bereich der VBL für Angestellte und Arbeiter bereits besteht? Ob das auch ein Beispiel für die Beamtenversorgung im Bund-Länder-Bereich sein sollte, ist eine andere Frage. So etwas ließe sich theoretisch auch für den Bundesbereich allein vorstellen.

Herr Fieberg:

Das ist im Grunde genommen eine Frage an die Finanzseite. Die Idee, auch die Beamtenversorgung einer gemeinsamen Pensionskasse von Bund und Ländern zu überantworten, wäre vielleicht für einige Länder eine ganz reizvolle, ist aber möglicherweise aus diesem Grund im Bundeskreis bisher nicht erwogen worden. Die Überlegung – das darf ich wiederholen –, die wir uns machen müssen, ist, wie insgesamt durch Drehen an allen verfügbaren, geeigneten und nicht vertrauenszerstörenden Stellschrauben die Finanzierbarkeit sichergestellt werden kann. Hierzu stehen uns im Instrumentarium des Öffentlichen Dienstes, insbesondere im beamtenrechtlichen Instrumentarium, die verschiedensten Möglichkeiten zur Verfügung, die geeignet sind, die Entwicklung der Personalkosten insgesamt in den Griff zu bekommen – also Maßnahmen, die die aktive Seite und die Versorgungsseite gleichermaßen betreffen, aber – das wiederhole ich auch – das Vertrauen in das Versorgungsversprechen, welches einen wesentlichen Bestandteil der Beschäftigungsbedingungen unserer, ich darf mal sagen, Branche bildet, nicht zerstören. Auf das Verständnis der Mitarbeiter und der ehemaligen Mitarbeiter, in einer finanziellen Notlage des Staates und bei den absehbaren Entwicklungen auch einmal Einschnitte hinnehmen zu müssen, damit dürfen wir bei besonnenem Vorgehen, wie ich hoffe, rechnen.

Frage 8:

Herr von Puskás:

Nicht nur bei der Beamtenversorgung gibt es entscheidende Unterschiede in der Finanzierung. Bei der Zusatzversorgung wird die Problematik des sich Auseinanderentwickelns in der Zukunftsvorsorge immer deutlicher. Bis vor einigen Jahren hatten wir – bei gleichen Leistungen – Umlagesätze in der Größenordnung von 4 %, abgesehen von den neuen Ländern, deren Situation absolut nicht vergleichbar ist, weil mit der Einführung der Zusatzversorgung Leistungen erst langsam anwachsen. Heute haben wir in den alten Ländern eine Entwicklung, wo die Umlagesätze immer weiter auseinander driften. Die Schere beträgt zwischen weniger als 4 % bei kommunalen Kassen und aktuell 7,7 % bei der VBL. Damit stellen sich zwei Fragen, die uns alle berühren. Einmal, wo ist eigentlich die Schmerzgrenze für die Finanzierung bei der Zusatzversorgung? Und die zweite Frage, die sich daraus ergibt: Wenn diese Schmerzgrenze bei der VBL für Bund und Länder überschritten würde und damit Einschnitte auf der Leistungsseite unvermeidlich wären, ergäbe sich im besser finanzierten kommunalen Bereich nicht unbedingt die Notwendigkeit, dies nachzuvollziehen. Mit anderen Worten: Besteht die Gefahr, daß sich aus Gründen der Finanzierbarkeit das materielle Versorgungsrecht auseinanderentwickelt und der Grundsatz der Einheitlichkeit der gesamten öffentlichen Versorgung in die Diskussion gerät?

Herr Fieberg:

Die Frage einer Schmerzgrenze, wie Sie pointiert formuliert haben, kann – wie ich glaube – nie allgemeingültig beantwortet werden. Sie hängt schlicht und ergreifend davon ab, was in der aktuellen politischen Situation die Gesamtheit der Bevölkerung bereit ist, für eine bestimmte Infrastruktur – hier die personelle Infrastruktur des Staates – zu zahlen. Wir haben im Versorgungsbericht die jeweiligen Versorgungsaufwendungen – sowohl der Beamten wie der Zusatzversorgung – einmal der gesamtwirtschaftlichen Leistung, dem Bruttoinlandsprodukt, gegenübergestellt und gesehen, daß es hier im Zeitverlauf durchaus Schwankungen gegeben hat, auf die heute bereits hingewiesen worden ist. Daraus aber zu schließen, daß beispielsweise eine Versorgungsquote, d. h. Anteil Versorgungsausgaben am Bruttoinlandsprodukt, wie sie irgendwo in einer Spitze mal zu verzeichnen war, auch unter anderen Rahmenbedingungen akzeptabel sei, wäre sicherlich falsch. Denn es kommt darauf an, wodurch die Leistungskraft der Steuerbürger insgesamt in Anspruch genommen wird, und zwar national, europäisch und global.

Herr Mittler:

Wo ist die Schmerzgrenze? Das war ja die Frage. Das kann ich Ihnen nicht sagen. Ich weiß auch nicht, ob man das austesten kann. Aber ich will drei Anmerkungen machen. Herr Fieberg hat einen interessanten Hinweis gegeben, ein Stichwort, das sehr wichtig ist. Er hat mit der Behutsamkeit, die notwendig ist und mit der Sensibilität, die notwendig ist, von Leistungseinschnitten gesprochen. Das ist die Frage, um die das Podium sich bisher erfolgreich, nicht herumgedrückt hat, aber um die das Podium bisher elegant herumgegangen ist. Denn, wenn ich von der Vielzahl der Stellschrauben spreche, wie Sie es getan haben, muß man ja irgendwann einmal die Dinge beim Namen nennen. Sagen wir doch, was wir meinen, weil doch absehbar ist, daß wir mit der theoretischen Erörterung nicht mehr lange weiterkommen. Ich kann darüber nur lachen, wenn wir beispielsweise von einer Verlängerung der Dienstzeit sprechen. Ich kann darüber nur lachen. Ich halte die Diskussion darüber wirklich für büttenreif. Ich will Ihnen auch sagen, warum. Da wird darüber nachgedacht, ob die Grenze 65 Jahre nicht zu niedrig sei, ob man nicht auf 67 Jahre hinaufgehen sollte. Aber: In Rheinland-Pfalz liegt das durchschnittliche Pensionsalter heute bei 58 Jahren, auf den gesamten Beamtenbereich bezogen, einschließlich der Polizeibeamten, für die das Pensionsalter bei 60 liegt; allerdings machen die Polizeibeamten im Verhältnis zur Gesamtzahl der Bediensteten und auch der vorzeitig in den Ruhestand versetzten Beamtinnen und Beamten nur einen Bruchteil aus. An dem Pensionsalter hat sich in den letzten Jahren nichts Gravierendes geändert, es ist eher noch abgesunken. Und deswegen sage ich: Hören wir doch mit dieser Diskussion auf, die uns nichts bringt. Wenn es uns gelingen würde, im Rahmen der heute bestehenden Obergrenzen und der heute bestehenden Pensionsgrenzen nur ein Stückchen weiter hoch zu kommen, dann hätten wir schon was geschafft. Dann brauchen wir uns den Tort einer Gesetzesänderung überhaupt nicht anzutun.

Die nächste Bemerkung, die ich machen will, ist folgende: Wir reden hier nur über den Öffentlichen Dienst. Über den Großteil derer, die in der gewerblichen Wirtschaft, im Handwerk, im Handel tätig sind, die keine Zusatzversorgung haben, die heute schon ihre Zusatzversorgung selbst finanzieren müssen, bei Lebensversicherungen beispielsweise, die aber die Zusatzversorgung im Öffentlichen Dienst über ihre Steuern mitfinanzieren müssen; von all denen ist mit keinem Wort die Rede. Ich mache nur darauf aufmerksam, daß wir damit an einer empfindlichen Stelle sind, die nämlich mit der Gesamtbelastung, vor der die Leute stehen, zu tun hat. Wenn wir dafür nicht sensibel werden, dann fliegt uns dieses System um die Ohren. Wir tun so, als seien wir drin, und die anderen sind draußen, und das war schon immer so, und das wird auch so bleiben. Betriebliche Altersversorgung gibt es für den geringsten Teil der in der gewerblichen Wirtschaft Tätigen, in der Industrie noch eher. Im mittelständischen Bereich, insbesondere im Handwerk, spielt das überhaupt keine Rolle.

Und jetzt noch zu der Kernfrage: Wo ist die Schmerzgrenze. Wie gesagt, die Frage wird Ihnen keiner beantworten. Aber eines weiß ich. Die Schmerzgrenze für den, der im System ist und die Schmerzgrenze für den anderen, der von all dem nicht profitiert, ist unterschiedlich.

Wir müssen über mehrere Schmerzgrenzen nachdenken, über mehrere Befindlichkeiten. Es gibt nicht nur die eine, nämlich die des Öffentlichen Dienstes, ganz gleich ob Beamte oder Angestellte, sondern wir müssen auch die Schmerzgrenze der anderen bei dieser Diskussion mit bedenken.

Herr von Puskás:

Bevor die übrigen Teilnehmer dazu noch etwas sagen, will ich noch einmal provozieren. Sie sind Finanzminister eines Bundeslandes, das auch Beteiligter der VBL ist. Gesetzt den theoretischen Fall, die Umlagesätze bei der VBL müßten auf 10 % hinaufgehen. Was würden Sie als Finanzminister sagen, Herr Mittler?

Herr Mittler:

Ich würde zumindest sagen: Donnerwetter!

Herr von Puskás:

Würden Sie in diesem Fall nach Einschränkungen auf der Leistungsseite rufen?

Herr Mittler:

Jetzt bitte ich, mich nicht zu überfordern und mich auf hypothetische Fragen antworten zu lassen. Ich will allerdings gerne darauf hinweisen, daß vereinbart ist, Umlagesteigerungen künftig solidarisch und hälftig zu tragen. Wie weit das geht, da wage ich aus heutiger Sicht keine Prognose, insbesondere auch deswegen nicht, weil ich die künftigen Belastungen und die künftigen Entwicklungen in der VBL nicht präzise genug kenne.

Herr Schöneich:

Also, erstens: Schmerzgrenzen können und wollen wir auch seitens der kommunalen Spitzenverbände nicht definieren. Diesen abstrakten Wert kann niemand definieren. Der Herr Finanzminister hat ja zu Recht darauf hingewiesen, daß das auch etwas mit Vereinbarungen der Tarifvertragsparteien zu tun hat. Die Schmerzgrenze wird nach dem Motto: 'bis hierher und nicht weiter' irgendwo an dem Tisch tarifautonomer Partner definiert.

Zweitens: Auseinanderentwicklung, d. h. wenn der eine kräftig an der Stellschraube drehen muß, schlägt das auch auf die anderen durch.

Herr Geyer:

Es ist sicherlich unbestritten, und es ist ja auch angekündigt, daß über die Frage der Zusatzversorgung verhandelt werden muß in Tarifverhandlungen. Und hier wird sich ausloten lassen und sehr schnell erkennbar sein, wo die Schmerzgrenzen für beide Seiten liegen. Aber daß etwas geschehen muß, das ist sicherlich auch für die gewerkschaftliche Seite nicht bestritten.

Herr Biermann:

Also, ich tue ich mich auch sehr schwer, die Schmerzgrenze zu definieren, weil das ein sehr komplizierter Prozeß ist, gerade in der innergewerkschaftlichen Diskussion. Die Einführung des eigenständigen Beitrags in der Zusatzversorgung hat bereits bei manchen Beschäftigten Schmerzen hervorgerufen, obwohl beide Seiten der Tarifvertragsparteien sich darauf geeinigt haben. Man wird in Verhandlungen immer ausloten müssen, was leistbar ist, was den Mitgliedern noch vermittelt werden kann, und umgekehrt, wie sie an dem Willensbildungsprozeß beteiligt werden können. Und zum anderen muß man natürlich auch sehen, daß die Einheitlichkeit der Versorgung auch etwas mit der Einheitlichkeit der tariflichen Bedingungen für die aktiv Beschäftigten zu tun hat. Von daher dürfte es sehr schwierig sein, die Dinge zu trennen, egal wie die jeweilige Situation der Kassen ist.

Ich möchte trotzdem bezüglich der Lösungen etwas Konkretes sagen. Es ist richtig, daß Menschen vor der Altersgrenze in den Ruhestand versetzt werden. Der DGB hat das schon 1997 festgestellt und gesagt, daß es auch Instrumente geben sollte, diese Frühverrentung wegen Dienstunfähigkeit aufzuheben. Wir haben damals die Idee der Teildienstfähigkeit ins Gespräch gebracht und auch die Altersteilzeit. Das war vor zwei Jahren. Wenn ich jetzt aber sehe, wie zum Teil die Frage der Teildienstfähigkeit diskutiert wird, wage ich zu bezweifeln, daß sie in den Ländern überhaupt eingesetzt wird. Und es ist ja nicht so, daß Beamte oder Angestellte sich freiwillig in den Ruhestand bewegen, sondern es ist immer eine Entscheidung des Arbeitgebers, besonders bei den Beamten, jemand in den Ruhestand zu versetzen. Wenn also auf der einen Seite die Arbeitgeber beklagen, daß die Beamtinnen und Beamten zu früh in den Ruhestand versetzt werden, müssen sie selbst überlegen, was sie tun wollen.

Auch die Altersteilzeit ist noch nicht in allen Bundesländern umgesetzt, obwohl sie im Versorgungsreformgesetz letztes Jahr schon da war. Das sind Instrumente, die meines Erachtens positiv wirken können. Wir hoffen, daß die Arbeitgeber das auch entsprechend aufgreifen und umsetzen.

Herr von Puskás:

Vielleicht können wir auch diesen Fragenkomplex mit einigen zusammenfassenden Bemerkungen abschließen. Ich möchte eigentlich aufgreifen, was Sie, Herr Fieberg, über den Charakter unseres Versorgungssystems gesagt haben. Sie haben gesagt, wir sind nicht ein einnahmeorientiertes Versorgungssystem, sondern ein ausgabeorientiertes. Wir sind als letztendlich steuerfinanzierte Versorgungssysteme des Öffentlichen Dienstes abhängig von der Akzeptanz der Öffentlichkeit. Die Öffentlichkeit wird nur so viel Mittel bereitstellen, wie sie erübrigen kann. An diesem Punkt sind wir bei der Schmerzgrenzen-Diskussion angekommen. Wenn sich auch die Angehörigen des öffentlichen Dienstes dessen bewußt werden, dann sind Leistungskorrekturen kein Unglück, sondern immanenter Bestandteil dieses Leistungssystems. Jeder, der in den Öffentlichen Dienst gegangen ist, wußte, daß er mit einem Änderungsvorbehalt hinsichtlich der Höhe der Versorgungszusage lebt. Das gilt für beide Systeme. Änderungen in den gesellschaftspolitischen Rahmenbedingungen der gesetzlichen Rentenversicherung werden also auch auf uns durchstrahlen.

Frage 9:

Herr von Puskás:

Ich habe mir hier noch eine Schlußfrage notiert, die ich gerne jedem der Podiumsteilnehmer stellen möchte. Unsere Herren Professoren haben sie schon beantwortet. Aber wichtig sind mir die Signale auch von ihrer Seite her, weil sie uns auch Sicherheit geben für unsere Zukunftsplanung, soweit wir Verantwortung in den Kassen tragen. Ich stelle sie: Ist die Beamten- und Zusatzversorgung in der heutigen Form nach Ihrer Ansicht auch künftig finanzierbar, oder müssen wir uns auf einen Systemwechsel einstellen?

Herr Schöneich:

Ich sehe durchaus noch die Chance, mit maßvollen Systemkorrekturen auf den bisherigen Wegen zu bleiben. Zu maßvollen Systemkorrekturen gehört auch eine solche Herangehensweise, wie das Land Rheinland-Pfalz sie gezeigt hat. Kurzum, ich fände es jetzt schade, wenn als Fazit bliebe: uns bleibt ja gar nichts übrig, als den großen System-Hauruck zu machen und uns schon jetzt auf drastische Einschnitte einzurichten. Da zieht man die Fahne zu früh ein. Also, ich sage noch mal: Es wäre jetzt möglich, mit entsprechender Vorsorge heranzugehen – hier sind heute Vorschläge zuhauf gemacht worden. Dann vermeidet man auch die Systemkorrekturen oder -umstürze.

Herr Fieberg:

...in derselben Richtung. Die beiden Gutachter haben für die Frage der Finanzierung eine Antwort gegeben. Es gibt Möglichkeiten innerhalb des Systems, Änderungen vorzunehmen, ohne das System selbst zu ändern. Unter der Voraussetzung der internen Reformfähigkeit halte ich sowohl die Beamtenversorgung als auch die Zusatzversorgung für weiterhin zukunftsfähig. Allerdings müssen die Verantwortlichen – und das sind bei der Zusatzversorgung die Tarifvertragsparteien – die Situation erkennen und auch entsprechend handeln.

Herr Mittler:

Ich denke, einen Systembruch können wir nicht gebrauchen. Aber wir brauchen eine sehr kreative Fortentwicklung des Systems, und zwar auf beiden Seiten, sowohl auf der Finanzierungs- wie auch auf der Leistungsseite; denn auf Dauer wird uns der Grundsatz der Kölnischen Lebensweise im nächsten Jahrhundert nicht weit tragen: "Et het noch immer jut jejangen". Handeln, konkretes Handeln ist besser.

Herr Biermann:

Man sollte Reformen im System weiter voranbringen. Systemgerechte Weiterentwicklung gab es auch bisher schon. Die Zusatzversorgung und die Beamtenversorgung sind heute nicht mehr so, wie sie zu Beginn der Republik waren. Und ich denke, Sie werden auch dann, wenn wir uns in 50 Jahren noch einmal treffen würden, nicht mehr so aussehen, wie sie heute sind, weil sich natürlich die Rahmenbedingungen ändern. Aber man wird die Reformen nur im System machen, weil ein Systemwechsel wahrscheinlich a) nicht akzeptiert werden kann und b) vielleicht sogar nicht finanziert werden kann.

Herr Geyer:

Altersversorgung ist sicher ein so sensibles Thema, daß da in der Tat – und alle haben ja erkannt, und niemand bestreitet dies – Korrekturen und Fortentwicklungen nötig sind, aber dann im System bleibend. Durch Systemwechseldiskussion sollte man nicht noch mehr Probleme aufwerfen. Ich glaube, das Problem ist groß genug, und man sollte herangehen, die einzelnen Systeme für die Zukunft sicher zu machen.

Herr Prof. Heubeck:

Sprechen möchte ich provokativ, nicht Gutachten-like. Ihre Frage: 'Ist die Beamtenversorgung in ihrer jetzigen Form noch finanzierbar, in die Zukunft überführbar.' Unser Gutachten sagt ja, wenn man das Richtige tut. Was da zu tun ist, haben wir gesagt. Was wir nicht so deutlich gesagt haben, daß man es vor 20 Jahren hätte tun sollen, und da das nicht mehr machbar ist, muß man es heute tun. Als ich eben die Diskussion über die Schmerzgrenze verfolgt habe, ist es mir etwas kalt den Rücken heruntergelaufen. Von Schmerzgrenzen ausloten und versuchen, wie weit es noch gehen kann, kann wohl keine Rede sein. Man kann ja nicht warten, bis der Schmerz kommt, wenn man genau weiß, daß er einen trifft. Man muß heute reagieren, und zwar massiv und vielleicht doch deutlicher, als das auch auf dem Podium hier teilweise gesehen wurde.

Unser Gutachten sollte Hinweise dazu liefern und wird es wohl auch, wie man trotz der bestehenden Situation auf dem bestehenden Leistungsniveau die ohnehin bestehenden Probleme sehr schnell in den Griff bekommt, eben durch mehr und schnelle, intensive Kapitalbildung. Wenn das Ganze nicht begleitet wird durch eine ernsthafte Diskussion über die Leistungsseite, halte ich es letzten Endes für nicht umsetzbar. Entschuldigen Sie, wenn ich das so deutlich sage: Ich kenne derartige Diskussionen mit Befriedigung aller Beteiligten gerade im politischen und auch ministeriellen Bereich seit 20 Jahren. Es ist 20 Jahre nichts Wesentliches passiert, und es wird höchste Zeit, damit es zumindest finanztechnisch, nicht politisch, noch gelöst werden kann.

Herr Prof. Rürup:

Ich möchte ins gleiche Horn stoßen. Wenn nicht bald – wir haben allenfalls noch 10, maximal 15 Jahre Zeit – beachtliche systeminterne Adaptionen vorgenommen werden, wird dieses System nicht zukunftsfähig sein. Es wird dann zu Strukturbrüchen kommen. Deswegen plädiere ich dringend dafür, die vorhandenen Optionen und Möglichkeiten auszunutzen. Alle steuer- oder umlagefinanzierte Systeme führen in einer alternden Gesellschaft zu einer Benachteiligung der Jungen. Und man muß doch klar sagen, jede Rentenreformpolitik und Pensionsreform muß immer für die Jungen gemacht werden. Umlage- und steuerfinanzierte Systeme sind immer nur so leistungsfähig, so zahlungswillig, so zahlungsfähig die Jungen sind. Das heißt, es stellt sich natürlich in einer alternden Gesellschaft bei alternden Beständen immer die Verteilungsfrage. Und verstärkte Kapitalbildung ist die einzige Möglichkeit, dieses Verteilungsproblem nachhaltig zu entschärfen.

In diesem Zusammenhang vielleicht noch einmal eine Anregung an die Kassen und Zusatzversorgungskassen: Könnte man nicht mal auch darüber nachdenken, ob die gegenwärtig im System Befindlichen möglicherweise einen eigenen Beitrag dazu leisten, über verstärkte Kapitalbildung die vorprogrammierten zukünftigen Kosten abzumildern? Um eine Ausnahme zu nennen, sollte man bei der Beamtenversorgung – mit einer großen Spannungsbreite – eine Kapitalleistung von fünf Jahresausgaben und bei den Zusatzversorgungskassen etwa zwölf Jahresausgaben als Benchmark ansteuern. Und da könnte meines Erachtens auch eine Beteiligung der Aktiven und möglicherweise sogar der Leistungsempfänger einen deutlichen Beitrag leisten, diese Benchmarks zu erreichen.

C Rechtsgrundlagen der Versorgungs- und Zusatzversorgungskassen

C.1 Beamtenversorgungskassen

Versorgungskasse, Sitz	Rechtsgrundlage (Gesetz)
Kommunaler Versorgungsverband Thüringen, Artern	Thüringer Gesetz über den Kommunalen Versorgungsverband vom 08.07.1994 (GVBl. S. 812)
Pfälzische Pensionsanstalt, Bad Dürkheim	§ 63 der Gemeindeordnung i. d. F. vom 31.01.1994 (GVBl. S. 153), zuletzt geändert durch Art. 4 des Gesetzes vom 06.07.1998 (GVBl. S. 171)
Versorgungskasse für die Beamten der Gemeinden und Gemeindeverbände in Darmstadt, Darmstadt	Gesetz über die Versorgungskasse für die Beamten der Gemeinden und Gemeindeverbände des Landes Hessen vom 20.06.1943 (RegBl. S. 9)
Kommunaler Versorgungsverband Sachsen, Dresden	Gesetz über den Kommunalen Versorgungsverband Sachsen i. d. F. vom 16.01.1997 (GVBl. S. 74), zuletzt geändert durch Art. 2 des Gesetzes vom 17.02.1999 (GVBl. S. 46)
Kommunaler Versorgungsverband Brandenburg, Gransee	Gesetz über den Kommunalen Versorgungsverband Brandenburg vom 26.02.1993 (GVBl. S. 51), geändert durch Art. 7 des Gesetzes vom 15.10.1993 (GVBl. S. 454)
Niedersächsische Versorgungskasse, Hannover	Beschluß des Niedersächsischen Staatsministeriums vom 14.09.1948
Kommunaler Versorgungsverband Baden-Württemberg, Karlsruhe	Gesetz über den Kommunalen Versorgungsverband Baden-Württemberg i. d. F. vom 16.04.1996 (GBl. S. 394), zuletzt geändert durch Art. 1 des Gesetzes vom 08.02.1999 (GBl. S. 65)
Beamtenversorgungskasse Kurhessen-Waldeck, Kassel	§ 6 Nr. i. V. m. § 92 der Provinzialordnung für die Provinz Hessen-Nassau von 1903
Versorgungsausgleichskasse der Kommunalverbände in Schleswig-Holstein, Kiel	Gesetz über die Versorgungsausgleichskasse der Kommunalverbände in Schleswig-Holstein vom 30.05.1949 (GVOBl. S. 114), geändert durch Gesetz vom 27.11.1992 (GVOBl. S. 506)

Versorgungskasse, Sitz	Rechtsgrundlage (Gesetz)
Rheinische Versorgungskasse für Gemeinden und Gemeindeverbände, Köln	§§ 1 bis 9 des Gesetzes über die kommunalen Versorgungskassen und Zusatzversorgungskassen im Lande Nordrhein-Westfalen i. d. F. vom 06.11.1984 (GVBl. S. 694), zuletzt geändert durch Gesetz vom 20.04.1999 (GVBl. S. 174)
Kommunaler Versorgungsverband Sachsen-Anhalt, Magdeburg	Gesetz über den Kommunalen Versorgungsverband Sachsen-Anhalt vom 15.11.1991 (GVBl. S. 434), zuletzt geändert durch Gesetz vom 21.12.1998 (GVBl. S. 496)
Bayerischer Versorgungsverband, München	Art. 32 ff. des Gesetzes über das öffentliche Versorgungswesen vom 25.06.1994 (GVBl. S. 466), zuletzt geändert durch Gesetz vom 23.07.1994 (GVBl. S. 603)
Westfälisch-Lippische Versorgungskasse für Gemeinden und Gemeindeverbände, Münster	§§ 1 bis 9 des Gesetzes über die kommunalen Versorgungskassen und Zusatzversorgungskassen im Lande Nordrhein-Westfalen i. d. F. vom 06.11.1984 (GVBl. S. 694), zuletzt geändert durch Gesetz vom 20.04.1999 (GVBl. S. 174)
Versorgungskasse für die Beamten der Gemeinden und Gemeindeverbände des früheren Landes Oldenburg, Oldenburg	Gesetz über die Errichtung einer Versorgungskasse für die Beamten der Gemeinden und Gemeindeverbände des Landes Oldenburg vom 16.01.1939 (GBl. S. 1)
Ruhegehalts- und Zusatzversorgungskasse des Saarlandes, Saarbrücken	Verordnung über Aufgaben, Aufbau und Verwaltung der Ruhegehalts- und Zusatzversorgungskasse des Saarlandes vom 28.01.1976 (ABl. S. 118)
Kommunaler Versorgungsverband Mecklenburg-Vorpommern, Schwerin	Gesetz über den kommunalen Versorgungsverband Mecklenburg-Vorpommern vom 29.01.1992 (GVOBl. S. 16)
Kommunalbeamten-Versorgungskasse Nassau, Wiesbaden	§ 6 Nr. i. V. m. § 92 der Provenzialordnung für die Provinz Hessen-Nassau von 1903
Evangelische Ruhegehaltskasse in Darmstadt	Vertrag über die Errichtung einer gemeinsamen Versorgungskasse vom 25.01.1971

Versorgungskasse, Sitz	Rechtsgrundlage (Gesetz)
Gemeinsame Versorgungskasse für Pfarrer und Kirchenbeamte, Dortmund	Notverordnung über die Errichtung einer Gemeinsamen Versorgungskasse vom 10.10.1971
Norddeutsche Kirchliche Versorgungskasse für Pfarrer und Kirchenbeamte, Hannover	Vertrag über die Errichtung einer gemeinsamen Versorgungskasse vom 27.07.1973; Kirchengesetz zum Vertrag vom 18.12.1973

C.2 Zusatzversorgungskassen

Zusatzversorgungskasse, Sitz	Rechtsgrundlage (Gesetz)
Zusatzversorgungskasse Thüringen, Artern	§ 2 Abs. 3 des Thüringer Gesetzes über den Kommunalen Versorgungsverband (Thüringer Versorgungsverbandsgesetz – ThürVersVG –) vom 08.07.1994 (GVBl. S. 812), geändert durch Gesetz vom 27.07.1999 (GVBl., S. 456)
Zusatzversorgungskasse der Gemeinden und Gemeindeverbände in Darmstadt, Darmstadt	Art. 4 des Gesetzes über die Versorgungskasse für die Beamten der Gemeinden und Gemeindeverbände des Landes Hessen (Hessisches Versorgungskassengesetz) vom 20.06.1943 (Hess. Reg. BL. Nr. 9, S. 35), zuletzt geändert für Hessen durch das Gesetz zur Bereinigung des Hessischen Landesrechts vom 06.02.1982 (GVBl., S. 21 und 86) und für Rheinland-Pfalz durch das Vierte Landesgesetz zur Bereinigung des Rechts im Lande Rheinland-Pfalz (Rechtsbereinigungsgesetz Rheinhessen) vom 20.11.1969 (GVBl. Rhl.-Pf., S. 169)
Kirchliche Zusatzversorgungskasse Darmstadt, Darmstadt	Kirchengesetz über die Errichtung einer Kirchlichen Zusatzversorgungskasse Hessen-Pfalz vom 08.12.1996 (Amtsblatt der Ev. Kirche in Hessen und Nassau vom 27.01.1967, S. 2), zuletzt geändert durch Kirchengesetz vom 05.11.1970 (Amtsblatt der Ev. Kirche in Hessen und Nassau vom 03.12.1970, S. 191)

Zusatzversorgungskasse, Sitz	**Rechtsgrundlage (Gesetz)**
Zusatzversorgungskasse der Ev.-luth. Landeskirche Hannovers, Detmold	Rechtsverordnung über die zusätzliche Alters- und Hinterbliebenenversorgung nichtbeamteter kirchlicher Mitarbeiter i. d. F. vom 18.11.1971 (KABl., S. 356), zuletzt geändert durch die Rechtsverordnung vom 09.06.1989 (KABl., S. 49)
Kirchliche Zusatzversorgungskasse Rheinland-Westfalen, Dortmund	Kirchengesetz der Ev. Kirche von Westfalen vom 29.10.1954 (KABl. 1955, S. 45); Notverordnung der Ev. Kirche im Rheinland vom 10.12.1954 (KABl. R 1955, S. 59); Gesetz über die Verleihung der Rechte einer Anstalt des öffentlichen Rechts an die Kirchliche Zusatzversorgungskasse Rheinland-Westfalen vom 14.07.1964 (GVBl. NRW, S. 257)
Zusatzversorgungskasse des kommunalen Versorgungsverbandes Sachsen, Dresden	§ 32 des Gesetzes über den kommunalen Versorgungsverband Sachsen (SächsGKV) i. d. F. der Bekanntmachung vom 16.01.1997 (Sächs. GVBl. Nr. 4, S. 74) zuletzt geändert durch Art. 2 des gesetzes vom 17.02.1999 (SächsGVBl. Nr. 3, S. 46, 48)
Zusatzversorgungskasse der Stadt Duisburg	§§ 10 ff. des Gesetzes über die kommunalen Versorgungskassen und Zusatzversorgungskassen im Lande Nordrhein-Westfalen i. d. F. vom 06.11.1984 (GVBl. S. 694), zuletzt geändert durch Gesetz vom 20.04.1999 (GVBl. S. 174)
Zusatzversorgungskasse der Landeshauptstadt Düsseldorf, Düsseldorf	§§ 10 ff. des Gesetzes über die kommunalen Versorgungskassen und Zusatzversorgungskassen im Lande Nordrhein-Westfalen i. d. F. vom 06.11.1984 (GVBl. S. 694), zuletzt geändert durch Gesetz vom 20.04.1999 (GVBl. S. 174)
Zusatzversorgungskasse der Stadt Emden, Emden	§ 102 der Niedersächsischen Gemeindeordnung i. d. F. vom 22.08.1996 (Nds. GVBL. 1996, S. 382)

Zusatzversorgungskasse, Sitz	Rechtsgrundlage (Gesetz)
Emder Zusatzversorgungskasse für Sparkassen, Emden	19.12.1967 Gründung in Form eines rechtsfähigen Vereins; 01.11.1994 Umgründung in eine Einrichtung des Niedersächsischen Sparkassen- und Giroverbandes; Statut in der Fassung vom 01.10.1994 (Niedersächsisches Ministerialblatt Nr. 31), zuletzt geändert durch 9. Änderung vom 13.07.1999 (Niedersächsisches Ministerialblatt Nr. 30)
Zusatzversorgungskasse der Stadt Essen, Essen	§§ 10 ff. des Gesetzes über die kommunalen Versorgungskassen und Zusatzversorgungskassen im Lande Nordrhein-Westfalen i. d. F. vom 06.11.1984 (GVBl. S. 694), zuletzt geändert durch Gesetz vom 20.04.1999 (GVBl. S. 174)
Zusatzversorgungskasse der Stadt Frankfurt am Main, Frankfurt am Main	– keine landesgesetzliche Rechtsgrundlage – Satzung vom 20.06.1968 (Mitteilungen der Stadtverwaltung Frankfurt a. M., S. 259), zuletzt geändert durch die 28. Satzungsänderung vom 27.07.1999 (ABl. für Frankfurt a. M., S. 642)
Kommunaler Versorgungsverband Brandenburg, Zusatzversorgungskasse, Gransee	§ 3 Abs. 1 des Gesetzes über den Kommunalen Versorgungsverband Brandenburg – KVBgG – vom 26.02.1993 (GVBl. I 1993, S. 51), geändert durch Art. 1 des Gesetzes vom 11.02.1999 (GVBl. I, S. 21)
Versorgungsanstalt der Stadt Hannover, Hannover	– keine landesgesetzliche Rechtsgrundlage – Satzung i. d. F. der 23. Änderungssatzung vom 25.02.1999 (ABl. für den Regierungsbezirk Hannover Nr. 6 vom 17.03.1999)
Kirchliche Zusatzversorgungskasse Baden, Karlsruhe	Stiftungsurkunde der Evangelischen Landeskirche in Baden vom 12.04.1984 (Erlaß des Ministeriums für Kultus und Sport Baden-Württemberg vom 22.06.1984)
Zusatzversorgungskasse des Kommunalen Versorgungsverbandes Baden-Württemberg, Karlsruhe	§ 32 des Gesetzes über den Kommunalen Versorgungsverband Baden-Württemberg i. d. F. vom 16.04.1996 (GBl. S. 394), zuletzt geändert durch Gesetz vom 08.02.1999 (GBl. S. 65)

Zusatzversorgungskasse, Sitz	Rechtsgrundlage (Gesetz)
Zusatzversorgungskasse der Gemeinden und Gemeindeverbände des Regierungsbezirks Kassel, Kassel	– keine landesgesetzliche Rechtsgrundlage – Satzung vom 19.12.1967 (Staatsanzeiger für das Land Hessen Nr. 13 vom 25.03.1968, S. 524), zuletzt geändert durch 31. Änderungssatzung vom 30.06.1999 (Staatsanzeiger Nr. 35 vom 30.08.1999, S. 2649)
Kirchliche Zusatzversorgungskasse des Verbandes der Diözesen Deutschlands, Köln	Gesetz betreffend die Errichtung der „Kirchlichen Zusatzversorgungskasse des Verbandes der Diözesen Deutschlands" als Anstalt des öffentlichen Rechts vom 15.07.1976 (GVBl. NW vom 23.07.1976, S. 264)
Rheinische Zusatzversorgungskasse für Gemeinden und Gemeindeverbände, Köln	§§ 10 ff. des Gesetzes über die kommunalen Versorgungskassen und Zusatzversorgungskassen im Lande Nordrhein-Westfalen i. d. F. vom 06.11.1984 (GVBl. S. 694), zuletzt geändert durch Gesetz vom 20.04.1999 (GVBl. S. 174)
Zusatzversorgungskasse der Stadt Köln	§§ 10 ff. des Gesetzes über die kommunalen Versorgungskassen und Zusatzversorgungskassen im Lande Nordrhein-Westfalen i. d. F. vom 06.11.1984 (GVBl. S. 694), zuletzt geändert durch Gesetz vom 20.04.1999 (GVBl. S. 174)
Zusatzversorgungskasse Sachsen-Anhalt, Magdeburg	§ 2 des Gesetzes über den Kommunalen Versorgungsverband Sachsen-Anhalt vom 15.11.1991 (GVBl. LSA, S. 434), zuletzt geändert durch Gesetz vom 02.12.1998 (GVBl. LSA, S. 496)
Zusatzversorgungskasse der bayerischen Gemeinden, München	Art. 37 des Gesetzes über das öffentliche Versorgungswesen vom 25.06.1994 (GVBl. S. 466); zuletzt geändert durch Gesetz vom 23.07.1994 (GVBl. S. 603)
Kommunale Zusatzversorgungskasse Westfalen-Lippe, Münster	§§ 10 ff. des Gesetzes über die kommunalen Versorgungskassen und Zusatzversorgungskassen im Lande Nordrhein-Westfalen i. d. F. vom 06.11.1984 (GVBl. S. 694), zuletzt geändert durch Gesetz vom 20.04.1999 (GVBl. S. 174)

Zusatzversorgungskasse, Sitz	**Rechtsgrundlage (Gesetz)**
Ruhegehalts- und Zusatzversorgungskasse des Saarlandes, Saarbrücken, Abt. Zusatzversorgungskasse	§ 221 Kommunalselbstverwaltungsgesetz (KSVG) i. d. F. vom 27.06.1997 (ABl. S. 682); Verordnung über Aufgaben, Aufbau und Verwaltung der Ruhegehalts- und Zusatzversorgungskasse des Saarlandes vom 28.01.1976 (ABl. S. 118) i. d. F. vom 18.09.1997 (ABl. S. 983)
Kommunale Zusatzversorgungskasse Mecklenburg-Vorpommern, Strasburg (Uckermark)	§§ 16 ff. des Gesetzes über den kommunalen Versorgungsverband Mecklenburg-Vorpommern vom 29.01.1992 (GS Mecklenburg-Vorpommern Gl. Nr. 2030-2), zuletzt geändert durch das Erste Gesetz zur Änderung des Gesetzes über den kommunalen Versorgungsverband Mecklenburg-Vorpommern vom 04.07.1996 (GVOBl. M-V, S. 287)
Zusatzversorgungskasse der Landesbank Baden-Württemberg, Stuttgart	§ 21 Abs. 1, S. 3 Landesbank-Gesetz – LBWG Gesetz über die Landesbank Baden-Württemberg (GBl. S. 589)
Zusatzversorgungskasse für die Gemeinden und Gemeindeverbände in Wiesbaden, Wiesbaden	– keine landesgesetzliche Rechtsgrundlage – Satzung vom 01.01.1967 i. d. F. der 39. Änderungssatzung vom 03.12.1998 (Staatsanzeiger für das Land Hessen 1999, S. 751; Staatsanzeiger Rheinland-Pfalz vom 08.03.1999, lfd. Nr. 1579)

D Literatur

ABA (1999):
Modell „Zweite Säule“, Vorschläge der aba zur Einführung international wettbewerbsfähiger Finanzierungsformen der betrieblichen Altersversorgung, Arbeitsgemeinschaft für betriebliche Altersversorgung e. V., 2. Aufl., Heidelberg

AKA (1999):
Informationsmaterialien

Arbeitskreis „Betriebliche Pensionsfonds“ (1998):
Betriebliche Pensionsfonds, im Auftrag des Forums Finanzplatz beim Bundesministerium der Finanzen, Schriftenreihe des Bundesministeriums der Finanzen, Nr. 64

Battis, Ulrich (1996):
Einführung in das Beamtenrecht, in: Beamtenrecht, dtv-Textausgabe, Stand 1. Februar 1996

Battis, Ulrich (1998):
Das Gesamtsystem der Alterssicherung, in: Cramer/Förster/Ruland (Hrsg.): Handbuch zur Altersversorgung – Gesetzliche, betriebliche und private Vorsorge in Deutschland, Frankfurt, S. 117-128

Bauer, Uwe (1988):
Die Zusatzversorgung im öffentlichen Dienst – Ein Leitfaden, Neuwied

Birk, Dieter/Wernsmann, Rainer (1998):
Die Besteuerung der Alterssicherung in ihren verschiedenen Formen, in: Cramer/Förster/Ruland (Hrsg.): Handbuch zur Altersversorgung – Gesetzliche, betriebliche und private Vorsorge in Deutschland, Frankfurt, S. 833-853

BMI (1996):
Daten und Schlußfolgerungen zum Entwurf des Versorgungsberichts 1993 - 2008 mit Ausblick bis 2040: Das Wichtigste in Kürze, Bundesministerium des Innern (BMI), Anlage zu R 471/96 vom 16.10.1996, Bonn

Boehringer, Werner (1996):
Einführung der Zusatzversorgung für die Arbeitnehmer des öffentlichen Dienstes in den neuen Bundesländern, in: Betriebliche Altersversorgung 5/96, S. 221-223

Boßmann, Gabriele (1998):
Was ich von der Zusatzversorgung wissen muß: Einführung in das System der zusätzlichen Alters- und Hinterbliebenenversorgung für die Arbeitnehmer des öffentlichen Dienstes in den Tarifgebieten West und Ost, 10. Aufl., Köln

Breidenstein (1999):
Versorgungsempfänger des öffentlichen Dienstes am 1. Januar 1999, in: Wirtschaft und Statistik 12/1999, S. 980-986

Deutsche und Berliner Bischofskonferenz (1994):
Codex des kanonischen Rechts, 4. Aufl., Kevelaer

Deutscher Bundestag (1996):
Bericht der Bundesregierung über die im Kalenderjahr 1993 erbrachten Versorgungsleistungen im öffentlichen Dienst sowie über die Entwicklung der Versorgungsausgaben in den nächsten 15 Jahren – Versorgungsbericht, Unterrichtung durch die Bundesregierung, 13. Wahlperiode, Drucksache 13/5840, 17.10.96

Deutscher Bundestag (1997):
Alterssicherungsbericht 1997, Unterrichtung durch die Bundesregierung, 13. Wahlperiode, Drucksache 13/9570, 30.12.97

Dilworth, James/Fink, Wolfgang (1998):
Vom richtigen Umgang mit dem Versorgungsvermögen (Asset Managment), in: Cramer/Förster/Ruland (Hrsg.): Handbuch zur Altersversorgung – Gesetzliche, betriebliche und private Vorsorge in Deutschland, Frankfurt, S. 461-476

Enquete-Kommission (1998):
Zweiter Zwischenbericht der Enquete-Kommission ‚Demographischer Wandel – Herausforderungen unserer älter werdenden Gesellschaft an den einzelnen und die Politik', Deutscher Bundestag, 13. Wahlperiode, Drucksache 13/11460, 05.10.98

Färber, Gisela (1995):
Revision der Personalausgabenprojektion der Gebietskörperschaften bis 2030 – unter Berücksichtigung neuerer Bevölkerungsschätzungen, der deutschen Einigung und der Beamtenversorgungsreform, 4. Aufl., Forschungsinstitut für öffentliche Verwaltung bei der Hochschule für Verwaltungswissenschaften Speyer

Färber, Gisela (1997):
Zur Entwicklung der Personal- und Versorgungsausgaben im öffentlichen Dienst, in: WSI Mitteilungen 6/1997, S. 426-438

Färber, Gisela (1998):
Mittel- und langfristige Entwicklung der Beamtenversorgung, in: Cramer/Förster/Ruland (Hrsg.): Handbuch zur Altersversorgung – Gesetzliche, betriebliche und private Vorsorge in Deutschland, Frankfurt, S. 235-248

Graf, Reinhard/Geisler, Albert/Dietsch, Walter (1993):
Die Zusatzversorgung des öffentlichen und kirchlichen Dienstes: ein Handbuch für den Personalsachbearbeiter, München

Graf, Reinhard/von Puskás, Géza (1998):
Versorgungsrücklagen – auch eine Pflicht der Städte, in: Der Städtetag 5/98, S. 358-362

Heubeck, Klaus (1995):
Finanzierungsverfahren in der Sozialversicherung, in: Bachem/Jünger/Schrader (Hrsg.): Mathematik in der Praxis – Fallstudien aus Industrie, Wirtschaft, Naturwissenschaft und Medizin –, Berlin/Heidelberg, S. 403ff.

Heubeck, Klaus (1998):
Die Finanzierung der Versorgungssysteme des öffentlichen Dienstes, Einführungsreferat gehalten anläßlich der 1. Jahreskonferenz des Europäischen Verbandes der Versorgungseinrichtungen des Öffentlichen Dienstes (EVVÖD) am 7. und 8. Oktober 1998 in München

Hübner, Hans-Peter (1992):
Pfarrer in der Sozialversicherung: die Inanspruchnahme der gesetzlichen Rentenversicherung für die Alters- und Hinterbliebenenversorgung von evangelischen Pfarrern, Kirchenbeamten und Diakonen, Tübingen

Klapproth, Klaus-Dieter (1996):
Einführung in das Recht der Zusatzversorgung des öffentlichen Dienstes im Tarifgebiet Ost, in: Zusatzversorgung im öffentlichen Dienst: Tarifgebiet Ost, Kommunaler Arbeitgeberverband Brandenburg, München

Kuchem, Norbert (1996):
Betriebliche Altersversorgung im öffentlichen Dienst der neuen Bundesländer, in: Der Betrieb, Heft 39 vom 27.09.1996, S. 1979-1984

KVBW (1996):
Kommunaler Versorgungsverband Baden-Württemberg: 100 Jahre Kommunales Versorgungskassenrecht in Baden-Württemberg – 1895/1897-1996, Karlsruhe, September 1996

Link, Christoph (1996):
Versorgungsneuregelung und Steuergerechtigkeit im kirchlichen Dienstrecht, in: Zeitschrift für Evangelisches Kirchenrecht, S. 435-465

Mair-Ludwig, Paul (1997):
Die Zusatzversorgung des öffentlichen Dienstes in den neuen Ländern, in: Betriebliche Altersversorgung 5/97, S. 186-191

Merten, Detlef (1998):
Grundgesetz und Berufsbeamtentum, in: Neue Tendenzen im öffentlichen Dienst, Merten, Detlef/Pitschas, Rainer/Niedobitek, Matthias (Hrsg.), Forschungsinstitut für öffentliche Verwaltung bei der Deutschen Hochschule für Verwaltungswissenschaften Speyer

Minz, Hubert/Conze, Peter (1998):
Recht des öffentlichen Dienstes: für Studium und Praxis, Regensburg, Bonn

PROGNOS (1998):
PROGNOS-Gutachten 1998: Auswirkungen veränderter ökonomischer und rechtlicher Rahmenbedingungen auf die gesetzliche Rentenversicherung in Deutschland, in: DRV-Schriften Band 9/1998

von Puskás, Géza (1997):
Die Zusatzversorgung in Bayern – Rückblick und Ausblick, in: 50 Jahre Kommunaler Arbeitgeberverband Bayern e. V., S. 68-94

von Puskás, Géza (1998a):
Die Versorgungswerke des öffentlichen Dienstes, in: Cramer/Förster/ Ruland (Hrsg.): Handbuch zur Altersversorgung – Gesetzliche, betriebliche und private Vorsorge in Deutschland, Frankfurt, S. 235-248

von Puskás, Géza (1998b):
Die Versorgungsrücklage – Überlegungen zur künftigen Finanzierung der Beamtenversorgung, Vortrag beim Deutschen Städtetag am 03.09.1998

Rhiel, Raimund (1997):
Die Zusatzversorgung im öffentlichen Dienst vor neuen Herausforderungen, in: Betriebliche Altersversorgung 7/97, S. 273-281

Rhiel, Raimund (1998):
Flexibilisierung der Zusatzversorgung – Aspekte und Zukunftsperspektiven, in: Betriebliche Altersversorgung 5/98, S. 176-180

Rürup, Bert (1998):
Umlageverfahren versus Kapitaldeckung, in: Cramer/Förster/Ruland (Hrsg.): Handbuch zur Altersversorgung – Gesetzliche, betriebliche und private Vorsorge in Deutschland, Frankfurt, S. 779-798

Statistisches Bundesamt (1997a):
Fachserie 1: Bevölkerung und Erwerbstätigkeit, Reihe 4.2.1: Struktur der sozialversicherungspflichtig Beschäftigten, Wiesbaden

Statistisches Bundesamt (1997b):
Fachserie 14: Finanzen und Steuern, Reihe 6: Personal des öffentlichen Dienstes, Wiesbaden

Statistisches Bundesamt (1998a):
Fachserie 14: Finanzen und Steuern, Reihe 6: Personal des öffentlichen Dienstes, Wiesbaden

Statistisches Bundesamt (1998b):
Fachserie 14: Finanzen und Steuern, Reihe 6.1: Versorgungsempfänger des öffentlichen Dienstes, Wiesbaden

Stein, Alfred (1989):
Das Recht der kommunalen Versorgungskassen, Hannover

Thullen, Peter (1982):
Die Mathematik der sozialen Rentenversicherung unter dynamischen Bedingungen (Einführung mit Anwendungen in der Praxis), Karlsruhe

VKA (1983):
Niederschrift der Redaktionsverhandlungen betreffend der Fragen der Zusatzversorgung am 19. September 1983 in Bonn, Vereinigung der kommunalen Arbeitgeberverbände, Köln

SOZIALÖKONOMISCHE SCHRIFTEN

Herausgegeben von Professor Dr. Dr. h.c. Bert Rürup

Band 1 Marietta Jass: Erfolgskontrolle des Abwasserabgabengesetzes. Ein Konzept zur Erfassung der Gesetzeswirkungen verbunden mit einer empirischen Untersuchung in der Papierindustrie. 1990.

Band 2 Frank Schulz-Nieswandt: Stationäre Altenpflege und "Pflegenotstand" in der Bundesrepublik Deutschland. 1990.

Band 3 Helmut Böhme, Alois Peressin (Hrsg.): Sozialraum Europa. Die soziale Dimension des Europäischen Binnenmarktes. 1990.

Band 4 Stephan Ruß: Telekommunikation als Standortfaktor für Klein- und Mittelbetriebe. Telekommunikative Entwicklungstendenzen und regionale Wirtschaftspolitik am Beispiel Hessen. 1991.

Band 5 Reinhard Grünewald: Tertiärisierungsdefizite im Industrieland Bundesrepublik Deutschland. Nachweis und politische Konsequenzen. 1992.

Band 6 Bert Rürup, Uwe H. Schneider (Hrsg.): Umwelt und Technik in den Europäischen Gemeinschaften. Teil I: Die grenzüberschreitende Entsorgung von Abfällen. Bearbeitet von: Thomas Kemmler, Thomas Steinbacher. 1993.

Band 7 Mihai Nedelea: Erfordernisse und Möglichkeiten einer wachstumsorientierten Steuerpolitik in Rumänien. Dargestellt am Beispiel der Textil- und Bekleidungsindustrie. 1995.

Band 8 Andreas Schade: Ganzjährige Beschäftigung in der Bauwirtschaft – Eine Wirkungsanalyse. Analyse und Ansätze für eine Reform der Winterbauförderung. 1995.

Band 9 Frank Schulz-Nieswandt: Ökonomik der Transformation als wirtschafts- und gesellschaftspolitisches Problem. Eine Einführung aus wirtschaftsanthropologischer Sicht. 1996.

Band 10 Werner Sesselmeier, Roland Klopfleisch, Martin Setzer: Mehr Beschäftigung durch eine Negative Einkommensteuer. Zur beschäftigungspolitischen Effektivität und Effizienz eines integrierten Steuer- und Transfersystems. 1996.

Band 11 Sylvia Liebler: Der Einfluß der Unabhängigkeit von Notenbanken auf die Stabilität des Geldwertes. 1996.

Band 12 Werner Sesselmeier: Einkommenstransfers als Instrumente der Beschäftigungspolitik. Negative Einkommensteuer und Lohnsubventionen im Lichte moderner Arbeitsmarkttheorien und der Neuen Institutionenökonomik. 1997.

Band 13 Stefan Lorenz: Der Zusammenhang von Arbeitsgestaltung und Erwerbsleben unter besonderer Berücksichtigung der Erwerbstätigkeiten von Frauen und Älteren. 1997.

Band 14 Volker Ehrlich: Arbeitslosigkeit und zweiter Arbeitsmarkt. Theoretische Grundlagen, Probleme und Erfahrungen. 1997.

Band 15 Philipp Hartmann: Grenzen der Versicherbarkeit. Private Arbeitslosenversicherung. 1998.

Band 16 Martin Setzer, Roland Klopfleisch, Werner Sesselmeier: Langzeitarbeitslose und Erster Arbeitsmarkt. Eine kombinierte Strategie zur Erhöhung der Wiederbeschäftigungschancen. 1999.

Band 17 Dorothea Wenzel: Finanzierung des Gesundheitswesens und Interpersonelle Umverteilung. Mikrosimulationsuntersuchung der Einkommenswirkung von Reformvorschlägen zur GKV-Finanzierung. 1999.

Band 18 Ingo Schroeter: Analyse und Bewertung der intergenerativen Verteilungswirkungen einer Substitution des Umlage- durch das Kapitalstocksverfahren zur Rentenfinanzierung. 1999.

Band 19 Roland Klopfleisch: Fiskalische Konsequenzen der Europäischen Währungsunion. Die Veränderung des Seigniorage und dessen Bedeutung für die nationalen EWU-11 Haushalte. 2000.

Band 20 Klaus Heubeck, Bert Rürup: Finanzierung der Altersversorgung des öffentlichen Dienstes. Probleme und Optionen. 2000.